Romy Winter

Das Herz der Familie

Romy Winter

Das Herz der Familie

Mehr Paar und nicht nur Eltern sein

BELTZ

Dieses Buch ist erhältlich als:
ISBN 978-3-407-86709-4 Print
ISBN 978-3-407-86744-5 E-Book (EPUB)

1. Auflage 2022

Lektorat: Katharina Theml, Büro Z, Wiesbaden
Illustrationen: Sandra Klostermeyer
Umschlaggestaltung: www.sandraklostermeyer.de (Gestaltung), www.stephanengelke.de (Beratung)
Bildnachweis: ©Jamie Grill Atlas/stocksy.com
Herstellung: Sonja Frank
Satz: Publikations Atelier, Dreieich
Druck und Bindung: Beltz Grafische Betriebe, Bad Langensalza
Beltz Grafische Betriebe ist ein klimaneutrales Unternehmen (ID 15985-2104-100).
Printed in Germany

Weitere Informationen zu unseren Autor:innen und Titeln
finden Sie unter: www.beltz.de

Inhalt

Vorwort

Eigentlich könnte es so einfach sein. Wir lernen uns kennen. Wir verlieben uns. Werden ein Paar. Und sind glücklich. Wir bekommen Kinder. Werden eine Familie. Und bleiben glücklich. Happy End de luxe.

Doch dann kommt das Leben dazwischen.

Wenn wir Eltern werden, sind wir nicht einfach nur einer oder zwei oder drei mehr. Und fertig. Unsere Paarbeziehung verändert sich von Grund auf. Wir sind nicht länger einfach nur Frau oder Mann oder Mensch, wir sind von nun an auch Mama oder Papa. Quasi über Nacht rutschen die Bedürfnisse eines anderen kleinen Menschen in den Mittelpunkt unseres Lebens und unserer Partnerschaft. Und eigentlich ist – wenn wir ehrlich sind – erst einmal nichts mehr, wie es vorher war.

Die Beziehung zum Partner* wird komplexer. Und zunächst auch etwas fragiler, bis sich das Miteinander neu eingespielt und wieder gefestigt hat. Aber die eigentliche Schwierigkeit besteht darin, dass wir als Paar während dieses ganzen Prozesses so gefragt sind wie nie zuvor. Wir können uns nicht einfach rausnehmen, zusammen zwei Monate nach Bali entschwinden und in einem Kloster der Stille alles neu sortieren. Wir können nicht einfach die Pausentaste drücken und uns erst einmal in Ruhe unsere Superheldenkostüme im Partnerlook aussuchen, bevor wir aufbrechen, zu der größten Mission unseres Lebens. Mit nichts als einer Pandamaske aus Augenringen und einer Liebesreserve aus vergangenen Tagen ziehen wir los, um die Elternwelt zu erobern.

---

* Zugunsten der Lesbarkeit wird im Folgenden die Form »Partner« für alle Geschlechter verwendet.

Denn eines ist von Anfang an klar wie Kloßbrühe und ändert sich auch durch die unerwarteten Begleiterscheinungen der Familiengründung nicht: *Wir wollen gute Eltern sein.* Um jeden Preis. Und den muss notfalls eben die Paarbeziehung zahlen. Oder nicht?

Das Beste, was Eltern meiner Erfahrung nach für ihre Kinder tun können, ist, sich um ihre Liebe zu kümmern. Weil wir das Herz der Familie sind. Wir sollten den Blick füreinander trotz – nein, eigentlich gerade wegen – der enormen gemeinsamen Verantwortung für unsere Kinder nicht verlieren.

Doch das ist leichter gesagt als getan. Insbesondere heute, wo wir Eltern (zum Glück!) viel zugewandter auf unsere Kinder und deren Bedürfnisse schauen, als es noch vor wenigen Jahr(zehnt)en der Fall war. Vielen Eltern, die bedürfnisorientiert, wertschätzend und auf Augenhöhe mit ihren Kindern umgehen, gelingt das als Paar im Umgang miteinander nicht. Oder zumindest nicht mehr. Überforderung in der ersten Zeit der Elternschaft und der Wunsch, die Bedürfnisse des Kindes immer unmittelbar zu befriedigen, lassen die des Liebespaares auf der Strecke bleiben. Bedürfnisorientiert Eltern sein: Darin werden wir immer besser. Bedürfnisorientiert Paar sein? Das gilt es jetzt zu lernen!

Dieses Buch ist kein klassischer Beziehungsratgeber. Vielmehr ist es ein Liebesbegleiter, der dich dabei unterstützt, zu verstehen, wie Bedürfnisse auf Abwegen wieder eingefangen werden können.

Obwohl du in diesem Buch viele kleine und große Übungen, Interventionen und Reflexionsfragen finden wirst, die dich und deinen Partner wieder in Bewegung bringen werden, verzichte ich darin auf Universallösungen, Patentrezepte und Convenience Mood. Denn jede Familie, jede Liebesgeschichte, ist einzigartig. Stattdessen wirst du auf den folgenden Seiten Marie und Jonas, aber auch viele andere Paare kennenlernen, die dich mit auf ihre erkenntnisreiche Reise nehmen – und dich so einladen, auf deine ganz eigene zu gehen …

Einleitung

Mit gesenktem Kopf sitzt sie auf der Couch in meiner Praxis. Ihr Blick sucht Halt auf dem Boden. Ihre linke Hand umklammert das Taschentuch, welches ich ihr gleich zu Beginn der Paarsitzung reiche, als die Tränen zu fließen beginnen. Mittlerweile ist es nass. Zwei der Tränen fallen zu Boden und landen neben dem Schuh ihres Mannes. Er fühlt sich sichtlich unwohl. Vielleicht auch ein bisschen schuldig. Aber vor allem ratlos. Nur das Ticken meiner Uhr durchbohrt die mitteilsame Stille. Es ist unsere erste Sitzung. Wie so oft, wenn Paare zu mir kommen, war es *ihre* Idee. Er kommt trotzdem mit. Ihr zuliebe. Doch die eigentliche Klientin sitzt mir unsichtbar zwischen beiden gegenüber: Es ist ihre Beziehung.

Marie und Jonas

Marie und Jonas[1] sind vor 18 Monaten Eltern geworden. Milan war ein absolutes Wunschkind, auf dessen Ankunft sich beide wie verrückt freuten. Nach acht gemeinsamen Jahren endlich eine richtige Familie. Jonas ist Projektmanager, Marie arbeitete vor Milans Geburt in einer kleinen PR-Agentur. Sie lebten eine moderne und gleichberechtigte Partnerschaft, in der sich laut eigener Aussage beide sicher und gesehen fühlten. Sie verbrachten eine Menge Zeit miteinander und teilten bestimmte Interessen, gestanden sich aber auch einen großen Raum an Freiheit, Autonomie und Individualität zu. Jeder hatte seines. Und zusammen hatten sie ihres. Doch seit Milan da und Marie in Elternzeit ist, hat sich die Beziehung zwischen den beiden verändert. Ein Phänomen, das die meisten Elternpaare kennen. Nur leider bedeutet »verändert« in den wenigsten Fällen »verbessert«. Natürlich ist jede Partnerschaft – unabhängig davon, ob es Kinder in ihr gibt – von Veränderungsprozessen geprägt. Aber es gibt wenig Vergleichbares, was die Beziehung eines Liebespaares so stark polarisiert wie das Elternwerden – oder nicht Elternwerden.

Marie ist erschöpft. Sie beschreibt, wie sehr ihr die Fürsorge und Verantwortung für Milan manchmal über den Kopf wächst. Sie versichert dreimal, dass sie Milan natürlich über alles liebe. Sie schämt sich für ihre Überlastung und auch dafür, dass sie manchmal um ihr altes, selbstbestimmtes Leben trauert. Gleichzeitig ist sie wütend. Auf sich. Aber vor allem auf Jonas. Sie fühlt sich alleingelassen und einsam – und macht ihn dafür verantwortlich. Der Job scheint ihm wichtiger zu sein als seine Familie. Sonst würde er weniger arbeiten und abends nicht ab und zu noch mit den Jungs zum Squash gehen, statt nach Hause zu kommen. Er weiß doch, wie anstrengend das alles für sie ist. Immer müsse sie ihm alles sagen. Nie sieht er von allein, was zu tun ist. Es ist doch sicher nicht zu viel verlangt, dass er mal von allein darauf kommt, ihr Milan abzunehmen oder Zahncreme zu kaufen, wenn die Tube alle ist. Ihr Frust sitzt tief.

Auf die Frage, wie sie Jonas als Vater wahrnimmt, antwortet sie, dass er ein guter Vater ist. Ja, und eigentlich auch ein guter Mensch. Wenn er doch nur manchmal etwas anders wäre. Aufmerksamer. Aufopfernder. Selbstständiger. Geduldiger. Denn wenn er gestresst ist, dann pampt er Milan manchmal an – und natürlich möchte Marie nicht, dass Milan sich schlecht oder falsch fühlt. Sie möchte ihn schützen. Und die Beziehung zwischen Vater und Sohn. Sie bedauert, dass Jonas sich nicht aktiver mit Erziehung und Familie beschäftigt, zum Beispiel mithilfe von Podcasts und Büchern. Dann hätte sie vielleicht weniger das Gefühl, dass sie für alles allein verantwortlich ist. Und es würde ihr besser gehen.

Jonas sagt, er finde die neuen Erziehungsansätze gut. Er bewundert Marie für ihre Geduld und ihren Mut, neue Wege zu gehen. Mit neuen Wegen meint er andere Wege als die, über die er getragen, geschoben und gezogen wurde, als er selbst Kind war. Er wünscht sich mehr für seinen Sohn und versteht, dass »bedürfnisorientierte Erziehung« – wie Marie es nennt – viel Zeit, Geduld und Energie von Eltern fordert. Er spürt, dass es sich richtig anfühlt. Und trotzdem fällt es ihm nicht immer leicht, so zu reagieren, wie er es gern täte. Und ab und an, da ist er eben auch einfach anderer Meinung als Marie. Dann gibt sie ihm das Gefühl, dass seine Meinung nicht zählt. Manchmal fühlt er sich regelrecht unzulänglich und inkompetent – so, als könne er es ihr sowieso nicht recht machen. Milan und Marie, die beiden seien so eingespielt und vertraut, dass es Jonas schwerfällt, seinen Platz zu finden. Als ich ihn frage, was ihn sonst noch belaste, sagt er schüchtern, fast schuldig: »Ich vermisse meine Frau. Ich vermisse uns.« Er meint das nicht in einem besitzergreifenden oder gar patriarchalen Sinne. Aber er hat realisiert, dass die Elternschaft uns Eltern nicht nur unglaublich viel gibt, sondern uns auch einiges nimmt. Zeit und Energie zum Beispiel – oder eben auch die eingespielten Routinen und Rollen als Paar. »Wir lernen einander noch einmal ganz neu kennen«, sagt er. Jonas mag die neuen Facetten, die die Mutterschaft an Marie hervorgebracht hat und noch immer hervorbringt. Er klingt sanft, ehrlich, liebevoll und sogar stolz, als er das sagt, doch dann fügt er mit einer gewissen Unsicherheit und Enttäuschung in der Stimme hinzu: »... aber weißt du Romy, ich finde meine Frau erzieht mich strenger als unseren Sohn.«

Das ist der Moment, in dem sich die anfangs erwähnte Stille in meinem Praxisraum wie ein Nebel ausbreitet. Es gibt verschiedene Formen der Stille. Das hier war eine gute Stille. Sicher war es eine Stille, die aus einem Überraschungsmoment geboren wurde und der die Worte fehlten. Aber sie war nicht strafend oder schockierend. Nein, es war diese Art Stille, in der man Menschen denken hören kann. Da saß Jonas nun, verwundert über seine eigene Courage und versunken in die Zweifel, die ihn fragten, ob er zu weit gegangen war. War er? Maries Blick bleibt gesenkt. Nur ihre Augenbewegungen verraten, dass sich in ihr etwas tut. Anfangs schaut sie hauptsächlich nach links unten auf den Boden. Ein Zeichen dafür, dass sie in sich hineinhört und ihren Gefühlen oder inneren Prozessen lauscht. Doch dann wischt sie ihre Tränen weg, hebt langsam den Kopf und richtet ihren Blick aus dem Fenster gegenüber.

In Beratungs- oder Therapiesitzungen ist Stille so eine Sache. Man muss sie aushalten können. Egal auf welchem Platz man sitzt, man sollte ihr Raum geben. Denn meistens ist die Stille der Raum, in dem neue Gedanken entstehen und Gefühle sich sortieren. Genau dafür kommen Menschen ja eigentlich zu Menschen wie mir. Schwer ist es trotzdem.

Das Schweigen dauert nun bereits eine halbe, wenn nicht sogar eine ganze Minute. (Und wer jetzt meint, dass das nicht lang sei, kann gern einmal ausprobieren, auf die Äußerung seines Partners, Kindes oder Chefs eine halbe Minute nicht zu reagieren und stattdessen nur zu schweigen. Viel Glück!) Während ich noch überlege, ob ich Marie nach ihren Gedanken fragen oder doch lieber Jonas bitten sollte, diese wichtige Wahrnehmung noch etwas genauer auszuführen, ergreift Marie das Wort. Bisher haben die beiden über mich kommuniziert, doch nun wendet sie sich Jonas direkt zu und sagt mit fester Stimme: »Vielleicht hast du recht. Ich bin wirklich streng zu dir. Ich bin genervt und gereizt – und irgendwie auch enttäuscht, eben weil ich dir alles sagen muss. Aber ich habe noch nie darüber nachgedacht, dass das wie Erziehung ist. Eine Erziehung, die ich für Milan auf keinen Fall will.«

Ausnahme oder Regel?

Wir alle kennen mindestens ein Paar, dem es so geht wie Marie und Jonas. Vielleicht sind wir sogar selbst dieses Paar. Und damit sind wir in bester Gesellschaft. Denn das Phänomen, dass Frauen sich mit der Verantwortung alleingelassen und Männer sich erzogen beziehungsweise gegängelt fühlen, ist nicht nur nicht neu, nein, es wird sogar mehr und mehr zum Untersuchungsgegenstand von Paartherapeuten, Psychologen und Psychiatern – vielleicht weil wir heute einfach andere Ansprüche an unser Leben und Lieben haben. Allerdings ist dieses Dilemma sicher nicht allein auf die Geschlechter oder eine Frau-und-Mann-Dynamik zu schieben, denn auch unter gleichgeschlechtlichen Paaren und Paaren, denen es gelungen ist, das klassisch patriarchale Rollenmodell aufzuknacken, kann es diese Empfindungen geben.

So unterschiedlich all die Paare, die ich begleite, auch sind, in ihren Konflikten sind sie sich dann doch recht ähnlich. Meist mangelt es an Wertschätzung, Verständnis, Zuwendung und Respekt füreinander, weshalb die typischen Streitthemen wie Haushalt, Kindererziehung, Finanzen, Familie, Job und Sex eine starke Brisanz entwickeln – ganz besonders bei Elternpaaren mit kleinen und mittelgroßen Kindern. Allein das Bedürfnismanagement, das nötig ist, um drei oder mehr Menschen gerecht zu werden, ist eine akrobatische Höchstleistung. Die Aufteilung der eigenen und gemeinsamen Ressourcen ist ein Drahtseilakt. Ebenso die faire Umverteilung der Zumutung, die ja nötig ist, weil eben nicht jeder jederzeit alles kriegen kann, was er gerade will oder braucht. Und das verursacht Frust. Frust, der sich auf die Beziehung überträgt, selbst wenn er gar nicht dort wurzelt. Und obwohl sich beide eigentlich lieben, fühlen sie sich plötzlich nicht mehr als Team. Stattdessen »kämpft« jeder für sich und seine Bedürfnisse. Und irgendwie ist es ja auch total nachvollziehbar, dass durch die eigene Bedürftigkeit nur wenig Kapazität ist, um die Not des anderen zu erkennen. Fatal ist es trotzdem.

Die Situation spitzt sich immer weiter zu, die Fronten verhärten sich. Hinzu kommen die Verletzungen, die wir einander zufügen und die in Zeiten des Umbruchs, wie das Elternwerden einer ist, besonders schwer wiegen. Das kann sogar so weit gehen, dass unser Gehirn schon »Alarm« schlägt, wenn wir den anderen nur sehen oder hören. Stresshormone werden vermehrt freigesetzt, während die positiven Gefühle immer seltener werden. Schleichend passiert es, dass die negativen Gefühle überwiegen und der einzige Ausweg aus dem Schlamassel das Ende der Beziehung zu sein scheint. Und das nicht selten.

Im Jahre 2020 wurden in Deutschland 143 000 Ehen geschieden. In 50 Prozent der Fälle waren das Paare mit minderjährigen Kindern. Laut dem Statistischen Bundesamt machte das 119 000 Kinder zu Trennungskindern. Durchschnittlich waren es in den letzten zehn Jahren etwa 131 000 Kinder jährlich. Ist das ein Problem? Natürlich nicht grundsätzlich. Dennoch belegen Studien, dass Scheidungskinder überproportional häufiger unter psychosozialen Problemen leiden und auch körperlich anfälliger sind. Allerdings geht es Kindern, die in zerrütteten Ehen aufwachsen, keinesfalls besser. Denn die ständigen Konflikte zwischen den Eltern haben nicht nur negative Folgen für das Selbstvertrauen von Kindern, sondern können sich auch negativ auf die psychische Gesundheit auswirken. Die Folgen sind mitunter Anpassungsschwierigkeiten und Verhaltensstörungen. Betroffene Kinder werden häufiger aggressiv oder defensiv und ziehen sich immer mehr zurück. Auch spätere Beziehungsprobleme, Depressionen, Arbeitslosigkeit und Drogenmissbrauch treten vermehrt auf. Es geht also nicht darum, dass wir Eltern irgendwie, auf Biegen und Brechen und um jeden Preis ein Paar bleiben sollten, weil das unsere elterliche Pflicht ist. Ist es nämlich nicht. Aber unsere Pflicht ist es, unseren Kindern eine konfliktarme und sichere Umgebung zu gestalten. Gemeinsam! Unabhängig davon, ob wird getrennt oder zusammenleben. Denn das ist zweitrangig. Ja, zweitrangig, aber keineswegs egal. Denn wenn es Eltern gelingt, das als Eltern- *und* Liebespaar zu tun, hat das zusätzliche Vorteile. Für Erwachsene und Kinder gleichermaßen.

Selbst unter dem Vorzeichen von Befreiung ist es nahezu unvermeidbar, dass eine Trennung bei Kindern zu Loyalitätskonflikten, Verlustängsten und sogar Schuldgefühlen führt. Denn obwohl es rational schwer zu erklären ist und die wenigsten Eltern auch nur annähernd so etwas vermitteln (wollen), erleben sich Kinder oft als Grund für die Trennung. Insbesondere, wenn es Streit um die Erziehung gab.

Wir Eltern sind zwei ausgleichende Pole für unsere Kinder. Auch wenn wir das oft anders empfinden, profitieren sie von den Unterschieden zwischen Mama und Papa, Mama und Mama, Papa und Papa – kurzum: Mensch und Mensch. Sie bereichern ihre Erfahrungswelt und eröffnen ihnen Wahlmöglichkeiten, denn die Anwesenheit von zwei Elternteilen verkörpert für Kinder verschiedene Optionen und Strategien zur Problem- und Stressbewältigung. Und Eltern entlasten sich natürlich auch gegenseitig, teilen sich bestenfalls Aufgaben und Verantwortung, was das Leben für alle leichter macht.

Dadurch steigen auch die Belastbarkeit der Elternteile und die Qualität der Elternschaft. Denn Paare, die sich unterstützt und geliebt fühlen, haben einen Vorteil auf dem Weg zu kompetenten und einfühlsamen Eltern.

Ich bin nicht gegen Trennung oder Scheidung. Denn zweifelsohne ist das manchmal die bessere Option. Aber eben nicht immer. Der Paar- und Familientherapeut Martin Koschorke ist sogar der Meinung, dass mindestens 40 Prozent aller Trennungen vermeidbar wären. Er sagt: Viele Paare trennen sich zu früh. Vor allem junge Eltern. Die Scheidungsrate gibt ihm gewissermaßen recht: Tatsächlich lassen sich junge Paare am häufigsten scheiden, und zwar in den ersten vier Jahren nach der Geburt des ersten Kindes. Marie und Jonas sind also in bester Gesellschaft. Vielleicht ohne es wirklich zu wissen, stehen sie an einem entscheidenden Punkt in ihrer Beziehung. Einem Scheidepunkt im wahrsten Sinne. Doch bevor wir uns der Frage widmen, wie aus den wackeligen Beziehungsbeinen wieder ein tragfähiges Fundament werden kann, möchte ich erklären, wozu wir dieses Fundament überhaupt brauchen. Warum genau ist die Elternbeziehung eigentlich so wichtig für eine Familie?

Exkurs: Wie das Paar die Familie trägt[2]

- Betrachten wir es einmal ganz pragmatisch, dann ist unstrittig, dass wir als Eltern für den **existenziellen Schutz** aller Familienmitglieder verantwortlich sind – also für die Erfüllung der physischen und psychischen Grundbedürfnisse von Groß und Klein. Wenn unsere Partnerschaft nur auf Sparflamme läuft oder kriselt, sind wir als Elternteam nicht voll funktionsfähig, was unsere Verlässlichkeit als Versorger beeinflussen kann. Zum einen geht viel unserer Energie und Aufmerksamkeit verloren, zum anderen verhindern diese Spannungen und Konflikte beispielsweise die vollumfängliche Befriedigung des Bedürfnisses nach Geborgenheit und Sicherheit, was das Wohlbefinden aller Familienmitglieder gefährdet.
- Familien geraten in Krisen. Das ist eine ganz normale Sache. Egal ob durch Krankheit, Arbeitslosigkeit, Pandemien, Mobbingvorfälle oder anderes. Die Liste ist lang. Selbst schöne Ereignisse wie die Ankunft eines Geschwisterchens oder ein Umzug können die Stabilität einer Familie ins Wanken bringen und fordern die Krisenfestigkeit heraus. Und wenn wir über **Krisenfestigkeit** sprechen, dann ist eigentlich klar, dass wir als Eltern hier absolut im Auge des Sturms stehen. Alle Entscheidungen und Krisen müssen auf der Elternebene verantwortet und bewältigt werden. Wenn also der Wolf kommt und kräftig hustet und pustet, sollten wir unseren Paarraum besser nicht wie Zilli und Billi aus Stroh oder Holz gebaut haben, sondern aus Stein – wie Willi. Denn für den Fall, dass wir als Eltern unsere Aufgaben

in Alltags- und Krisensituationen durch Abwesenheit oder Uneinigkeit nicht zuverlässig übernehmen, führt dies häufig dazu, dass unsere Kinder es stattdessen tun und sich damit Schuhe anziehen, die ihnen viel zu groß sind. Infolge einer solchen **Parentifizierung und Überforderung** ist die gesunde Entwicklung unserer Kinder gefährdet, weil sie sich nicht auf ihre anstehenden Entwicklungsaufgaben konzentrieren können.

- Die Familie spannt und schützt den **Rahmen für die kindlichen Entwicklungsaufgaben.** Und die Paarbeziehung wiederum spannt den Rahmen um die Familie. Daher ist es wichtig, dass sie für unsere Kinder als solche erkennbar ist und es eine sichtbare und fühlbare Grenze zwischen Eltern und Kindern gibt. Keine aus Stacheldraht. Sondern eine, in die man sich fallen lassen kann. Eine klare Generationsgrenze um das Subsystem Eltern kommt nämlich nicht nur der Geborgenheit oder der Funktionsfähigkeit der Eltern zugute, sondern schützt auch vor destruktiven Bündnissen und Allianzen. Diese können entstehen, wenn eine Eltern-Kind-Beziehung bedeutsamer und vertrauensvoller wird als die der Partner untereinander oder ein Elternteil somit bewusst oder unbewusst ausgeschlossen wird. Das führt zu Loyalitätskonflikten und dazu, dass Kinder parentale Rollenmuster und Verantwortungsfelder übernehmen, die sie einerseits überfordern und andererseits ihre eigentlichen Entwicklungsaufgaben behindern können und die spätere Ablösung erschweren. Beziehungsärger sollte gegenüber unseren Kindern zwar nicht versteckt oder geleugnet werden, aber er sollte definitiv auch nicht bei ihnen abgeladen werden.
- Warum nicht leugnen? Nun, Kinder sind wie kleine Trüffelschweine. Selbst, wenn wir glauben, wir hätten unsere Paarthemen dort versteckt, wo man sie nicht sehen kann, erschnüffeln sie diese. Zwar unterstellen Eltern ihren Sprösslingen häufig, dass diese ja gar nichts mitkriegen – zum Beispiel wann man

besser den Mund hält oder auch mal unaufgefordert den Müll rausbringt. Aber das stimmt definitiv nicht. Was den Müll angeht, vielleicht schon, aber davon abgesehen, ist der Empfang unserer Kinder viel besser und störunanfälliger als der unserer Smartphones. Sie spüren alles. Auch die **fehlende Verbindung oder unstimmige Balance der Eltern** untereinander. Leugnen wir nun die Existenz solcher Schwingungen, beginnen Kinder an uns oder, schlimmer noch, an sich selbst und ihrer Intuition zu zweifeln. »Ja, wir streiten gerade, und das ist sicher unangenehm für dich. Aber du kannst sicher sein, wir Eltern kümmern uns darum. Wir klären das.« Diese Verantwortung von den Schultern des Kindes zu nehmen ist wichtig. Andernfalls reagieren sie mit ihrem Verhalten auf unsere Konflikte, denn in dem kleinen Mikrokosmos Familie sind alle miteinander verbunden. Schulprobleme, Lernschwierigkeiten und andere Verhaltensauffälligkeiten sind nicht selten »nur« Symptomverschiebungen. Das eigentliche Problem ist aber die Ehekrise der Eltern.
- Kinder suchen stets nach Erklärungen. Nichts ist unerträglicher als Ungewissheit oder fehlende Verstehbarkeit. Darum finden sie die Erklärung, also die **Schuld,** oft bei sich selbst oder versuchen, durch ihr eigenes Verhalten Einfluss auf die Elternbeziehung, mindestens aber auf die Elternteile zu nehmen. Kinder wollen nämlich, dass es uns gut geht. Wenn die Paarbeziehung kriselt und wir unsere emotionalen Bedürfnisse nicht in unserer Partnerschaft erfüllen können, dann wachsen – wenn auch unbewusst – die Last und der Druck auf unsere Kinder. Zum einen, weil sie, wie gesagt, wollen, dass es ihren Eltern gut geht. Und zum anderen dadurch, dass einige unserer unerfüllten Bedürfnisse, wie zum Beispiel das Nähebedürfnis, unbewusst oder zumindest unabsichtlich zu einer Überfürsorge führen können.
- Wie wir als Paar miteinander leben und wie wir einander lieben, das entscheidet maßgeblich über die **zwischenmenschliche At-**

mosphäre und das **emotionale Klima** der gesamten Familie. Unsere Kinder sind ein wundervolles Stimmungsbarometer, das nicht nur bei Streit anschlägt. Denn das Familienklima braucht mehr als bloß die Abwesenheit destruktiver Konflikte. Wie liebend ihr miteinander umgeht, wie mitfühlend ihr miteinander sprecht und welche Haltung ihr miteinander lebt, das bestimmt die gesamte familiäre Energie. Und Anspannungen zwischen zwei Menschen sind spürbar, selbst wenn Meinungsverschiedenheiten gar nicht offen ausgesprochen werden. Bestimmt erinnerst auch du dich an eine Situation in deinem Leben, wo du in einer Gruppe von Menschen das Gefühl hattest, auf einem Pulverfass zu sitzen, und dich unwohl oder unsicher, vielleicht sogar fehl am Platz gefühlt hast, obwohl es keinen offenen Konflikt gab, sondern höchstens kalte Blicke, lieblose Gesten, Schweigen oder Reserviertheit.

- Wir sind **Role Models.** Das ist längst kein Geheimnis mehr. Kinder lernen von uns. Die. Ganze. Zeit. Wie man Beziehung zu Menschen gestaltet, die nicht Mama oder Papa heißen, und wie man Konflikte in solchen gleichrangigen Beziehungen löst, schauen sie sich weitestgehend bei uns, in unserer Interaktion miteinander, ab. Nicht selten streiten Geschwister ähnlich miteinander wie ihre Eltern. Unsere Partnerschaften sind zudem auch das Lernmodell für ihre späteren Freundschaften und Liebesbeziehungen – es lohnt sich also doppelt, Beziehung genau so zu leben, wie wir es unseren Kindern wünschen würden.
- Als Paar sind wir entweder **die Kraftquelle oder das Energieleck** der Familie. Die Atmosphäre zu Hause ist ausschlaggebend dafür, ob die Familie ein geborgener Ort ist. Ein Ort, an dem aufgetankt werden kann. All die Punkte, die diesem vorangehen, sind wichtig – für uns und für unsere Kinder. Aber in diesem letzten Punkt möchte ich den Fokus gern von den Kindern weglenken. Denn geht es den Eltern gut, ist für das Wohl der Kinder schon

viel erreicht. Unsere Beziehung hat ganz eindeutig sowohl direkten als auch indirekten Einfluss auf unsere Elternschaft und somit die ganze Familie – egal ob sie funktioniert oder nicht. Das ist unstrittig. Sie hat Einfluss auf die wahrgenommene Geborgenheit, Stimmung und Harmonie. Sie schafft die Voraussetzungen dafür, dass Kinder ihren altersgerechten Entwicklungsaufgaben nachkommen können. Oder eben nicht. Und sie erfüllt eine wichtige Vorbildfunktion für das, was Kinder über Beziehungsgestaltung, Selbstwert, Streitkultur und Kompromissbereitschaft lernen. Denn natürlich lernen unsere Kinder auch dann von uns, wenn wir gerade gar nicht beabsichtigen, ihnen etwas beizubringen. Wenn wir unsere Kinder also stärken wollen, müssen wir damit bei uns und unserer Partnerschaft beginnen – und da gibt es auch leider keinen Spielraum für Schummeleien, denn bisher haben wir keine Anhaltspunkte dafür, dass Partnerschaftsprobleme durch ein besonders günstiges Erziehungsverhalten kompensiert werden können.[3] Aber – und darum soll es hier gehen – das stärkste Argument, in unsere Paarbeziehung zu investieren, das sind nicht unsere Kinder, sondern wir selbst. Natürlich sind wir es unseren Kindern gewissermaßen schuldig, gut auf unsere Beziehung zu achten, viel entscheidender ist jedoch, dass wir es um unserer selbst willen tun. Weil wir es uns wert sind. Und weil wir in allen Bereichen davon profitieren. Zusammen haben wir mehr Ressourcen. Mehr Coping-Strategien. Mehr Augen und Arme. Und ich gebe zu: weniger Schokolade. Dennoch: Zusammen sind wir stärker. Als Liebende und als Eltern. Unserer Beziehung kann unsere Kraftquelle sein. Unser Zuhause. Unser Safe Place. Unser Anker. Unsere Superkraft.

Wir alle kennen das beflügelnde Gefühl der Verliebtheit. Es ist, als würden wir eine Superkraft besitzen, die uns durchs Leben schweben lässt. Dopamin und Oxytocin sei Dank. In dieser Phase schenken sich Paare vor allem Zeit, Aufmerksamkeit, Nähe und Exklusivität. Meist geht all das mit den Jahren, insbesondere mit den Babyjahren verloren. Sicher nicht spurlos. Und auch nicht unwiederbringlich oder völlig unbemerkt. Aber doch leise. Und schleichend. Wäre es nicht schön, wenn wir etwas von dieser Superkraft auch im Elternalltag wieder durch unsere Adern fließen lassen könnten? Zum Beispiel, indem wir uns daran erinnern, was wir einst hatten und zukünftig haben könnten?

Herzmoment: Zurück zu den Wurzeln

Dreh die Uhr zurück und erinnere dich an eure kribbelige Anfangszeit. Überlege dir, was euch aneinander verzaubert hat: In wen und in was hast du dich verliebt? Was an dir war zum Verlieben? Nimm diese Erinnerung und das damit verbundene Gefühl mit in den Tag. Wenn du magst, benimm dich heute noch einmal auffällig verliebt.

Die (fürsorge)intensive Elternzeit ist nahezu ein Wimpernschlag im Vergleich zu unserem ganzen Leben und möglicherweise sogar im Vergleich zu unserer ganzen Partnerschaft: Am Anfang und am Ende der Elternschaft stehen wir als Paar. Allein. Unsere Partner, bestenfalls unsere besten Freunde und/oder Seelenmenschen, sie bleiben unter Umständen länger an unserer Seite als unsere Kinder. Unsere Kinder sind nur zu Gast in unserem Leben, auch wenn sie zweifelsohne immer fest dazugehören werden. Wir bleiben immer Eltern. Und unsere Kinder bleiben immer wichtig. Aber eines Tages sind sie groß und ziehen aus. Haben ihr eigenes Leben. Mit wem verbringen wir dann unseres? Eine Frage, die wir uns nicht nur mit Blick auf die Zukunft stellen dürfen, sondern auch im Hier und Jetzt.

Milla und Paul

Milla und Paul sind vor Kurzem zum zweiten Mal Eltern geworden. Bevor ihre Töchter auf die Welt kamen, liebten sie es, zu reisen, sich mit Freunden zu treffen, gemeinsam zu kochen und Musik zu machen. Sie lebten innerhalb von fünf Jahren in drei verschiedenen Ländern und genossen ihre Freiheit als Paar sehr. Wie viele andere junge Eltern auch gerieten sie durch die Herausforderungen der neuen Lebenswelt in eine Schieflage und suchten in einer Paarberatung nach Unterstützung und Impulsen. Als ich beide fragte, wofür es gut sein wird, ihre Liebe zu retten, berührte mich insbesondere Millas Antwort sehr. Denn sie argumentierte nicht mit dem Wohl der Kinder oder anderen Vernünftigkeiten, sondern mit dem Herzen. Sinngemäß sagte sie, dass sie sich in ihrem Leben als Frau noch nie so glücklich und lebendig gefühlt hat wie in der kinderlosen Zeit mit Paul. Die Erkenntnis, dass auf die beiden kein Empty-Nest-Syndrom, sondern ein erfülltes, abenteuerreiches Leben wartet, wenn die Kinder eines Tages auf eigenen Füßen stehen, war für sie so erstrebenswert, dass sie entschlossen war, mit Paul durch die wildesten Zeiten der Elternschaft zu gehen.

Die Paarbeziehung in den Fokus zu rücken ist absolut legitim, ja sogar wünschenswert, denn ihr kommt die Schlüsselbeziehung in der Familie zu. Diese Schlüsselbeziehung kann ihrer Funktion aber nur gerecht werden, wenn es ihr und den Menschen darin gut geht. Sie braucht Pflege. Und Eltern, die sich als Team begreifen.

Jesper Juul betonte oft, dass Kinder heutzutage sehr viel Aufmerksamkeit bekommen, und das meinte er nicht als Kompliment. Er sprach von zu viel Aufmerksamkeit. Aufmerksamkeit, die infolgedessen woanders fehlt. Beim Paar. Und dieses Ungleichgewicht ist nicht selten verantwortlich für viele Paar- und Familienprobleme. Denn der Freiraum des Paares schafft auch Frei- und Entwicklungsraum für dessen Kinder.

Nun wissen wir, was die Beziehung der Eltern für die Familie tun kann. Die wichtigste Frage, die sich daraus ergibt, lautet:

Was können wir als Paar wiederum für diese Beziehung tun?
Was braucht unsere Beziehung von uns?

Um eine Antwort darauf zu finden, dürfen wir uns dort umsehen, wo Eltern für gewöhnlich sehr viel Engagement und Herzblut investieren: bei der Kindererziehung. Wie das Paar seine (anderen) Kinder durchs Leben trägt, kann als Inspiration dienen, denn gewissermaßen ist die eigene Beziehung das erste gemeinsame Kind eines Paares, wenn nicht sogar das wichtigste.

Bedürfnisorientiert begleiten – was wir unseren Kindern wünschen

Ein kurzer Blick in die Geschichte

In den letzten Jahrzehnten hat sich in Erziehungsfragen tatsächlich viel bewegt. Mehr und mehr rückte das Kindeswohl in den Fokus – weg von den Rudimenten einer Erziehungskultur, die ihre Wurzeln in der Zeit des Nationalsozialismus hatte. Dennoch prägen beispielsweise die Ansätze der Humanmedizinerin, Schriftstellerin und fünffachen Mutter Johanna Haarer unseren gesellschaftlichen Blick auf Kinder und den Umgang mit ihnen bis heute. Vor allem in öffentlichen Einrichtungen. Ganz vorn mit dabei: die Angst, ein Kind zu verhätscheln oder sich einen Tyrannen heranzuziehen, wenn man auf seine Bedürfnisse eingeht oder es zu eng an die Bezugsperson bindet. Ein bisschen paradox bis lächerlich ist diese Behauptung schon, wenn wir bedenken, von wie viel Tyrannei die Geburtsstunde dieser Erziehungskultur geprägt war.

Dank Bindungs- und Entwicklungsforscher*innen wie John Bowlby, Mary Ainsworth, Emmy Werner oder Karl Heinz Brisch, Klaus Grossmann und Remo H. Largo im deutschsprachigen Raum wissen wir heute, wie fatal diese »alten« Ansätze für das psychische Wohl und die gesunde Entwicklung eines Kindes sind. Nicht der frühe Cut macht Kinder selbstständig und selbstwirksam, sondern die stabile emotionale Sicherheit.

Auch die Haltung gegenüber Kindern hat sich in den letzten Jahrzehnten stark verändert. So galten Kinder früher als unbeschriebene Blätter, die laut Immanuel Kant erst durch Erziehung zum Menschen gemacht werden müssten. »Der Mensch kann nur Mensch werden durch Erziehung. Er ist nichts, als was die Erziehung aus ihm macht.«[1] Sogar von »biologischen Mängelwesen« war in der Literatur vergangener Zeiten die Rede – und damit verbunden der Gedanke, dass Kinder Erziehung brauchen, um zu guten und anständigen Menschen zu werden, weil sie es nach ihrer Geburt noch nicht sind. Mittlerweile wissen wir – zum Glück –, dass Kinder schon mit einer Persönlichkeit und einem gewissen Temperament, aber vor allem kompetent und sozial zur Welt kommen. Sie sind Potenzialbomben, wie der Autor André Stern es ausdrückt, auch wenn unstrittig bleibt, dass sie mindestens eine verlässliche erwachsene Bezugsperson an ihrer Seite brauchen, um überleben und gedeihen zu können.

Durch den Ruck, der in den letzten Jahrzehnten durch die Erziehungskultur ging, zogen neue Ansätze und Methoden bei den Familien ein. Das klassische Erziehungsziel wurde abgelöst durch den Wunsch, das Kindeswohl in den Fokus zu rücken. Meine Generation setzt auf bindungs- beziehungsweise bedürfnisorientierte Erziehung und Conscious Parenting, was von Menschen, die noch der »alten Schule« angehören, oft als antiautoritär, Laisser-faire oder »helikoptern« karikiert wird. Sicher gibt es Eltern, auf deren Erziehungsstil das zutreffen mag, aber die Definition von Bedürfnisorientierung ist eine andere – und endet auch nicht beim Kind.

Bei der bedürfnisorientierten Erziehung geht es darum, zuverlässig auf die Signale und Bedürfnisse des Kindes zu reagieren und so eine gute Bindung sowie emotionale Sicherheit zu schaffen. Darum werden die Begriffe bedürfnis-, beziehungs- und bindungsorientiert manchmal auch synonym verwendet. Es geht um einen liebevollen und wertschätzenden Umgang miteinander.

»Ganz schön schwammig«, entgegnete mir mal eine Erzieherin im Kindergarten meiner Tochter, als ich ihr von dem Ansatz und den Werten dahinter erzählte. Und ich verstehe das! Ich kann nachvollziehen, dass es schwer ist, eine Erziehungsform zu begreifen, die nicht wie einst üblich auf eindeutigen Regelwerken oder tradierten Methoden basiert. Da kann man schon mal die Orientierung verlieren. Zwar gibt es auch in der bedürfnisorientierten Erziehung klare Vorstellungen darüber, wie wir auf unsere Kinder blicken und mit ihnen umgehen und kommunizieren sollen, doch die Ideologie dahinter richtet sich nicht an allgemeinen Normen und Tugenden aus, sondern vielmehr an den individuellen Werten und Bedürfnisse aller. Ja, *aller*.

Ein entscheidender Zusatz, denn oft wird diesem Ansatz vorgeworfen, die Mütter wieder in patriarchale Zeiten zu katapultieren und sie als »Hausfrau und Mutter« zu verheizen. Und tatsächlich: In bestimmten, beispielsweise politisch rechts orientierten, konservativen Kreisen ist die Bedürfnisorientierung von einer grundsätzlichen Haltung Kindern gegenüber zu einem starren Dogma und einer fragwürdigen Ideologie geworden. Darüber hinaus lassen sich insbesondere in sozialen Netzwerken Lebensentwürfe verfolgen, die im Namen der »Bedürfnisorientierung« Langzeitstillen, Windel- und Kitafreiheit oder das Freilernen promoten – und dadurch immensen Druck auf Eltern, aber vor allem Mütter auslösen. Zwar sind das alles wertvolle Wege, Kinder sicher und geborgen ins Leben zu begleiten, aber sie gehen weit über die ursprüngliche Idee hinaus. Das sieht auch die Bestsellerautorin Nora Imlau so und sagt in einem Interview mit Edition F: »Der Attachment-Parenting-Begriff ist in Deutschland so verwässert worden – mit dem Urgedanken hat das oft nichts mehr zu tun.«[2]

Und selbst den Ururgedanken möchte ich nicht unkommentiert lassen. Denn dieser durch die Werke von William Sears und seiner Frau Martha verbreitete Ansatz hatte anfangs klare antifeministische Züge und durchaus die Intention, Frauen zu ihrer »gottgegebenen« Bestimmung als Mutter zurückzuführen. Oje! Die Sears waren jedoch fähig und willig, diese Kritik zum Anlass für Verbesserung zu nehmen, und forderten ganz klar, dass AP auch die Väter mit ins Boot holen müsse, damit die Mütter nicht ausbrennen: Attachment Parenting statt Attachment Mothering. Und das stellt die Nähe zwischen den Eltern oder anderen Bezugspersonen und dem Baby beziehungsweise Kind in den Mittelpunkt der Familieninteraktion. Das ist die Grundidee. Nicht mehr und nicht weniger. Eigentlich simpel.

Warum ist mir diese Differenzierung so wichtig? Weil es sinnvoll ist, zu klären, was Bedürfnisorientierung im Kontext dieses Buches meint und was nicht.

Eine Haltung, keine Methode

Wir – und damit meine ich diese neumodernen »Attachment ist mehr als ein E-Mail-Anhang«-Eltern – nehmen unsere Kinder als vollwertige und gleichwürdige Gegenüber wahr. Denn Kinder sind kleine Menschen, also sollte ihnen zustehen, was allen Menschen zusteht – oder nicht? Ja, unbedingt! Und diese Haltung teile ich nicht nur mit anderen Müttern und Vätern, sondern auch mit vielen Erziehungsfachmenschen, Humanist*innen, Psycholog*innen, Therapeut*innen und Revoluzzer*innen wie Jesper Juul, Herbert Renz-Polster, Katharina Saalfrank und vielen mehr.

Bedürfnisorientierung ist also eine Haltung. Keine Methode und auch kein Erziehungsstil. Es geht nicht (wie bei manch anderen Erziehungsansätzen oder Erziehungsprogrammen üblich) darum, normierte oder gut klingende Worthülsen und Verhaltensmuster zu erlernen und sie dem Kind möglichst elegant vorzuführen – in der Hoffnung auf ein ganz bestimmtes Outcome beim Kind. Die Weisheiten anderer wie strenge Rezepte zu behandeln sollte nie die Lösung sein, da sonst jeglicher Raum für Authentizität, Selbstbestimmung und die eigenen Werte verloren geht. Deshalb lautet der »Wahlspruch« von AP auch: *Beziehung statt Erziehung.*

Zusammenfassend besteht der Kern der Haltung hinter AP darin, dass die Bedürfnisse *aller* im Fokus des Miteinanders beziehungsweise des Familienlebens stehen und auf diese Bedürfnisse in angemessener, feinfühliger Weise und unter Wahrung der Integrität aller reagiert wird. Dabei kommt der Bindung, die wir zu unseren Kindern haben, eine besonders wichtige Bedeutung zu. Und wenn man es denn unbedingt auf ein »Erziehungsziel« herunterbrechen wollte, so wäre das ein Klima emotionaler Sicherheit, in dem sich Kinder wie auch Erwachsene optimal entwickeln und entfalten können. So wie es ihnen entspricht. Und hier wird eigentlich schon klar, warum es in Familien Flexibilität und keine starren Methoden braucht: Zwar haben alle Menschen grundsätzlich dieselben Bedürfnisse, allerdings unterscheiden wir uns hinsichtlich der Gewichtung und Intensität ebenso voneinander wie bei den gewählten Strategien zur Erfüllung unserer Bedürfnisse. Daraus ergibt sich konsequenterweise ein sehr individuelles, lebendiges Miteinander. Wir tanzen Freestyle und Expressive Dance, statt feste Choreografien. So lässt sich das Bedürfnis nach Hunger durch die Brust oder die Flasche stillen und das Bedürfnis nach Nähe durch Mama oder Papa oder eine ganz andere Bezugsperson.

Was heißt das aber in der Praxis? Gibt es vielleicht ein paar Leitlinien? So etwas wie ein AP-Manifest? Wie du gelesen hast, gibt es keine starren Regeln. Dennoch habe ich die Haltung eines bedürfnis-, bindungs- und beziehungsorientierten Umgangs mit Kindern in ein paar Leitgedanken zusammengefasst:

Bedingungslose Liebe: Ich liebe dich so, wie du bist. Ich knüpfe meine Zuwendung nicht an Bedingungen.

Sichere Bindung: Ich bin da. Du kannst dich auf mich verlassen.

Akzeptanz: Du bist gut, so wie du bist. Du darfst sein, wer du bist.

Wertschätzung: Ich sehe dich mit all deinen Formen und Farben. Und schätze dich dafür.

Empathie: Ich berücksichtige und verstehe deine Perspektive. Selbst wenn ich anderer Meinung bin.

Autonomie: Du kannst über dich bestimmen, so weit, wie ich es verantworten kann. Ich habe Vertrauen in deine eigenverantwortliche Selbstführung.

Gleichwürdigkeit: Wir sind von gleichem Wert und verdienen denselben Respekt. Deine Meinung zählt.

Eigenverantwortung: Du bist nicht verantwortlich für meine Gefühle und Bedürfnisse. Das bin ich.

Bedürfnisorientierung: Ich achte deine Bedürfnisse. Und ich unterstütze dich bei deren Erfüllung.

Integrität: Ich respektiere deine Meinung und deinen Willen.

Toleranz: Du darfst (eigene) Fehler machen. Mein Weg ist nicht dein Weg.

In dem oben erwähnten Interview sagt Nora Imlau übrigens auch, dass AP im Wesentlichen ebenso eine Kinderrechtsbewegung ist, die betont, dass Kinder Menschen sind und daher dieselben Rechte auf Würde wie Erwachsene haben. Das mache den Umgang mit dem eigenen Kind letztlich nicht zur Erziehungs-, sondern zur Menschenrechtsfrage.

Und so gestehen wir Kindern heute eine Vielzahl von Werten zu, die wir hinsichtlich ihres seelischen Wohls, aber auch für die Beziehung zwischen zwei Menschen auf Augenhöhe für richtig und wichtig halten. In der Theorie klingt das leicht, in der Praxis ist es das nicht immer. In den letzten Absätzen sprach ich von *vollwertigen und gleichwürdigen Menschen*, ich sprach von einem *liebevollen und wertschätzenden Umgang* miteinander, ich sprach von *radikaler Akzeptanz, bedingungsloser Liebe und emotionaler Sicherheit*, ich sprach von *Bedürfnissen und Gefühlen als Kompass*. Und natürlich irritiert das viele Menschen. Natürlich wissen viele von uns zunächst gar nicht, wie dieses neue Miteinander funktionieren soll. Natürlich fällt es oft selbst den Eltern schwer, die diese Haltung so unglaublich gern mit jeder Faser ihres Körpers gegenüber ihren Kindern leben wollen.

Und warum ist das so? Ganz einfach: Weil es eben nicht in jeder Faser unseres Körpers verankert *ist*. Weil das ein Umgang, eine Haltung, eine Philosophie ist, die – wenn wir ehrlich sind – nicht einmal unter Menschen funktioniert, die seit je oder zumindest seit einigen Jahrzehnten als gleichwürdig gelten: Mann und Frau. Frau und Frau. Mann und Mann. Mensch und Mensch.

Da kommt uns beim Umgang mit unseren Kindern unsere Intuition zugute: Auf ein weinendes Kind nicht zu reagieren oder es wegzuschicken, wenn es sich unerwünscht verhält, das fühlt sich für die meisten Eltern schlichtweg falsch an. Einige tun es zwar dennoch, aber meist nicht aus Überzeugung oder Liebe, sondern aus einer gesellschaftlich anerzogenen Angst, das Kind zu verziehen oder seinen Respekt zu verlieren. Würden wir nur mit dem Herzen agieren und unserer reinen Intuition lauschen, dann spürten wir in der Regel, was sich richtig anfühlt und was nicht. In Beziehungen mit Erwachsenen fällt uns das deutlich schwerer.

Bindung ist aber ein Lebensthema, welches nicht in der frühen und auch nicht in der späten oder abgeschlossenen Kindheit endet. Und so begegnet uns das Thema Bindung natürlich auch in unseren erwachsenen Beziehungen bis ans Lebensende – und manchmal sogar darüber hinaus. Denn das Wichtigste im Leben eines Menschen, der wichtigste Resilienzfaktor überhaupt, das sind die Verbindungen, die wir zu anderen Menschen haben. Allen voran unsere Liebesbeziehungen.

Aber wieso muten wir dann unseren Partnern einen Umgang zu, den wir für unsere Kinder nicht wollen? Warum sitzt Jonas in meiner Praxis und fühlt sich erzogen, während Marie bewundernswerterweise zugibt, dass das stimmt? Und warum fällt es Jonas so schwer, eigenmächtig zu erkennen, wo er sich mehr einbringen und Marie entlasten müsste?

Vielleicht, weil die wenigsten von uns bedingungslose Liebe und Akzeptanz kennengelernt haben. »Miteinander« hieß in unseren Beispielbeziehungen oft aneinander ziehen, zerren und herumdoktern. Sich verbiegen (lassen).

Dementsprechend machen wir heute auch noch immer die anderen für unsere Bedürfnisse und Gefühle verantwortlich oder lassen uns für ihre verantwortlich machen. Und so passiert es, dass wir Eltern es zwar immer besser schaffen, unseren Kindern gegenüber eine wertschätzende Haltung an den Tag zu legen, dass diese Haltung es aber oft nicht aus der Eltern-Kind-Blase hinausschafft und schon in der Paarbeziehung an ihre Grenzen stößt. Die Paarbeziehung leidet. Und unter der unglücklichen Liebe der Eltern leiden schließlich alle.

Die Nachbarin meiner Mutter

Eine kleine Anekdote: Als ich meiner Mutter von der Idee dieses Buches erzählte, also auch von dem Ungleichgewicht zwischen Kind und Partner, was die Wertschätzung und Empathie betrifft, die ich als Mensch dem einen und dem anderen in unterschiedlichem Maße entgegenbringe, scheint sie einen kleinen Aha-Moment zu haben. »Jaaaa«, sagt sie »das kenne ich doch von unserer Nachbarin!« Die stand nämlich einst in ihrem Garten und säuselte mit Engelszünglein: »Naaa, hast du Hunger mein Paulchen? Jaaa, hast du Hunger? Na komm mal her. Jaaa, fein.«

Doch plötzlich wurde die dörfliche Liebesidylle von derselben Stimme zerstört, die eben noch vor Sanftmut triefte: »Jüüürgen. Jürgen! Nun mach der Katze doch endlich mal die verdammte Tür auf. Du siehst doch wohl, dass sie reinwill!«

Joa. Manch einer ist sogar zu seinen Tieren freundlicher als zu seinem Partner. Stubenreinheit hin oder her.

In der Psychologie ist dieses Phänomen übrigens als »selektive Empathie« bekannt. Sie ist auch dafür verantwortlich, dass Paare oft mehr Verständnis für ihre Kinder als füreinander haben.

Impuls: AP in der Praxis

Mach den Test. Nimm dir die Grundsätze der bedürfnisorientierten Elternschaft (AP-Manifest, vgl. Seite 33 f.), und bewerte auf einer Skala von 1 (gar nicht) bis 5 (super duper ultra doll): Wie gut lebe ich diesen Grundsatz gegenüber a) meinem Kind b) meinem Partner/meiner Partnerin. Wer hat mehr Punkte?

Aus Attachment Parenting wird Attachment Partnering

Nun ist klar, dass unsere Kinder nicht irgendwelche Menschen sind, sondern die wichtigsten Menschen in unserem Leben. Es ist ganz normal und artgerecht, dass wir der Beziehung zu unseren Kindern in vielen Situationen und Belangen Priorität einräumen – auch gegenüber unserer Partnerschaft. Sie sind ein Teil von uns. Der schutzbedürftigste noch dazu. Dennoch bin ich davon überzeugt, dass es unsere Lebensqualität und Familienharmonie positiv beeinflusst, wenn wir die oben erwähnten Leitgedanken, nicht nur unseren Kindern zugestehen. Denn aus der Haltung, die wir versuchen, gegenüber unseren Kindern einzunehmen, können wir auch etwas für uns und unsere Partnerschaft lernen und gewinnen. Die Kernfrage dieses Buches lautet daher: Wie schaffen wir es, nicht nur mit unseren Kindern, sondern auch mit unserem Partner bedürfnis- und wertschätzungsorientiert umzugehen? So, dass AP nicht nur für Attachment Parenting, sondern auch für Attachment Partnering steht.

Der Hashtag #elternseinpaarbleiben hat mehrere Tausend Treffer auf Instagram – viele davon voller weiser Worte und Inspiration, keine Frage. Möglicherweise rollen wir das Thema hier dennoch schon von der falschen Seite auf. Denn es sollte nicht darum gehen, was wir als Paar jetzt mit dem bisschen Rest von uns anfangen können. Wir dürfen nicht nur das nehmen, was übrig bleibt. Wir sind das Fundament. Das Herz der Familie.

Bisher lautete die Frage in Elternratgebern meist: Wie können wir Eltern sein und trotzdem Liebende bleiben? Vielleicht ist die Frage falsch gestellt und sollte alternativ lauten: *Was braucht unsere Liebe, damit wir gute Eltern sein können?*

Attachment Partnering – Bedürfnisorientierte Partnerschaft

Das Bedürfnis-Einmaleins

Was diese Liebe in jedem Fall braucht, sind zwei Menschen, die sich und ihre Bedürfnisse gegenseitig wahrnehmen und achten, ohne die Verantwortung dafür an den anderen abzugeben. Das heißt: Der oder die andere ist nicht der Alleinversorger meiner Bedürfnisse, sondern (m)ein Erfüllungsgehilfe – ein Bedürfnisbuddy sozusagen. Nicht mehr, aber auch nicht weniger. Denn selbstverständlich gehen wir Partnerschaften ein, um uns gewisse Bedürfnisse zu erfüllen beziehungsweise erfüllen zu lassen – und dennoch ist der andere nicht *der* Garant oder Verantwortungsträger meiner Bedürfnisse. Hier gibt es natürlich elementare Unterschiede zwischen einer Paar- und einer Eltern-Kind-Beziehung, da Letzteres von einer Abhängigkeit geprägt ist, die in erwachsenen Beziehungen ungesund bis toxisch wäre. Wir kommen auf diese Verantwortlichkeiten später noch ausführlich zurück.

Zunächst schauen wir uns an, was wir überhaupt unter einem Bedürfnis verstehen und welche Bedürfnisse erwachsene Menschen grundsätzlich und in Beziehungen haben. Denn um uns selbst und unseren Partner besser verstehen und um uns in der Liebe für ein bedürfnisorientiertes Miteinander entscheiden zu können, ist es notwendig, dass wir uns mit unseren Bedürfnissen auskennen.

Emotionale Grundbedürfnisse

Ein Bedürfnis kann als Zustand oder Erleben eines Mangels, verbunden mit dem Wunsch, ihn zu beheben, definiert werden. Bedürfnisse sind also, salopp gesagt, das, was wir wollen, zu brauchen glauben oder wirklich brauchen.

Du und ich, wir haben die gleichen elementaren Bedürfnisse. Genau wie Inge und Karl, Pepe und Chantal, Ernesto und Ajala, Lady Gaga und Joe Biden oder der nette Typ von der Tankstelle. So wie alle Menschen haben wir sowohl physische Grundbedürfnisse – wie die nach Nahrung, Schlaf und Sexualität – als auch psychische Grundbedürfnisse – wie das nach sozialer Verbindung, Kontrolle und Sicherheit –, die aber durchaus miteinander verflochten sind. Wenn mein körperliches Bedürfnis nach Nahrung oder Erholung nicht gestillt ist, kann auch das seelische Bedürfnis nach Sicherheit leiden. Es ist wohl überflüssig, zu erwähnen, was zum Beispiel Schlafentzug mit der Psyche eines Menschen macht – die meisten Eltern können davon ein Lied singen, oder auch ein ganzes Konzert. Ebenso können sich unerfüllte seelische Bedürfnisse auf die Fähigkeit auswirken, physische Bedürfnisse zu stillen – so kann zum Beispiel Liebeskummer zu Schlafentzug oder Appetitlosigkeit führen.

Viele Menschen denken bei Bedürfnissen an die Bedürfnispyramide des amerikanischen Psychologen Abraham Harold Maslow. Sie besteht aus Schichten, die in ihrer Breite nach oben abnehmen. Anfangs geht Maslow in seiner Theory of Human Motivation von fünf Bedürfnissen aus (Existenzbedürfnisse, Sicherheit, Sozialbedürfnis, Anerkennung beziehungsweise Wertschätzung sowie Selbstaktualisierung), später erhöht er auf acht Grundbedürfnisse. In der Pyramide finden wir sie von unten nach oben wie folgt: physiologische Bedürfnisse, Sicherheitsbedürfnisse, soziale Bedürfnisse, Individualbedürfnisse, kognitive Bedürfnisse, ästhetische Bedürfnisse, Selbstverwirklichung und Transzendenz.

Aber wusstest du, dass Maslow selbst die Grundbedürfnisse nie als Treppenmodell beziehungsweise Pyramide verstanden hat? Denn obwohl die Pyramide noch immer verbreitet wird, ist die Annahme, dass erst die Befriedigung einer unteren Hierarchiestufe die Erfüllung einer höheren ermöglicht, nicht uneingeschränkt haltbar. Maslow stellte zwar fest, dass manche Bedürfnisse Priorität vor anderen haben – zum Beispiel brauchen wir Essen dringender als Hobbys zur Selbstverwirklichung –, aber die Idee, ein allgemeingültiges Ranking aufzustellen, hielt er mit der Zeit für immer weniger zielführend. So würde ein Mensch, der gänzlich ohne soziale Kontakte und Zugehörigkeit auskommen muss, eher »verkümmern« als ein Mensch, der keinen Sex hat – und das obwohl Sexualität auf der Stufe der Existenzbedürfnisse zu finden ist. Andererseits gibt es ohne Sex gar keine Menschen – rein evolutionär mag Sex also wichtiger sein, individuell betrachtet, ist er es aber nicht unbedingt. Zumal der Schutz der Gruppe ja überhaupt erst das Überleben sichert, und wer nicht lebt, kann auch keinen Sex haben. Es bleibt also strittig. Ergo: Bedürfnisse folgen keiner starren Hierarchie. Vielmehr ist es so, dass alle Bedürfnisse stetig präsent sind und sich überlappen – obgleich sie sich in ihrer Dringlichkeit und Bedeutsamkeit für unser Überleben sehr wohl unterscheiden.

Jeder Mensch hat also dieselben physischen und psychischen Grundbedürfnisse. Worin wir uns aber durchaus stark unterscheiden, ist das Ausmaß. Die Intensität. Die Gewichtung. Und die Strategie zur gewählten Bedürfniserfüllung. Inge ist Draufgängerin, liebt wilde Abenteuer und braucht wenig Schlaf. Karl mag es gern ruhig und beständig, Hunger hat er eigentlich immer. Pepe hat nur einen besten Freund, sonst ist er Einzelgänger, weil er Menschen nicht traut. Chantal hasst es, allein zu sein, hat viele Freunde und sucht auch deren körperliche Nähe. Lady Gaga und Joe Biden mögen Applaus und das Leben in der Öffentlichkeit – aber der nette

Typ von der Tankstelle hat nicht mal einen Facebook-Account, weil er Angst vor möglicher Überwachung hat.

Wie sehr diese kleinen und feinen Unterschiede unser (Sozial-) Leben bestimmen, wird deutlich, wenn wir uns auf die Bedürfnisse konzentrieren, die das menschliche Miteinander dominieren. Und das sind weitestgehend die emotionalen Bedürfnisse. Dementsprechend sind das auch die Bedürfnisse, die besonders beziehungsrelevant sind. Je mehr diese psychischen Bedürfnisse in einer Partnerschaft respektiert, geachtet und erfüllt werden, desto stabiler und krisensicherer ist auch die Beziehung – wobei ich schon jetzt anmerken möchte, dass die Erfüllung nicht immer aktiv durch den Partner passieren muss. Wir können die Bedürfniserfüllung auch passiv gewähren beziehungsweise ermöglichen, allein dadurch, dass wir uns nicht zwischen ihn und seine Bedürfnisse stellen.

In der Psychologie gibt es verschiedene Theorien, die sich hinsichtlich ihrer Anzahl und Auswahl psychischer Grundbedürfnisse leicht unterscheiden. Besonders anerkannt, empirisch gut belegt und auch nicht zu komplex ist der Ansatz des Psychologen Klaus Grawe. Er unterscheidet vier Grundbedürfnisse, an denen ich mich orientiere, allerdings füge ich noch ein fünftes hinzu:

1. Das Bedürfnis nach Bindung
2. Das Bedürfnis nach Kontrolle und Autonomie
3. Das Bedürfnis nach Selbst(wert)gefühl
4. Das Bedürfnis nach Lustgewinn bzw. Unlustvermeidung
5. Das Bedürfnis nach Sicherheit

Diese fünf psychischen Grundbedürfnisse haben sich in meiner Arbeit mit Paaren als hilfreicher Kompass im Beziehungsdickicht bewährt. Wir können den Ansatz von Herrn Grawe[1], ähnlich wie den von Herrn Maslow, als eine Kategorisierung von Bedürfnissen verstehen. Eine Kommode mit vier Schubladen, der ich eine fünfte hinzugefügt habe. Im Inneren der Schubladen gibt es, so wie bei dir zu Hause auch, einiges zu entdecken. Neben getrennt lebenden, vereinzelten Socken und dem Umschlag mit dem Notgroschen finden wir dort auch die emotionalen Grundbedürfnisse einer Partnerschaft – denn die sind meist um einiges filigraner als die oben genannten fünf. Das bedeutet: Wir finden in jeder Schublade weitere Unterbedürfnisse. Einige der »Unterbedürfnisse« lassen sich nicht ganz eindeutig zuordnen, beziehungsweise kann es Überschneidungen geben. So weiß ich manchmal nicht, wo ich meine Tanktops einsortieren soll – denn manchmal trage ich sie eher als Unterhemd, manchmal aber auch als Oberteil (zum Beispiel im Sommer oder beim Sport). Was die Frage aufwirft: Unterwäsche- oder T-Shirt-Schublade? Und was ist mit Strumpfhosen? Kommen die zu den Socken oder zu den Hosen? Ähnlich verhält es sich mit unseren seelischen Bedürfnissen: So kann das Bedürfnis nach körperlicher Nähe in die Bindungsschublade oder aber in die Lustgewinnschublade einsortiert werden und das Bedürfnis nach Zugehörigkeit sowohl

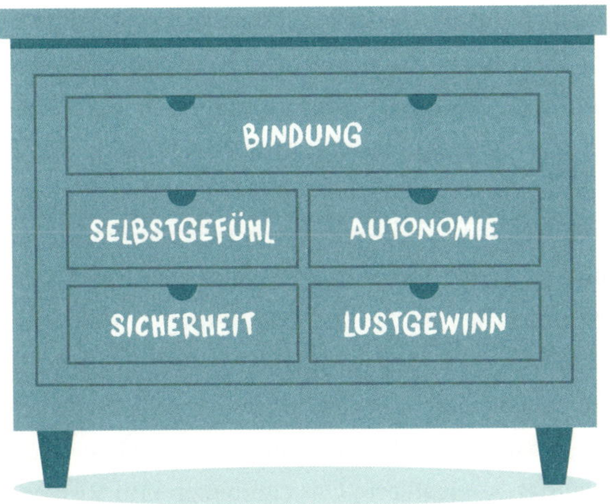

Die fünf psychischen Grundbedürfnisse

für die Bindung als auch für den Selbstwert relevant sein. Diese Uneindeutigkeiten sind nicht schlimm, wir sollten sie einfach akzeptieren und im Hinterkopf behalten, wenn wir über Bedürfnisse und deren Erfüllung sprechen.

Schauen wir uns die fünf Grundbedürfnisse, die uns in diesem Buch immer wieder begegnen werden, einmal genauer an.

Das Bedürfnis nach Bindung

Die Bedeutung der Bindung für unsere Kinder ist unstrittig. Wir wissen seit geraumer Zeit, dass ein kleiner Mensch nur gedeihen, ja sogar nur überleben kann, wenn er sich der Zuwendung mindestens einer Bezugsperson sicher sein darf. Denn wir kommen höchst unreif zur Welt. Und selbst, wenn unsere Kinder dann im Laufe der Zeit reifer und selbstständiger werden, sind sie noch immer auf den Schutz und die Erfahrungen ihres »Rudels« angewiesen. Um diese Fürsorge zu gewährleisten, hat sich Mutter Natur ein Bindungssystem »einfallen« lassen, das kleine Menschen zuverlässig dazu bringt, die Nähe ihrer Eltern zu suchen, und Eltern zuverlässig davon abhält, ihre Jungen zu fressen oder sie zugunsten anderer Bedürfnisse völlig zu vergessen. Bindung ist ein evolutionär und psychisch extrem bedeutsames Bedürfnis, denn Menschen sind soziale Wesen, deren Resilienz nachweislich von sicheren Bindungserfahrungen profitiert. Heißt: Habe ich die Erfahrung gemacht, dass Mama und Papa mich lieb hatten und immer für mich da waren, konnten sich in mir Erfahrungen verankern, die mich fest daran glauben lassen, dass ich dem Leben und anderen Menschen gewachsen bin. Auch deswegen, weil es eben diese Sicherheit ist, die Menschen dazu ermutigt, kontrollierte Unsicherheiten und Risiken einzugehen. Kurzum: Wer sich sicher gebunden fühlt, traut sich leichter hinaus in die Welt und hat auch weniger Angst, Beziehungen einzugehen. Fehlte uns in unserer Kindheit eine solche verlässliche Bezugsperson, haben wir nicht nur eine erhöhte Wahrscheinlichkeit, später Bindungs- und Beziehungsstörungen zu entwickeln, wir sind auch anfälliger für psychische Erkrankungen und leiden möglicherweise zeitlebens unter einer gewissen Lieblosigkeit gegenüber uns selbst und anderen.

Hier lässt sich schon ahnen, dass Bindung ein Lebensthema ist, wenn nicht sogar DAS Lebensthema. *Menschen brauchen andere Menschen.* Soziale Bindungen haben von jeher die Überlebenschance unserer Vorfahren verbessert. Diejenigen, die ein Bedürfnis nach Zugehörigkeit hatten, überlebten und pflanzten sich erfolgreich fort. Ihre Gene dominieren noch heute beziehungsweise leben in uns weiter. Wir sind die unmittelbaren Nachkommen der Geschöpfe, die ihrem Drang nach Gemeinschaft folgten und so überlebten.

Wir haben ein angeborenes Bedürfnis, uns mit anderen Menschen zu verbinden, mit einigen – wenn möglich – sogar in dauerhaften, besonders engen Beziehungen. Zugespitzt könnten wir behaupten, unser Ich bekommt erst durch ein Du seine Erfahrbar- und Bedeutsamkeit. Und das ändert sich auch im Erwachsenenalter nicht.

Eine Erkenntnis, die vielen Forschern der 1950er-Jahre nicht schmeckte, bis John Bowlby, der Pionier der Bindungsforschung, sie mit seinen Untersuchungen belegte. Denn bis dahin fand man den Gedanken, dass auch erwachsene Menschen aufeinander angewiesen sind, höchst infantil. Heute wissen wir, dass das Nonsens ist. Schon rein evolutionär haben Einzelkämpfer schlechtere Chancen zu überleben, und auch für das psychische Wohlergehen ist die (Ver-)Bindung zu anderen Menschen eine entscheidende Komponente.

Bereits im Baby- und frühen Kindesalter lernen wir, dass es sich bewährt, ein paar wenige extrem enge Bindungen zu auserwählten

Menschen einzugehen. Früher waren es (idealerweise) die Eltern, die uns so gut kannten wie niemand sonst und dementsprechend angemessen auf uns und unsere Bedürfnisse reagieren konnten, heute treten unsere Partner in ihre Fußstapfen. Gewissermaßen.

Herzmoment: Tief blicken

Ich möchte dich und deinen Partner einladen, euch heute etwas Zeit füreinander zu nehmen. Setzt euch in einem Moment der Ruhe, beispielsweise wenn alle Kinder schlafen, auf euer Sofa und schaut euch in die Augen. Bleibt nun für schweigsame fünf Minuten sitzen, und seht euch einfach nur an. Haltet den Blick, und versucht, den Menschen, der euch gegenübersitzt, vollends wahrzunehmen und euch selbst ganz ehrlich zu zeigen. Es kann und darf emotional werden, muss es aber nicht.

Ihr könnt anschließend schweigen, euch umarmen oder euch darüber austauschen, was ihr empfunden und gedacht habt.

Die Anwesenheit eines vertrauten Menschen schenkt uns Geborgenheit und ein Gefühl von Sicherheit. So halbiert sich unsere Angst schlagartig, wenn wir nicht allein durch einen dunklen Wald gehen müssen, sondern zu zweit oder in einer Gruppe sind. Es ist auch im Erwachsenenalter noch eine völlig normale und vor allem evolutionär bewährte Reaktion, bei Gefahr das Bindungsverhalten zu aktivieren.

Es liegt in unserer Natur, dass wir jemanden an unserer Seite brauchen. Und deswegen gibt es wenig Vergleichbares, was so sehr schmerzt wie Einsamkeit oder die Ablehnung der eigenen Person durch einen anderen Menschen.

Auch Einsamkeit verändert unsere Hirnstrukturen und macht krank – daher ist es ein völlig normaler, menschlicher Impuls, Bindungen einzugehen, selbst dann, wenn es ein Risiko ist. Je enger, intimer, intensiver und exklusiver eine Bindung ist, umso stabiler und sicherer scheint sie für uns zu sein. Deswegen sind uns unsere Partner so wichtig. Sie sind unsere engsten Bindungsbedürfnisbuddys. Um diesem Bedürfnis Rechnung zu tragen, suchen wir zu ihnen besonders stark die emotionale und körperliche Nähe. Und weil sie so nah an uns dran sind, sie uns so gut kennen und wir uns ihnen so verletzlich zeigen, sind die Erwartungen hoch und die Fallstricke tückisch.

Chris und Helge

Chris und Helge sind Eltern von zwei Pflegekindern. Nach vielen Jahren des Hoffens und einigen bürokratischen Hürden haben sie erst einen Sohn und später eine Tochter bekommen. Kelvin kam zu ihnen, als er bereits drei Jahre alt war und den Kindergarten besuchte, weshalb sowohl Chris als auch Helge weiter ihren Berufen nachgingen. Als jedoch die kleine Emily mit ihren zwölf Wochen bei ihnen einzog, war schnell klar, dass Chris in Elternzeit geht und Helge weiter selbstständig arbeitet. Chris genoss die Zeit mit Emily und Kelvin in vollen Zügen, allerdings vermisste er mit der Zeit die Unterstützung seines Mannes Helge, der beruflich viel unterwegs war und selbst zunehmend das Gefühl hatte, nur Gast in seiner Familie zu sein. Beide waren überglücklich, endlich Papa und Papi zu sein, doch gleichzeitig schmerzt das Ende der zweisamen, exklusiven Symbiose. Wo Chris und Helge früher kuschelten, redeten, zusammen kochten und lachten, investieren sie den Großteil ihrer Kraft und Energie heute hauptsächlich ins Elternsein. Denn natürlich möchten sie, dass es ihren Kindern an nichts fehlt. Doch diese Bemühungen gehen spürbar auf Kosten der Achtsamkeit füreinander. Chris ist viel zu Hause und hat wenig soziale Kontakte, weshalb er seine Sehnsucht nach Bindung hauptsächlich im Rahmen seiner kleinen Familie stillen muss. Doch da

Helge viel arbeitet und der Großteil der gemeinsamen Zeit den Kindern gewidmet wird, bleibt Chris' Nähebedürfnis genauso oft auf der Strecke wie das von Helge. Die (zu großen Teilen den Umständen geschuldete) fehlende Zuwendung von Helge erinnert Chris unbewusst an seine Kindheit und die Scheidung seiner Eltern, nach der sein Vater sich nur noch sporadisch und später gar nicht mehr um ihn kümmerte. Geprägt von diesem Verlust, leidet Chris verstärkt unter der Angst, dass auch Helge die Familie eines Tages verlassen könnte. Die Angst, was dann aus ihm und den gemeinsamen Pflegekindern werden könnte, ist unerträglich. Helge wiederum ist einerseits verletzt von Chris' Gedanken und andererseits zunehmend genervt von seinem Wunsch nach seiner ständigen Anwesenheit und Zuwendung. Mit der Zeit entsteht eine Dynamik, bei der Chris immer mehr Nähe und Helge immer mehr Distanz sucht.

Bindung und Beziehung

Das ganz natürliche, angeborene Bedürfnis nach Intimität und Zuwendung hilft uns Menschen, die Herausforderungen des Lebens leichter zu bewältigen – allein dadurch, dass wir die tragischen ebenso wie die freudvollen Momente teilen.

Dieses Bedürfnis ist geschlechtsneutral. Es lässt sich auch weder vom Einkommen noch vom Wohnort, der Bildung oder dem Alter beeindrucken. Es ist ein elementares Bedürfnis und gilt für alle Menschen auf der Welt. Vielleicht findest du es merkwürdig oder befremdlich, dass ein gesunder erwachsener Mensch auf diese Weise abhängig ist von einem oder mehreren anderen Menschen. Oder es setzt dich unter Druck, dass andere Menschen auf dich angewiesen sein könnten, weil das Bedürfnis nach Bindung dein Bedürfnis nach Freiheit und Autonomie bedroht. All das sind denkbare Empfindungen, auf die wir noch eingehen. Zunächst reicht es, anzuerkennen, dass alle Menschen das Bedürfnis nach Bindung in sich tragen, sonst wären sie keine Beziehung eingegangen und hätten auch keine Familie gegründet. Wie intensiv wir dieses Bedürfnis empfinden, wie schnell wir uns verlassen fühlen oder wie stark es uns unter Druck setzt, das wiederum ist sehr individuell und hat etwas mit unseren Wesensmerkmalen, aber noch mehr mit unseren früheren Bindungserfahrungen zu tun – sowohl den kindlichen als auch den adoleszenten: *Kann ich mich auf mein Gegenüber verlassen? Ist er/sie mir gegenüber positiv eingestellt? Erlebe ich Beziehungen als angenehm? Glaube ich tief in mir, dass ich es wert bin, geliebt zu werden?*

Bestenfalls ist die Antwort auf all diese Fragen Ja. Dann liegt es nahe, dass wir als Kind eine sichere Bindung zu unseren Eltern, wenigstens aber zu einem Elternteil oder einer anderen Bezugsperson hatten. Wir fühlen uns sicher gebunden, weil wir die Erfahrung machen durften, dass ein anderer Mensch zuverlässig für uns da war und/oder ist. Auch eine langjährige stabile Paarbeziehung kann einen sicheren Bindungsstil fördern. Denn seit geraumer Zeit vertreten Forscher die These, dass wir auch die Liebe zwischen zwei erwachsenen Menschen als eine Bindung verstehen können. In Phasen der Bedürftigkeit oder wenn wir auftanken wollen, dienen wir einander als sicherer Hafen und als sichere Basis, von der aus jeder sein eigenes Potenzial erforschen und ausleben kann. Die Gewissheit, dass uns Trost und Zuversicht zuteilwerden, wenn wir es brauchen, ist eine primäre Motivationskraft des Menschen und nährt das Selbstvertrauen, das wir zur Potenzialentfaltung brauchen. Und so schließen zwei Verliebte für gewöhnlich unausgesprochen einen Pakt: *Wir sind füreinander da und befriedigen gegenseitig unsere Bedürfnisse.*

Fühlen wir uns in unserer Beziehung sicher verankert, dient diese Sicherheit als wertvolle psychische Ressource. Sie erhöht die empfundene Qualität der Beziehung und führt zu einem höheren Anteil positiver Emotionen. Und tatsächlich ist es laut dem Beziehungsforscher John Gottman eben genau diese Positivität, die beständige von gescheiterten Beziehungen unterscheidet.

Eine *sichere Bindung* zwischen zwei Liebenden fördert laut Sue Johnson, Psychologin und Gründerin der emotionsfokussierten Paartherapie, den persönlichen Optimismus, ein stabiles Selbstwertgefühl, Zuversicht und Neugierde, das Zugehörigkeitsgefühl, die Toleranz von Verschiedenheit und Mehrdeutigkeit sowie die Fähigkeit zur Emotionsregulation, Perspektivübernahme, Selbstbehauptung und emotionalen Öffnung.[2]

Sichere Bindungen sind also ein wahrer Liebes-, Resilienz- und Gesundheitsbooster. So haben Wissenschaftler festgestellt, dass eine glückliche Beziehung das Risiko für Herz-Kreislauf-Erkrankungen senkt und das Immunsystem sowie die Fähigkeit, Schmerz zu bewältigen, stärkt. Auch sind glückliche Paare für das Pendel des Lebens besser gewappnet, und diese Sicherheit überträgt sich auch auf die Kinder und das gesamte Umfeld.

Während das Bindungsbedürfnis anfangs (bestenfalls) automatisch und vor allem recht einseitig (monodirektional) durch die Bezugsperson befriedigt wird, müssen wir im Laufe des Lebens bewusste Strategien lernen, um in Beziehung zu treten. In Abhängigkeit davon, was funktionierte und was nicht, verändern und verfestigen sich diese Strategien. Was nicht heißt, dass unsere Strategien wirklich immer sinnvoll oder zielführend sind. Aber worauf kommt es eigentlich an, wenn wir nicht nur zwischen uns und unseren Kindern eine sichere Bindung etablieren und gestalten wollen, sondern auch zwischen uns Eltern? Sue Johnson setzt auf emotionale Präsenz. In ihrem Buch *Halt mich fest* benennt sie ganz klar drei Punkte, auf die es ankommt: Ansprechbarkeit, Responsivität, Engagement. Und tatsächlich erinnern diese drei Punkte an das Konzept der Feinfühligkeit von Mary Ainsworth, worin sie mit Blick auf die Eltern-Kind-Beziehung beschreibt, was eine sichere Bindung fördert:

1. Die Signale des Kindes wahrnehmen,
2. sie richtig interpretieren und die Bedürfnisse dahinter erkennen,
3. prompt und angemessen auf die geäußerten Bedürfnisse reagieren
4. und gegebenenfalls die Schritte wiederholen, bis etwas fruchtet.

Auch zwischen zwei Erwachsenen braucht es diese Art von Erreichbarkeit, Aufmerksamkeit, Präsenz und Unterstützung. Ganz klar, denn dort, wo Bindung entstehen soll, müssen wir füreinander (emotional) greifbar sein. Beide Expertinnen halten also Responsivität für wichtig. Denn Menschen können sich erst sicher fühlen, wenn sie darauf vertrauen können, dass auf ihre Signale und Bedürfnisse reagiert wird. Allerdings möchte ich nicht unerwähnt lassen, dass zwei gleichwürdige Partner eben keine bedürftigen Kinder mehr sind und der Partner nicht die Verantwortung dafür trägt, all meine Bedürfnisse zu erfüllen. Ja, es geht darum, Bedürfnisse gegenseitig wahrzunehmen und darauf zu reagieren – aber eine Reaktion bedeutet nicht automatisch Erfüllung.

Es geht um Toleranz, Akzeptanz, Empathie und Kompromissbereitschaft, aber auch um Integrität. Und hier kommen wir automatisch zu Sue Johnsons drittem Punkt: dem Engagement.

Eine Beziehung ohne Hingabe ist wie Ernie ohne Bert. Hier und da sicher entspannter und ruhiger, aber eben einsam. Das Engagement beschreibt die *wechselseitige* Bereitschaft, sich aufeinander einzulassen. Es bedarf offener Ohren und eines offenen Herzens. Es braucht Gemeinsamzeit und Gemeinsamkeit. Es geht darum, sich umeinander zu bemühen, ohne sich selbst zu verleugnen. Die Vorstellung von Mühe ist natürlich unvereinbar mit der romantisierten Vorstellung, die wir von der Liebe aus den Märchenbüchern unserer Kindheit, kitschigen Liebesfilmen und den sozialen Netzwerken haben. Aber eine Kuh macht Muh. Genau wie *ein* Bedürfnis. Und viele Kühe machen Mühe. Genau wie *viele* Bedürfnisse.

Gut zu wissen: Quellen der Bindung

Das Bedürfnis nach Bindung äußert sich unter anderem darin, dass wir uns anderen Menschen nahe fühlen und uns auf sie verlassen können wollen. Wir wollen Teil von etwas sein, Ver- und Anbindung haben, ja, einfach dazugehören. Daher lässt sich dieses Bedürfnis selbstverständlich auch außerhalb von Liebesbeziehungen stillen. Was bedeutet, dass auch unsere Freunde, Familienmitglieder, Teamkolleginnen und andere Freizeitbuddys oder Weggefährten eine wichtige Rolle spielen, wenn es um unsere psychische Gesundheit und die Verteilung der »Bedürfnislast« geht. Wir können, dürfen und sollten uns auch mit anderen Menschen verbinden, damit die Liebe zu unserem Partner oder unserer Partnerin atmen kann. Welchen Regeln die Verbindungen außerhalb der Partnerschaft dann folgen, das wiederum ist ganz individuell und kann von »Meistens brauchen wir nur uns« über »Jeder hat so seine Buddys« bis hin zu »Wir leben Liebe völlig frei« gehen.

Viele von uns haben im Laufe des Lebens gelernt, dass Liebe unberechenbar ist, abhängig macht oder einen Preis hat. Viele Erwachsene bringen daher eine große Bedürftigkeit aus ihrer Kindheit mit in ihre erwachsenen Beziehungen. Das sind vor allem die Erwachsenen, die in ihrer Kindheit nicht die Erfahrung machen durften, sicher gebunden zu sein – und das betrifft Schätzungen zufolge leider die Hälfte von uns. Diese Hälfte hat mit 50-prozentiger Wahrscheinlichkeit die Erfahrung gemacht, dass Zuwendung und Fürsorge ihr nicht verlässlich zustanden. Oft war das Verhalten der Bezugspersonen inkonsequent, mal liebevoll und kümmernd, dann wieder kalt und zurückweisend. Dieser in der Kindheit erlittene Kontrollverlust und Liebesentzug führte in der Regel zu einer unsicher-ambivalenten Bindung und großen Verlustängsten. Heute neigen diese Menschen aufgrund mangelnden Vertrauens zu klammerndem Verhalten.

Ironischerweise hängen sie sich nicht selten an Menschen mit einem unsicher-vermeidenden Bindungsstil, denn eine ängstliche Person sucht sich oft Personen, die ihre negativen Erfahrungen bestätigen. Das ist zwar nicht schön, aber wenigstens vertraut und dadurch gefühlt berechenbar. Aber diese anderen Personen sind damit oft völlig überfordert und gehen auf Abstand. In ihrer Kindheit mussten auch sie die Erfahrung machen, dass ihre Bezugspersonen keine verlässliche emotionale Verbindung zu ihnen herstellen konnten. Sie haben früh lernen müssen, dass die Nähe zu anderen Menschen ein großes Potenzial für Schmerz und Enttäuschung hat, und sie haben sich daher dafür entschieden, ohne diese Nähe auszukommen. Das erschien ihnen – damals und heute – sicherer. Und obwohl nun ausgerechnet diese beiden Bindungstypen gern zueinander finden, ist es offensichtlich, dass Konflikte hier vorprogrammiert sind. Wie bei Chris und Helge.

Neben dem sicheren, unsicher-ambivalenten und unsicher-vermeidenden Bindungsstil gibt es übrigens noch einen vierten: den unsicher-desorientieren Bindungsstil. Er betrifft fünf bis zehn Prozent der Menschen und entwickelt sich häufig infolge von Gewalt- oder Missbrauchserfahrungen in der Kindheit. Das Bindungsbedürfnis wird bei den Betroffenen zum Selbstschutz weitestgehend unterdrückt und zeigt sich in einer Gleichgültigkeit gegenüber sich selbst und anderen.

Elternschaft polarisiert den Bindungsstil dann noch einmal zusätzlich. Die besten Erfolgsaussichten auf eine dauerhaft glückliche Beziehung haben zwei sicher gebundene Menschen. Denn sie bleiben nur selten aus Verlustangst in Beziehungen stecken oder flüchten vor ihnen, obwohl sie eigentlich unglücklich sind.

Aber die gute Nachricht ist: Bindungsstile lassen sich überschreiben, wenn man es schafft, die eigene Partnerschaft dauerhaft in eine gute und sichere Beziehung zu transformieren, indem man sie zum Beispiel bedürfnisorientiert lebt.

Reflexionsfragen für dich und deinen Partner

- Welcher Bindungstyp bist du? In welchem der oben erwähnten Bindungsstile konntest du dich wiederkennen?
- Wie viel Nähe brauchst du? Wie viel Distanz?
- Erzählt euch gegenseitig von euren Bindungserfahrungen. Was glaubt ihr, wie beeinflussen sie eure Liebe?
- Wenn du hinsichtlich deines Bindungstyps unsicher bist, kann dir der folgende kleine Minitest eine grobe Orientierung sein.
  A) Wenn mein Partner mich enttäuscht, werde ich kühl, ziehe mich zurück und möchte allein sein ...
  B) Wenn mein Partner mich enttäuscht, gerate ich in Panik und Rage ...
  C) Wenn mein Partner mich enttäuscht, bin ich zuversichtlich, dass wir diese Situation klären und an ihr wachsen können.

A und B sind zwei der häufigsten Reaktionen auf Enttäuschungen in der Liebe. Wer eine Tendenz zu A hat, zeigt damit ein Symptom von unsicher-vermeidender Bindung. Wer sich in B wieder erkennt neigt eher zu unsicher-ambivalenten Bindungen. C spiegelt die Zuversicht, Kontinuität und Stabilität wieder, die dafür sorgt, dass sicher gebundene Menschen sich nicht so leicht verunsichern lassen.

Das Bindungsbedürfnis selbst ist übrigens unabhängig vom Bindungsstil unstillbar. So wie Hunger und Durst kommt es immer wieder, selbst bei denen, die als Kind ein Bindungsfestmahl hatten und richtig schlemmen durften. Menschen mit sicheren Bindungserfahrungen in der Kindheit sind trotzdem im Vorteil. Denn das Bedürfnis nach Bindung ist umso größer, je früher und länger ein Mensch ungestillt mit ihm leben musste. In Folge wird der Partner oft klammheimlich und in der Regel unbewusst zum alleinigen Erlöser dieser tiefen Sehnsucht ernannt statt nur zum Erfüllungsgehilfen. Und das kann eine große Bürde sein.

Ebenso ist es möglich, dass Menschen das Bedürfnis nach Bindung von sich abgespalten haben und nur noch schwer in der Lage sind, sich emotional auf einen anderen Menschen einzulassen. Sie haben so gut gelernt, das Bedürfnis nach (Ver-)Bindung zu verdrängen, dass sie es als Erwachsene gar nicht mehr spüren (wollen oder können).

Diesen unsicheren Bindungstypen liegt Angst zugrunde. Angst vor Verletzung, Angst vor Unfreiheit. Doch Angst ist ein schlechter Ratgeber. Und so sind diese Menschen in beiden Fällen tief im Inneren sehr einsam. Für sie ist es schwerer, aber nicht unmöglich, in der aktuellen Beziehung eine sichere Bindung herzustellen, da die offenkundige Bedürftigkeit zu groß oder zu klein ist. Bindung wird dann als Abhängigkeit empfunden – beängstigend, einengend, fremdbestimmend –, wodurch sie zum Gegenspieler des nächsten seelischen Grundbedürfnisses werden kann: Kontrolle und Autonomie.

Gut zu wissen
Unterbedürfnisse der Bindung

Bei der Erfüllung des Bedürfnisses nach Bindung spielen verschiedene Wünsche und Bedürfnisse eine Rolle.
Das Bedürfnis nach Zuwendung, Intimität, emotionaler & körperlicher Nähe, Sexualität, Austausch, Beitragen, Harmonie Zugehörigkeit, Verbundenheit, Geborgenheit, Identität ...

Das Bedürfnis nach Kontrolle und Autonomie

Wir kommen auf die Welt und sind zunächst höchst abhängig, weshalb wir nach mindestens einer festen Bindung lechzen. Das haben wir bereits festgestellt. Wir kommen aber auch mit dem ausgeprägten Willen und Potenzial auf die Welt, uns aus dieser Abhängigkeit zu lösen. Wenn wir als Babys beginnen, uns zu bewegen, zu drehen, zu krabbeln, zu laufen oder allein zu essen, dann tun wir das aus einem inneren Antrieb heraus. Das Bedürfnis nach Kontrolle und Autonomie ist der Motor für unsere Entwicklung, das Bedürfnis nach Bindung sein Getriebe. Denn Menschen wollen nicht nur sicher gebunden sein, nein, sie wollen auch frei sein. Sie wollen ihr Leben selbstständig gestalten können. Sie wollen Einfluss und Kontrolle ausüben, wenigstens über sich selbst. Können sie dies nicht, rebellieren sie. Wir beobachten dies bei unseren Kindern während der berühmten Autonomie- und Trotzphase, wir erleben es in der eigenen Pubertät oder bei unseren heimischen Pubertieren, und ziemlich sicher kommen wir auch im Erwachsenenalter hin und wieder in Kontakt mit unseren rebellischen Anteilen, die um Autonomie ringen. Zum Beispiel wenn uns oder unseren Partner ganz klischeehaft die sogenannte Midlife-Crisis erwischt.

Das Bedürfnis nach Kontrolle und Autonomie beschreibt also, dass Menschen sich selbst als Ursprung des eigenen Handelns erleben möchten. Damit verbunden sind einerseits das innerliche Kompetenzerleben und andererseits die von inneren und äußeren Faktoren abhängige Selbstwirksamkeitserwartung. Glaube ich, dass ich die Kompetenzen und Fähigkeiten habe, eine Situation, eine Beziehung oder mein Leben zu gestalten? Kann ich eigene Ziele formulieren und kontrollieren? Und ermöglichen mir die Umstände und die involvierten Personen das auch? Ziel eines jeden Menschen, der sein Bedürfnis nach Kontrolle und Autonomie ausleben will, ist nämlich durchaus eine objektive Unabhängigkeit von anderen Personen und Gegebenheiten.

An dieser Stelle erkennst du vermutlich schon, dass dieses Grundbedürfnis Partnerschaften vor große Herausforderungen stellen kann und nicht selten sogar der Trennungsgrund ist. Denn natürlich ist in einer Beziehung, egal ob mit einem kleinen oder einem großen Menschen, dieses Bedürfnis nicht uneingeschränkt auslebbar – mit dem Unterschied, dass wir aus einer Paarbeziehung viel leichter flüchten können als aus einer Eltern-Kind-Beziehung. Immer alles und überall machen, wie ich will? Über alles und jeden die Kontrolle haben? Das funktioniert weder im Leben noch in der Liebe. Und das predigen wir auch unseren Kindern so, vergessen es aber durchaus selbst manchmal. Das Tauziehen um Nähe und Freiheit ist das ewige Dilemma der modernen Liebe. Denn die dauerhafte und freiwillige Liebe, die wir (fast) alle suchen, sie bedeutet Bindung. Eine Bindung, der wir, wie wir gesehen haben, alle bedürfen. Einerseits. Andererseits leben wir in einer extrem freiheitsliebenden Welt beziehungsweise Gesellschaft. Und so sind das Verlangen nach Liebe und die Sehnsucht nach Autonomie zwei recht gegensätzliche Bedürfnisse, in denen wir uns nicht selten verheddern.

»Die erhoffte Verschmelzung ihrer Ichs, die die Liebenden in ihr suchen, kollidiert heillos mit dem Anspruch auf Freiheit ihrer Ichs, bei der sie keine Einschränkung dulden.«[3] So formuliert es der Philosoph und Autor Wilhelm Schmidt in seinem Buch *Die Liebe atmen lassen* – und da ist durchaus Wahres dran. Der Spagat zwischen dem Ich und dem Wir ist nicht selten größer als unsere Gelenkigkeit oder unsere Dehnungsbereitschaft. Im Jahr 2020 lebten in Deutschland rund 22 Millionen Singles. 2018 waren es noch knapp 17 Millionen. Jeder fünfte davon ist bereits seit über zehn Jahren ohne Partner, und das, obwohl nur etwa 22 Prozent aller Alleinstehenden sich selbst als Single aus Überzeugung bezeichnen würden. Wer gebunden ist, dem fehlen oft Freiheit und Autonomie. Wer Single ist, dem fehlen meist Nähe und Bindung. Logisch irgendwie, dass eine glückliche Beziehung nur gelingen kann, wenn das richtige Maß an Autonomie und Bindung gefunden wird. Das Problem ist nur: Das richtige Maß ist höchst individuell und absolut phasenabhängig. Insbesondere wenn wir Eltern sind. Daher ist es extrem wichtig, regelmäßig darüber zu sprechen, wer gerade wie viel Autonomie braucht und wie das Gefühl von Kontrolle (wohlgemerkt über das eigene Leben) bewahrt oder wiedererlangt werden kann.

Britta und Thomas

Britta und Thomas sind vor vier Jahren das erste Mal Eltern geworden. In wenigen Monaten erwarten sie ihr zweites Kind. Da ihre Tochter lange gestillt wurde, war es meist Britta, die sich um die kleine Maya gekümmert hat. Daran änderte sich auch wenig, als Britta vor zwei Jahren wieder in ihren Beruf zurückkehrte. Doch in Vorbereitung auf die Geburt des zweiten Kindes wollen Britta und Thomas das Band zwischen Papa und Tochter stärken, damit Maya sich nach der Geburt ihres Bruders nicht vernachlässigt fühlt.

In der Zusammenarbeit wurde allerdings auch deutlich, dass Britta nicht nur wegen Mayas bevorstehender Entthronung so sehr auf die Verbesserung der Beziehung zwischen Thomas und Maya pochte, sondern auch aus einer großen eigenen Sehnsucht nach Freiheit heraus. Die Vorstellung, bald noch ein Kind zu bekommen, erfüllte sie mit Glück. Gleichzeitig löste sie den starken Wunsch in ihr aus, in der verbleibenden Zeit noch einmal ausgiebig Zeit für sich zu bekommen, bevor sie durch die Versorgung eines Säuglings wieder sehr gebunden sein würde. Allerdings fällt es ihr auch schwer, das Zepter an Thomas zu übergeben, denn sie ist bei Weitem nicht mit allem einverstanden, was er tut. Thomas hingegen fühlt sich dadurch bevormundet und eingeengt. Maya ist schließlich genauso seine Tochter. Beide fühlen sich in ihren Bedürfnissen nach Kontrolle und Autonomie beschnitten.

Natürlich ist auch die (gewünschte) Kontrolle über den Partner immer wieder ein Thema in Beziehungen und Paartherapien. Zum Beispiel, wenn es um die Erziehung der Kinder, den Haushalt, die Freizeitgestaltung, das Gefühlsleben und die Erfüllung der eigenen Bedürfnisse geht. Klassischerweise wird Frauen nachgesagt, dass sie immer über Gefühle sprechen wollen, während mit Männern eine ausgeprägte Lösungsorientiertheit verbunden wird. Es heißt dann oft, dass Frauen beziehungs- und emotionsfokussiert und Männer handlungs- und sachbezogen agieren. Ich bin bei solchen Gender-Generalisierungen eher vorsichtig, kann aber ähnliche Tendenzen aus meiner Arbeit bestätigen. Was ich aber auch gelernt habe: Selbst wenn diese Zuschreibungen in vielen Fällen (die bei mir landeten) tatsächlich zutreffend waren, so waren sie nicht unabänderlich. Und der zweite Grund, aus dem ich diese Unterschiede erwähne, ist der, dass hinter diesen Unterschieden oft eine Gemeinsamkeit steckt.

Ja, Menschen wollen durch Gespräche und das Teilen von Gefühlen Verbindung herstellen und in Beziehung gehen. Sie fühlen sich dadurch einander emotional nah. Öffnet sich der Partner nicht, empfinden sie dies aber nicht nur als Verbindungsabbruch, sondern eben auch als Kontrollverlust, durch den sie sich in ihrer Autonomie bedroht fühlen. Denn solange sie nicht wissen, wie es dem Partner geht und was in ihm vorgeht, können sie nicht wirklich sinnvoll reagieren und haben, zumindest gefühlt, keinen Einfluss mehr auf die Situation. Verstehbarkeit und Vorhersehbarkeit sind wichtige Facetten des Bedürfnisses nach Kontrolle. Bleibe ich hinsichtlich der Gefühlswelt des anderen außen vor, fühle ich mich ausgeliefert und ohnmächtig. Eine typische Dynamik kann dann sein, dass Menschen, die das Gefühl haben, die Distanz zu ihrem Partner nicht überwinden zu können, ihn immer stärker bedrängen, um sie abzubauen. Dummerweise finden die »bedrängten« Menschen aber ihre Kontrolle und Autonomie darin, allein zu entscheiden, wann, wem gegenüber und wie sehr sie sich öffnen. Weil ihr Innenleben ihr Königreich ist. Und je mehr wir in dieses Königreich einzudringen versuchen, umso vehementer wird es verteidigt. Schon sind wir in einem Teufelskreis.

Menschen finden in Partnerschaften aber natürlich auch eine Möglichkeit, ihr Bedürfnis nach Kontrolle und Autonomie zu erfüllen. Denn bezüglich der Selbstwirksamkeitserwartung eines Menschen ist es von Vorteil, zu zweit zu sein. Da ist jemand, der mich unterstützt, der mir hilft, die Segel neu zu setzen, wenn der Wind sich dreht, oder der mein doppelter Boden ist, wenn mich das Leben auf ein dünnes Seil führt. Ein Partner steht bestenfalls für Sicherheit, für Verlässlichkeit und für Unterstützung. Zusammen sind wir stark. Zusammen haben wir Kontrolle. Zusammen sind wir unabhängiger. Zusammen haben wir übrigens auch mehr Geld, teilen uns die (Haus-)Arbeit und können uns leisten, auf dem Tandem auch mal zu pausieren, ohne stehen zu bleiben. Mal strample ich mehr, mal du.

Partnerschaft bedeutet also nicht nur Kontrollverlust, sondern auch eine Kontrollsteigerung, weil wir den Widrigkeiten des Lebens nun zu zweit begegnen können, möglicherweise finanziell unabhängiger sind und wissen, dass wir geliebt werden.

Und dennoch: Sobald wir eine Partnerschaft eingehen oder gar eine Familie gründen, verringern sich unsere »Freiheitsgrade«. Wenn zwei oder mehr Leben so stark verwoben sind, dann schränkt uns das in unserer Autonomie ein, und es kommt zu einem gewissen Kontrollverlust. Denn meine Entscheidungen haben ab sofort auch einen Preis für andere. Und ich wiederum zahle einen Preis für die Entscheidungen anderer. Lieben und sich lieben lassen, das ist ja schon grundsätzlich eine mutige Entscheidung, denn wir geben unser Herz in andere Hände. Wir geben Kontrolle ab.

Ist unser Bedürfnis nach Kontrolle und Autonomie verletzt, empfinden wir das als sehr bedrohlich, und eventuell wird dadurch ausgerechnet der Mensch, den wir so sehr lieben, zur Bedrohung. Denn Liebe gegen Freiheit zu tauschen, das ist auf lange Sicht für die wenigstens Menschen eine Option. Die richtige Balance zwischen Nähe und Distanz, zwischen Folgen und Führen und zwischen Tun und Lassen zu finden, das ist wohl eine der größten Baustellen einer Partnerschaft – insbesondere dann, wenn beide unterschiedliche Vorstellungen von dieser Balance haben. Manchmal zeigen sich diese Unterschiede erst durch die Familiengründung.

Reflexionsfragen für dich und deinen Partner

- Bist du dir der Vorstellungen, die du mit in eure Familie eingebracht hast, bewusst?
- Was hast du von deinen Eltern über Beziehung gelernt?

- Was hat deine Mutter deiner Meinung nach zum Gelingen – beziehungsweise zum Scheitern – der Ehe deiner Eltern beigetragen?
- Was dein Vater?
- Was möchtest du genauso oder anders machen?

Oft höre ich: Als Paar haben wir eigentlich das richtige Maß gefunden, doch als Eltern müssen wir nun dringend neu sortieren, neu verhandeln. So wie Marie und Jonas. Und war das Problem schon vorher da, wird es sich durch die Elternschaft weiter polarisieren. Dann kommen auf der Baustelle zunehmend Presslufthammer und Abrissbirne zum Einsatz. Eine Studie aus den 1990er-Jahren[4] die bekinderte und kinderlose Paare über fünf Jahre begleitete, zeigte schon damals deutlich, dass sich die Beziehungen am besten entwickelten, die schon vor der Geburt der Kinder gut aufeinander bezogen waren, sich aber nicht einengten. Zugewandtheit, Emotionalität und Bindung einerseits. Autonomie und Selbstständigkeit andererseits. Und die Bedeutung, die wir Autonomie, Selbstbestimmung, Liebe und Wertschätzung innerhalb einer Beziehung beimessen, ist seit damals sicher nicht gesunken. Im Gegenteil. Das macht Elternschaft zumindest partiell so bedrohlich für die Liebe.

Denn es ist im Grunde unumgänglich, dass in den ersten Monaten und Jahren der Elternschaft sowohl die eigene Autonomie als auch die Zugewandtheit gegenüber dem Partner durch die eigene Erschöpfung stark abnehmen. Doch wie die Studie zeigte, konnten die Paare, die einander im Laufe der Zeit wieder ein mittelhohes Maß Selbstständigkeit zugestanden, auch die gegenseitige Zugewandtheit stärker (re)animieren. Dann stimmt also vielleicht doch, was Oma schon sagte: Was du liebst, das lass los. Kommt es zurück, will es bei dir bleiben. (Oma hat das übrigens von Konfuzius.)

Dass eine großzügige Portion Autonomie für den langfristigen Erhalt der Verbundenheit unerlässlich ist, bestätigt auch eine Studie der Universität Jena, in der über einen Zeitraum von sieben Jahren rund 2000 Paare befragt wurden. Die Forscher fanden heraus, dass die beste Prognose für eine lange und glückliche Beziehung Paare hatten, die einen ähnlich starken Wunsch nach Nähe teilten – und sich somit auch in Sachen Distanz einig waren. Was bedeutet, dass sie einander viele Freiheiten zugestanden und eigene Interessen verfolgten.[5] Und das wiederum ist auch für das nächste seelische Grundbedürfnis sehr relevant: das Bedürfnis nach Selbstgefühl.

Gut zu wissen: Unterbedürfnisse der Autonomie und Kontrolle

Bei der Erfüllung des Bedürfnisses nach Kontrolle und Autonomie spielen verschiedene Wünsche und Bedürfnisse eine Rolle. Das Bedürfnis nach Selbstwirksamkeit, Identität, Privatsphäre, Freiwilligkeit, Unabhängigkeit, Me-Time, Orientierung, Kompetenz, Selbstverwirklichung, Transzendenz.

Reflexionsfragen zum Bedürfnis nach Autonomie und Kontrolle

- Was bedeutet Freiheit für dich?
- Wann fühlst du dich frei?
- Was ist im Zusammenleben mit anderen Menschen die größte Herausforderung für dich?

- In welchen (familiären) Situationen hast du das Gefühl, die Kontrolle zu verlieren?
- In welchen Bereichen deines Lebens hat deine Partnerschaft dir das Gefühl gegeben, mehr Kontrolle zu haben?
- In welchen Situationen würdest du dir mehr Autonomie wünschen?

Das Bedürfnis nach Selbst(wert)gefühl

Klaus Grawe, an dessen Kategorisierung ich mich orientiere, nannte dieses Bedürfnis ursprünglich »das Bedürfnis nach Selbstwertschutz bzw. -erhöhung«. Doch das war mir nicht allumfänglich genug. Der Begriff Selbstgefühl scheint mir aus meiner Erfahrung heraus treffender zu sein. Obgleich das Bedürfnis nach einem stabilen oder sogar steigenden Selbstwert zweifelsohne eines der wichtigsten menschlichen Grundbedürfnisse darstellt, erschien es mir sinnvoll, diese Schublade etwas großzügiger und geräumiger zu zimmern. Denn Menschen wollen nicht nur wissen: »Was bin ich wert?«, nein, sie wollen Antworten auf mehrere fundamentale Fragen haben:
Wer bin ich? (Und wie viele?)
Was mag ich?
Was kann ich?
Was bin ich wert?
Was macht mich aus?

Es geht hier also nicht nur um Wert, sondern auch um Identität. Und während es bei der Bindung vor allem um das WIR geht, geht es bei diesem Bedürfnis vor allem um das ICH. Denn ganz am Anfang von Paar und Familie stehen wir. Jeder für sich. Du kannst dir das wie einen Kreis vorstellen. Gefüllt mit einem bunten Potpourri an Leben und Eigenheiten und Erfahrungen.

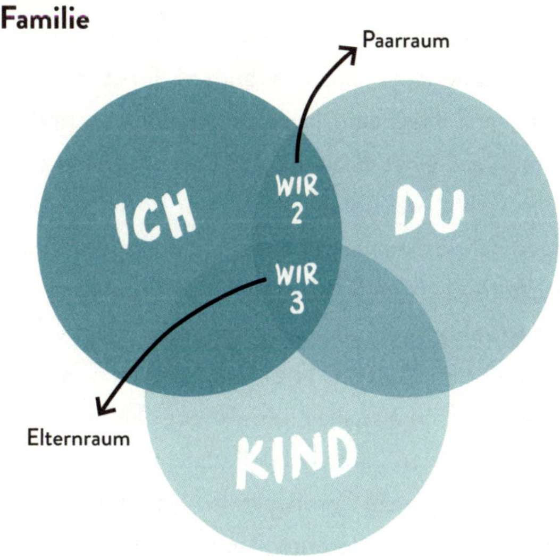

Familienkreise nach Romy Winter

Wenn wir uns verlieben, dann kommt ein zweiter Kreis hinzu, und der Paarraum entsteht. Das WIR ist nun ein Teil des ICH. Aber es ist bei Weitem nicht dasselbe. Trotzdem passiert es manchmal, dass das Wir sehr groß wird. Zeitweise ist das auch ganz wundervoll, so wie zu Beginn einer Beziehung, in der Phase der Verliebtheit. Doch wird uns auf Dauer der Raum für das Ich genommen – beispielsweise durch einen sehr anhänglichen Partner oder die familiären Verpflichtungen –, dann rebelliert etwas in uns. Die eigenen unerfüllten Bedürfnisse melden sich.

Besonders in Familien mit sehr kleinen oder sehr vielen Kindern wissen Eltern manchmal gar nicht mehr, wer sie sind. Außer Partner oder Partnerin und Elternteil. Das, was dann in uns wächst, ist eine große Sehnsucht nach uns selbst. Eine Sehnsucht danach, sich selbst zu spüren. Eine Sehnsucht nach Selbstgefühl.

Ania und Toralf

Ania und Toralf haben sich blitzschnell verliebt, blitzschnell geheiratet und blitzschnell zwei Kinder bekommen. Ania brach ihr Studium kurz vor dem Ende ab und zog aus Hamburg zu Toralf in eine Kleinstadt in Süddeutschland. Nachdem ihre eigene Kindheit sehr turbulent war und sie gerade aus einer Beziehung mit einem Mann kam, der sich nicht binden wollte, war Toralf ihr Sechser im Lotto. Beide Elternzeiten gingen nahtlos ineinander über, und durch den Umzug und die plötzliche Elternschaft zerbrachen viele der Freundschaften, die das Paar vorher sowohl einzeln als auch gemeinsam pflegte. Zu den Großeltern bestand kaum Kontakt, Toralf arbeitete im Schichtdienst, und Ania kümmerte sich meist allein um die zwei Jungs. Krabbelgruppen oder andere Aktivitäten waren entweder nicht Anias Ding oder durch die Maßnahmen gegen die Coronapandemie später unmöglich.

Als Ania zu mir in die Beratung kam, war sie übermüdet, vereinsamt und buchstäblich selbstvergessen. Sie war nachvollziehbarerweise überfordert von den Aufgaben der Mutterschaft und gleichzeitig unterfordert, weil die Mutterschaft zu ihrer einzigen Aufgabe geworden war. Sie hatte ihr altes Leben aufgegeben, um ein neues zu beginnen, und dabei viele Teile von sich selbst zurückgelassen. Teile, die ihr jetzt, wo sie mehr Mutter als Frau war, fehlten. Hinzu kam, dass Ania sich von ihrem Mann nicht ausreichend wertgeschätzt fühlte für den Anteil, den sie zu Hause leistete, und für das, was sie aufgegeben hatte. Und obgleich sie ihre Familie über alles liebte und die Entscheidung weder bereute noch ihr altes Leben zurückwollte, wuchs in ihr eine große Sehnsucht nach sich selbst.

Einige Menschen brauchen mehr Zeit für sich allein als andere. Und das dürfen sie! Manche von ihnen sind beispielsweise besonders reizoffen oder sensibel und brauchen diese einsamen Momente, um Gefühle zu verarbeiten, Gedanken zu sortieren und sich abzugrenzen. Andere haben ein in die Wiege gelegtes erhöhtes Bedürfnis nach Ruhe. Nichts davon ist zwangsläufig ein Zeichen mangelnder Liebe oder fehlender emotionaler Intelligenz – denn ganz egal, wie gut das Wir ist, es hebt langfristig nicht das Bedürfnis nach dem Ich auf. Dieses Ich lebt von einem gewissen Selbst-Bewusstsein, also von der Fähigkeit, sich selbst zu kennen. Und natürlich die eigenen Bedürfnisse. Das macht das Selbstgefühl zu einem extrem wichtigen Faktor für eine gelingende Beziehung. Wenn wir die Beziehung zu uns selbst nicht erforschen, werden wir auch unsere eigenen Anteile an Beziehungsproblemen und deren Ursache nicht erkennen können. Wir werden dort bleiben, wo wir gerade sind. Und mit uns unsere Liebe.

Laut Jesper Juul hat das Selbstgefühl eines Menschen zwei Dimensionen. Eine qualitative und eine quantitative. Ersteres fragt danach, wie viel ich über mich selbst, meine Emotionen, meine Bedürfnisse, meine Werte, meine Einstellungen und mein Selbstbild weiß. Die quantitative Dimension beschreibt, welche Beziehung ich zu diesem Wissen habe und was ich daraus mache.[6] *Wie reflektiert, wie differenziert und wohlwollend ist die Beziehung zu mir und meinem Wissen über mich? Und was bedeutet das für uns als Paar?*

Natürlich kann auch das Wir zu einem Teil des Selbstgefühls und des Selbstwertgefühls werden. Gerade bei Paaren die schon sehr lange zusammen sind und sich womöglich schon in der Jugend kennen und lieben gelernt haben, ist der Partner zu einem sehr festen Teil der eigenen Identität geworden. Die Frage »Wer bin ich ohne dich?« ist dann gar nicht mehr so leicht zu beantworten – aber wir sollten mit der Suche nach der Antwort nicht bis zur Trennung warten. Manchmal müssen wir die Antwort nur wieder finden, manchmal müssen wir sie erst neu entwickeln. Das gilt auch für Partnerschaften, die von einer hohen emotionalen Abhängigkeit geprägt sind.

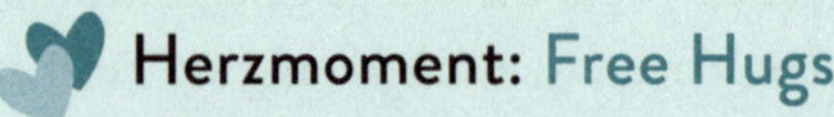

Herzmoment: Free Hugs

Ein berühmtes Zitat der Psychotherapeutin Virginia Satir besagt sinngemäß: Wir brauchen vier Umarmungen pro Tag zum Überleben. Acht Umarmungen pro Tag, um uns gut zu fühlen, und zwölf Umarmungen pro Tag zum innerlichen Wachsen. Findet einen ruhigen Moment und nehmt euch zwei Minuten Zeit für eine innige Umarmung. Das stimuliert nicht nur die Oxytocin- und Serotoninproduktion, sondern stärkt auch das Selbstwertgefühl und die Bindung zueinander.

Vor einer Weile durfte ich mit einer sehr inspirierenden jungen Frau arbeiten. Sie hatte Philosophie studiert, und so waren auch unsere Sitzungen immer philosophisch angehaucht. Sie hatte den Wunsch, sich aus jeglicher emotionalen Abhängigkeit zu befreien, und wollte ihren Selbstwert völlig unabhängig von der Wertschätzung ihres Partners machen. »Wenn ich doch weiß, was ich wert bin, warum ist es mir dann nicht egal, wenn ich keinerlei Anerkennung für das erhalte, was ich für unsere Familie tue?«

Weil es so einfach eben nicht ist. Natürlich ist uns nicht egal, was die Menschen, die wir lieben, von uns denken. Und natürlich wollen wir für andere von Wert sein. Das ist sogar eine ganz wichtige Säule des Selbstwertes. Kinder lieben es, für andere Menschen von Bedeutung und von Wert zu sein. Erwachsene auch. Wir entwickeln unseren Selbstwert nicht im luftleeren Raum, sondern natürlich auch in der Interaktion mit anderen Menschen. Kein Ich ohne ein Du. Und wir sind nicht gleich koabhängig, nur weil unsere Bedürfnisse in einer gewissen Relation zum Verhalten unseres Partners stehen.

Das Selbstwertgefühl kann als die Überzeugung verstanden werden, wichtig und wertvoll zu sein. Dieses Gefühl entwickelt sich vor allem durch die Beziehung zu und in der Interaktion mit unseren

Mitmenschen, insbesondere denen, die uns nah sind. Sie sind unser Resonanzboden.

Anerkennung, Wertschätzung und Verlässlichkeit spielen in Beziehungen folglich eine zentrale Rolle. Und weil kaum jemand so nah an uns dran und so eng mit uns verbandelt ist, kommt unserem Partner – ähnlich wie unseren Eltern früher – hierbei eine besonders tragende Rolle zu. Die Liebe unseres Partners beweist, dass wir liebenswürdig beziehungsweise liebenswert sind. Insbesondere am Anfang einer Beziehung ist das ein echter Selbstwertbooster, denn von einem Menschen gemocht zu werden, der in unseren Augen die Crème de la Crème ist, poliert das Selbstbild ordentlich auf.

Natürlich beinhaltet unser Selbstgefühl viel mehr als unseren Selbstwert, doch für gewöhnlich streben wir nach einem positiven Selbstgefühl. Wir möchten aufgrund des Wissens über uns selbst zu dem Schluss kommen, von Wert zu sein. Wertvoll. Wir wollen uns gut, kompetent und geliebt fühlen. Dieser Wunsch nach Selbstaufwertung wird für das menschliche Funktionieren als so fundamental angesehen, dass der Psychologe William McDougall es als »master sentiment« bezeichnete. Der Anthropologe Ernest Becker beschrieb es sogar als Grundgesetz des menschlichen Lebens. Und ich würde gern ergänzen: des menschlichen Lebens und Liebens. Denn tatsächlich habe ich in meiner Zeit als Therapeutin noch kein Paar in meiner Beratung gehabt, bei dem fehlende Wertschätzung nicht ein Thema war. Wir Menschen wollen uns gebraucht fühlen. Wenn der Partner alles alleine machen kann und machen will, dann ist es nicht leicht, für ihn von Wert zu sein. Dieser Wert bestimmt aber, wie es sich lohnt, sich anzustrengen.

Bekommen wir keinerlei oder gar nur negative Resonanz auf unsere Existenz oder den Beitrag, den wir für die Beziehung, die Familie oder das Leben anderer leisten, dann ziehen wir daraus unter Umständen folgenden Schluss: Wer wir sind und was wir tun, ist wertneutral oder gar wertlos, statt, wie erhofft, wertvoll. Wir genügen nicht. Folglich schlägt etwas in uns Alarm, denn unser innerstes Streben ist, unseren Selbstwert zu bestätigen oder zu erhöhen und Erfahrungen der Selbstentwertung zu vermeiden.

Der Mensch hat verschiedene Strategien, um auf dieses Ungleichgewicht zu reagieren. Einige Menschen unterwerfen sich, andere schlagen zurück oder überhöhen sich, indem sie den anderen herabsetzen, und wieder andere steigen zumindest emotional aus der Beziehung aus und flüchten sich in den Job, die Elternschaft oder eine Affäre. Natürlich ist es grundsätzlich eine gute Strategie, die Verantwortung für das eigene Selbstwertgefühl nicht allein dem Partner aufzubürden, sondern den Selbstwert auf mehrere Beine zu stellen. Wir haben eine ganze Palette an Qualitäten und viele andere Ressourcen und Beziehungen, aus denen wir unseren Selbstwert speisen dürfen – und sogar dringend sollten. Denn möchten wir frei von emotionaler Abhängigkeit sein, dann dürfen Durststrecken in der Beziehung nicht dazu führen, dass wir unsere (Selbst-)Liebe infrage stellen. Und Durststrecken werden allerspätestens kommen, wenn wir Eltern werden – wie uns das Beispiel von Ania und gewiss auch die eigene Erfahrung schon gezeigt haben.

Der Kelch der Selbstentfremdung und der Entfremdung vom Partner geht im Zuge des Elternwerdens kaum an einem Paar vorbei. Er ist aber in Abhängigkeit von individuellen Umständen unterschiedlich groß. Die Umstände wiederum hängen davon ab, wie stark der Zugang zum eigenen Selbstgefühl vor der Elternschaft war, wie anpassungsfähig und resilient wir sind, wie bedürfnis- und gefühlsstark unsere Kinder sind, in welcher Lebenssituation wir uns befinden und wie ausbalanciert und kompromissfähig die Beziehung in kinderlosen Zeiten war. Die große Herausforderung für Paare besteht meist darin, die »Schuld« für alle emotionalen Nöte nicht automatisch dem Partner in die Schuhe schieben zu wollen. Meist handelt es sich um objektive Belastungen, die subjektiviert werden, indem der Partner zum Sündenbock erklärt wird.

Ein ehrlicher und realistischer Blick auf die vermeintlichen Paarprobleme fällt schwer, ist aber unverzichtbar. Denn wer nicht erkennt, dass er mit eigenen Defiziten und Bedürftigkeiten kämpft, gefährdet die Beziehung. Laut dem Beziehungsforscher John Gottman werden Menschen, die sich selbst für unzureichend halten (ob sie sich dessen bewusst sind oder nicht), immer auf der Suche nach etwas sein, was weder in ihnen noch in ihrem Partner vorhanden ist.[7] Sie sind defizitorientiert.

Impuls: Selbstwert-Check[8]

Der Selbstwert eines Menschen entwickelt sich aus verschiedenen Fähigkeiten, Gedanken und Gefühlen. Als kleine Einschätzungshilfe, wie es aktuell um deinen Selbstwert steht, möchte ich dir folgende Aussagen anbieten:

1. Es fällt mir leicht, Grenzen zu setzen und Nein zu sagen.
2. Ich habe Vertrauen in mich und meine Fähigkeiten.
3. Es gelingt mir gut, zu nehmen und zu geben.
4. Ich bin gut darin, meine Wahrheit und Integrität zu verteidigen.
5. Ich kann meine Gefühle und Bedürfnisse rechtzeitig, inhaltlich klar und in angemessener Weise zum Ausdruck bringen.
6. Ich empfinde Respekt gegenüber meiner eigenen Person.
7. Ich akzeptiere meinen Körper.
8. Ich glaube daran, ein Recht auf Glück zu haben und der guten Dinge im Leben würdig zu sein.
9. Ich liebe mich, ohne mich selbst zu überhöhen oder zu perfektionieren.
10. Die Gefühle und Bedürfnisse meines Partners bedrohen mich nicht.

Statt diese Aussagen mit Ja oder Nein zu beantworten, kannst du dich auf einer Skala von 1 (gar nicht) bis 10 (mehr geht nicht) einordnen. Wenn ihr Lust habt, macht eine Partnerübung daraus, und bewertet jede Aussage in drei Spalten:

1. So schätze ich mich ein.
2. So schätzt mein Partner mich vermutlich ein.
3. So schätze ich meinen Partner ein.

Hinterher könnt ihr in ein neugieriges, offenes Gespräch kommen und überprüfen, wie gut Selbst- und Fremdwahrnehmung übereinstimmen: Was hat euch überrascht? Woran wollt ihr einzeln arbeiten? Woran gemeinsam?

Halten wir fest: Die Erfahrungen in der Partnerschaft und unser Selbstwertgefühl beeinflussen sich gegenseitig. Unser Selbst(wert)-gefühl trägt erheblich zum (Miss-)Erfolg unserer Partnerschaft bei, während die Erfahrungen, die wir innerhalb unserer Partnerschaft sammeln, großen Einfluss auf unser Selbst(wert)gefühl haben. Eine Paarbeziehung, in der wir das Bedürfnis nach Selbstwert nur wenig bis gar nicht befriedigen können, wird daher auf Dauer keine glückliche oder stabile Liebe sein können.

Gut zu wissen

Unterbedürfnisse des Selbstgefühls

Bei der Erfüllung des Bedürfnisses nach Selbst(wert)gefühl spielen verschiedene Wünsche und Bedürfnisse eine Rolle. Das Bedürfnis nach Wertschätzung, Anerkennung, Selbstverwirklichung, Identität, Me-Time, Zugehörigkeit, Gleichwertigkeit, Entwicklung, Würdigung, Kompetenz, Selbstverwirklichung, Kreativität, Sexualität.

Reflexionsfragen für dich und deinen Partner

- Wie hast du Anerkennung und Wertschätzung in deiner Herkunftsfamilie erfahren?
- Wann und bei wem fühltest du dich von Wert?
- Wie und wofür wurdest du kritisiert und ent-wertet?
- Was davon wiederholt sich in deiner Paarbeziehung?
- Was machst du bewusst anders oder bewusst genauso?
- Woran würdest du merken, dass du bedingungslos geliebt wirst?
- Woran, glaubst du, merkt dein Partner Wertschätzung?

Das Bedürfnis nach Lustgewinn

Wenn ich in meinen Workshops und Beratungen über das Bedürfnis nach Lustgewinn spreche, dann ist die erste Assoziation, die sich in den Gesichtern und an den Reaktionen der Paare erkennen lässt, oft sexueller Natur. Dabei geht es bei diesem Grundbedürfnis um mehr, viel mehr, obgleich die sexuelle Lust insbesondere im Kontext von Liebesbeziehungen hierbei natürlich eine Rolle spielen kann. In der Psychologie verstehen wir das Bedürfnis nach Lustgewinn und Unlustvermeidung allerdings viel elementarer, nämlich als Treibstoff des menschlichen Handelns. Der Umgang mit Lust und Unlust ist laut Klaus Grawe eines der wichtigsten Regulationsprinzipien in unserem Leben. Wir alle, du und ich, genau wie deine Kinder und dein Partner streben nach lustvollen Erfahrungen, die positive Emotionen in uns wecken: Glück, Zufriedenheit, Dankbarkeit, Heiterkeit, Begeisterung, Erfüllung, Freundschaft und natürlich Liebe, während wir negative Emotionen wie beispielsweise Angst, Traurigkeit, Neid, Wut, Ekel, Scham, Enttäuschung und Schmerz lieber vermeiden wollen. Vereinfacht ausgedrückt, besteht unser Leben aus zwei gegensätzlichen Kräften: Plus vs. Minus, Gut vs. Schlecht, Lust vs. Frust.

Wer auf der Jagd nach guten Gefühlen ist, wird nicht selten geringschätzig als Hedonist bezeichnet. Und zweifelsohne ist fraglich, wie gut ein Leben oder eine Beziehung funktionieren kann und wie stark beides mit Leben und Liebe gefüllt wäre, wenn wir all unsere Entscheidungen nur nach dem Lustprinzip träfen. Die Fähigkeit zum Belohnungsaufschub – was bedeutet, dass die Belohnung für ein Verhalten nicht sofort, sondern später erfolgt — ist wichtig, um Zukunftsziele erreichen und (sozialen) Verpflichtungen nachkommen zu können. Müssen wir nachts aufstehen und das Kind stillen, ihm ein Fläschchen machen, es wickeln oder nach dem Essen den Kladderadatsch unter dem Hochstuhl aufwischen, so erfüllen uns diese Tätigkeiten nicht immer mit Freude, aber sie dienen einem oder mehreren übergeordneten »Herzenszielen«. Zum Beispiel der Befriedigung der Bedürfnisse des Kindes oder dem Wunsch, ein »guter« Elternteil zu sein. Sie sind ein Zweckziel. Und Zweckziele – auch bekannt als Kompromisse – sind für gelingende Beziehungen und ein erfülltes Leben in der Regel unvermeidbar.

Die menschliche Fähigkeit zur Selbstkontrolle, dank derer wir innere Impulse steuern und unterdrücken, unliebsame Tätigkeiten ausführen und das eigene Verhalten kontrollieren können, ist also von großem Wert. Sie ermöglicht uns nicht nur, Geld für einen Urlaub zu sparen, eine Steuererklärung abzugeben, eine Prüfung zu bestehen oder ein Kind zu gebären, sondern scheint Studien zufolge dazu beizutragen, dass Menschen mit der Fähigkeit zu Belohnungsaufschub und Selbstkontrolle erfolgreicher sind, stabilere soziale Beziehungen haben und sich einer besseren körperlichen und psychischen Gesundheit erfreuen.

Aber vermutlich nur, weil der Belohnungsaufschub uns hilft, Ziele zu erreichen, die uns wiederum mit Glück erfüllen oder irgendwie anderweitig entschädigen. Es sind nicht die unliebsamen

Tätigkeiten an sich, die uns mit Freude erfüllen. Es ist das Gefühl danach. Halte ich Pflichtbewusstsein für eine Tugend und »Malochen, malochen, malochen« für meine Bestimmung, werde ich durch das Erfüllen meiner Pflichten mit einem Lustgewinn belohnt. Das gute Gefühl der getanen Arbeit.

Was Lust oder Unlust bereitet, ist folglich nicht allgemeingültig, sondern kommt durch einen teils angeborenen und teils sozialisierten Bewertungsprozess zustande, der von den eigenen Erfahrungen abhängig und somit extrem individuell ist.

Alle Erfahrungen und Erlebnisse eines Menschen werden automatisch dahingehend bewertet, ob das, was gerade passiert, »gut« oder »schlecht« ist und ob es die zentralen Bedürfnisse befriedigt oder nicht. Unlusterfahrung bedeutet in diesem Zusammenhang, dass ein wichtiges Bedürfnis unerfüllt ist, was uns durch eine unangenehme Emotion mitgeteilt wird. Lustgewinn hingegen erfüllt uns mit positiven Emotionen. Dieses »Monitoring« läuft unbemerkt und unbewusst im Hintergrund unserer kognitiven und emotionalen Prozesse und bewertet Reize nach ihrer Bedürfnisrelevanz. Dieser Vorgang ist weder wahrnehmbar, noch ist er besonders rational oder objektiv. Auch ist er nicht ohne Weiteres steuerbar.

Dass der Mensch nach Lustgewinn und Unlustvermeidung strebt, ist also keine Schwäche. Und obwohl die Bezeichnung »Hedonist« in der Regel nicht als Kompliment gemeint ist, kann der gesunde Hedonismus Studien zufolge durchaus zu einer höheren Lebenszufriedenheit beitragen sowie Angst- und Depressionssymptome verringern. Die Fähigkeit, unmittelbaren Bedürfnissen und kurzfristigen Vergnügen genussvoll nachgehen zu können, steht demnach auch nicht im Widerspruch zur Fähigkeit der Selbstkontrolle – vielmehr scheint beides für ein zufriedenes und erfolgreiches Leben relevant zu sein. Denn lust- und genussvolle Aktivitäten steigern die Lebenszufriedenheit ebenso wie das Erreichen langfristiger Ziele. Für die seelische Gesundheit eines Menschen halten Psychologen auf Grundlage der Forschungen der letzten Jahre eine Verteilung von 3:1 für ideal, was bedeutet, dass wir nach Möglichkeit dreimal so viele positive Emotionen fühlen sollten, wie negative.

Unsere Emotionen sind das Elixier unserer Existenz. Sie geben unserem Leben Form, Farbe und Richtung. Und sie sind das Tor zu unseren Bedürfnissen, wie wir später noch sehen werden.

Was wir uns an dieser Stelle aber schon einmal merken dürfen, ist, dass das, was auf den ersten Blick manchmal wie Faulheit wirkt oder zumindest gesellschaftlich noch immer als solche propagiert wird, im Grunde das Resultat eines gesunden menschlichen Bedürfnisses ist. Und dieses Grundbedürfnis, der Wunsch nach dem guten Gefühl, spielt auch in unseren Liebesbeziehungen eine tragende Rolle.

Matthias und Grete

Matthias ist müde. Als der Wecker klingelt, wacht er bereits zum fünften Mal auf, denn das Baby hatte eine unruhige Nacht. Er steht auf, weckt die großen Kinder und packt die Brotdosen für die Schule, bevor er seinen Sohn (6) zur Schule und seine Tochter (3) in den Kindergarten fährt. Seine Frau und das Baby lässt er schlafen, denn für die beiden war die Nacht noch anstrengender als für ihn. Im Büro angekommen, steht das erste Meeting an, noch bevor er Zeit hatte, zu frühstücken. Deshalb holt Matthias sich nur noch schnell einen Kaffee und seine Projektmappe. Er möchte auf keinen Fall zu spät kommen, denn sein Chef ist ohnehin schon verhaltener ihm gegenüber, seit er vor einigen Monaten angekündigt hatte, in Elternzeit gehen zu wollen. Nun bekommt er nur noch die semiwichtigen Projekte und Back-Office-Tätigkeiten. Die Arbeit am Kunden fehlt ihm. Auch im Team wird es immer schwerer, den Anschluss zu halten, seit er das gemeinsame Dienstags-Teamessen regelmäßig verpasst. Manchmal fühlt es sich an, als würde er nur die freudlose Lakaienarbeit machen. Aber er macht sie zuverlässig und schnell, damit er pünktlich nach Hause zu seiner Familie kann. Dass seiner Karriere mit dieser Einstellung beziehungsweise Arbeitsmoral Grenzen gesetzt sind, wurde ihm deutlich signalisiert. Und obwohl Matthias weiß, dass er das Richtige tut, ist er unzufrieden und fürchtet um seinen Job – und somit um seine Funktion als Versorger der Familie, solange Grete, seine Frau, zu Hause ist. Nach der Arbeit hetzt er noch schnell einkaufen, damit Grete nicht mit den Kindern in den Supermarkt muss. An der Kasse trifft er seinen Kumpel Andi, der ihn auf ein Bier einladen will. Matthias hat große Lust, erklärt aber, dass er nicht kann. Er muss noch ein Plakat mit seinem Sohn Bente basteln, und später am Abend bringt er die Kinder ins Bett, weil das Baby abends immer eine Schreiphase hat und Gretes volle Aufmerksamkeit braucht. »Ach schade«, sagt Andi, »du warst ja schon im Winter nicht bei der Skitour dabei. Na, zum Glück trifft man sich ab und an beim Einkaufen, sonst wüsste ich gar nicht mehr, wie du aussiehst.« Matthias ringt sich ein Grinsen ab. Aber eigentlich ist ihm nicht zum Lachen. Seine Kinder brauchen ihn, Grete braucht ihn – und er braucht seine Familie, aber manchmal, da vermisst er sich. Und Grete. Die beiden reden kaum noch, seit das dritte Kind auf die Welt gekommen ist. Er möchte sie nicht mit seinen Arbeitssorgen belasten, denn Grete ist so erschöpft. Gelegentlich gereizt. Und »overtouched«, wie sie es nennt, wenn ihr jede Berührung zu viel ist, weil sie ihren Körper den ganzen Tag mit dem Baby teilt. Eigentlich weiß er gar nicht mehr, wann die beiden das letzte Mal ein ungestörtes Gespräch, geschweige denn Sex miteinander hatten. Oder einfach nur Zeit füreinander. Stattdessen streiten sie viel. Über den Haushalt. Über die Kinder. Über das Geld. Über das Wetter. Manchmal glaubt Matthias, sie streiten, um überhaupt miteinander zu reden …

Wie wir am Beispiel von Matthias sehen können, schlummern in der Elternschaft viele kleine und große Unlustquellen, die uns persönlich, aber auch unsere Beziehung zum Partner betreffen. Wir haben viele Verpflichtungen, die keinerlei Aufschub dulden – insbesondere, wenn es um die Versorgung der Kinder, den Job oder den Haushalt geht. Was jedoch sehr wohl aufgeschoben wird – denn irgendwo muss man ja Abstriche machen –, ist das Lustvolle in der Liebe und im Leben, und auch hier meine ich keinesfalls nur den Sex. Ich meine all jene Dinge, die unser Leben und Lieben einst ausgemacht haben, die uns mit Glück und Verbundenheit erfüllten und für die in unserer neuen Lebenssituation nur noch wenig Zeit und Raum bleibt. Es gibt uns ja nicht plötzlich zweimal, nur weil wir doppelt so viele Aufgaben haben. Diese Überbelastung führt zu viel Anspannung, Streit und Unzufriedenheit. Und das wiederum kann zu einer Neubewertung der Beziehung führen. Anstelle der vielen gemeinsamen lustvollen Erfahrungen treten nun vermehrt Frusterfahrungen, wie Streit, Kritik und Zurückweisung. Das Verhältnis von positiven und negativen Emotionen verschiebt sich infolgedessen. Schlimmstenfalls bewertet unser Gehirn unsere Partnerschaft mit der Zeit als Unlustfaktor – und das, obwohl auch hier meist objektive Belastungsfaktoren dafür verantwortlich sind, dass wir in zwischenmenschlichen Krisen landen.

Auch für Beziehungen gibt es eine Verhältnisformel fürs Glücklichsein: nach ihrem Schöpfer »Gottmans Liebesformel« genannt. So sagt der amerikanische Psychologieprofessor und Beziehungsforscher, es brauche fünf positive Interaktionen, um eine negative Erfahrung aufzuwiegen. 5:1 ist übrigens nicht geraten oder gewürfelt, sondern wissenschaftlich gemessen. Die Forschungsergebnisse seiner Studien waren so valide, dass Gottman, nachdem er Paare in seinem Ehelabor eine Weile beobachtet und »vermessen« hatte, mit 91-prozentiger Wahrscheinlichkeit vorhersagen konnte, ob eine Ehe scheitert oder nicht. Für das Nichtscheitern waren aber weder die Klugheit noch der Wohlstand eines Paares wegweisend, sondern seine Dynamik, bei der die positiven Gedanken die negativen überstiegen.

Herzmoment: Liebesgruß

Schreibe zehn positive Dinge – also Dinge, die du an deinem Partner liebst oder die dich glücklich machen – auf kleine Zettelchen, und steck ihm/ihr jeden Tag einen davon heimlich in die Tasche, in die Brotdose oder in die Jacke. Wer Ressourcen sparen möchte, kann natürlich auch eine SMS verschicken, aber ich verspreche, dass der analoge Liebesgruß einen ganz besonderen Zauber besitzt …

Die Paare mit einer guten Prognose waren nicht nur zufriedener und glücklicher, sie waren auch gesünder – sowohl psychisch als auch physisch. Wir alle haben schon erlebt, dass Streit emotionalen und körperlichen Stress in uns auslöst: Herzschlag, Blutdruck, Atmung, Mimik, Gestik und Körpersprache verändern sich. Leiden wir nun regelmäßig unter (Beziehungs-)Stress schadet das unserer Gesundheit. So fanden Forscher heraus, dass Menschen in einer unglücklichen Ehe ein 35 Prozent höheres Risiko haben, an körperlichen Leiden wie Bluthochdruck, Herz-Kreislauf-Problemen und psychologischen Störungen (z. B. Depressionen, Angsterscheinungen, Aggressionen, Psychosen und Sucht) zu erkranken.[9] Blutuntersuchungen konnten nachweisen, dass Paare in glücklichen Beziehungen hingegen gesündere Werte und eine bessere Immunabwehr hatten, zudem war ihre Lebenserwartung vier Jahre länger.

Für eine glückliche Liebe sind mit Blick auf das Grundbedürfnis nach Lustgewinn zwei Dinge von Bedeutung:

- Wie ist das Verhältnis von Lust und Unlust, Positivität und Negativität in meiner Beziehung?
- Inwieweit ermöglicht die Beziehung, auch außerhalb von ihr Lustgewinne zu erreichen?

Gut zu wissen

Unterbedürfnisse des Lustgewinns

Bei der Erfüllung des Bedürfnisses nach Lustgewinn spielen verschiedene Wünsche und Bedürfnisse eine Rolle.
Das Bedürfnis nach Wertschätzung, Anerkennung, Selbstverwirklichung, Abwechslung, Abenteuer, Spiel, Ruhe, Stille, Humor, Unterstützung, Leichtigkeit, Verbundenheit, Selbstverwirklichung, Kreativität, Sexualität.

Reflexionsfragen für dich und deinen Partner

- In welchen Situationen, Momenten oder Phasen denkst du weitestgehend positiv über deine Beziehung?
- Wie verhält sich dein Partner in diesen Situationen?
- Wie reagierst du dann?
- Und wie reagiert dein Partner auf dich?
- Auf welche positiven Gefühle und Gedanken über deine Beziehung möchtest du dich in Zukunft konzentrieren?
- Wofür waren die negativen Gedanken in der Vergangenheit nötig oder nützlich?
- Und durch welche positiven Gedanken könntest du sie ersetzen?

Das Bedürfnis nach Sicherheit

Unsere Wohnung. Unser Job. Unsere Gesundheit. Unsere Lieben. Unsere Bedürfnisse. Im Grunde dreht sich alles in unserem Leben um das basale und anthropologische Grundbedürfnis nach Sicherheit. Ohne das Gefühl von Sicherheit wird uns nichts und niemand genug sein. Ohne Sicherheit ist alles nichts.

Sobald unsere physiologischen Bedürfnisse (z. B. nach Essen, Trinken und Schlafen) erfüllt sind, streben wir laut Maslow nach Sicherheit. Genauer gesagt, nach körperlicher, finanzieller, seelischer und sozialer Sicherheit. Vereinfacht kann unser Sicherheitsbedürfnis also struktureller oder emotionaler Natur sein, wobei es sich meist in einem Wunsch nach Schutz, Stabilität und Ordnung zeigt.

Das Bedürfnis nach Sicherheit betrifft unsere äußere Lebenswelt, aber auch unser Innenleben. Wir begegnen ihm in den unterschiedlichsten Bereichen unseres Seins: In unserem Verhältnis zu uns selbst, zu unserem Körper, zu anderen Menschen, zur Natur, zur Technik, zum Geld, zum Konsum, zur Zukunft und zur Welt im Allgemeinen. Dementsprechend können wir Sicherheit überall vermissen oder finden: in einem Ort, einer Tätigkeit, einem Gegenstand, einem Gedanken, einer Zeit oder auch einem Menschen.

Ein sicheres Einkommen, ein Haus mit Alarmanlage, ein Bodyguard (z. B. Mama oder Papa), ein Auto mit Airbag, die Impfung gegen Corona, ein Garten zur Selbstversorgung, der Gesundheitscheck beim Arzt, der Helm beim Fahrradfahren oder das etwas unsexy, aber warme Baumwollrippunterhemd – all das trägt zu unserer strukturellen Sicherheit bei. Auch die Beziehung zu unserem Partner hat Einfluss auf unsere strukturelle Sicherheit. Sind wir finanziell von unserem Partner abhängig, ist dieser Einfluss negativ. Meist ist er jedoch eher positiver Natur: Zum Beispiel dadurch, dass wir mit zwei Einkommen besser aufgestellt sind oder dadurch, dass sie ihn zur Prostata-Vorsorgeuntersuchung drängt und er sie zum Pap-Abstrich. Die gemeinsamen Routinen und Rituale als Paar geben dem Leben zusätzliche Orientierung und Struktur.

Das Bedürfnis nach emotionaler Sicherheit hat viele Überschneidungen mit den Grundbedürfnissen, die wir uns bereits angesehen haben. So steht eine sichere Bindung ebenso für das Gefühl von Sicherheit wie Selbstwirksamkeit (Kontrolle) und Selbstsicherheit (Selbstwertgefühl) – aber es ist dennoch nicht dasselbe. Denn manchmal muss man Sicherheit aufgeben, um Kontrolle zu erlangen (berufliche Selbstständigkeit) oder um das Selbstgefühl zu intensivieren (durch Abwechslung und Abenteuer z. B. beim Freeclimbing). Im Umkehrschluss muss ich in Beziehungen manchmal Kontrolle und Autonomie abgeben, um dem Gefühl von emotionaler Sicherheit den Weg zu bereiten. Das Bedürfnis nach (emotionaler) Sicherheit kann also durchaus in einem Spannungsfeld zu den anderen vier Grundbedürfnissen stehen und verdient schon allein deshalb eine eigene Schublade.

Emotionale Sicherheit meint, dass wir uns in unseren Beziehungen sicher fühlen. Es geht darum, die Beziehung als einen Ort zu erfahren, wo wir sein können, wer wir sind – ohne die Angst, den Partner dadurch zu vergraulen. Der Psychotherapeut Richard G. Erskine beschreibt das Gefühl von Sicherheit als die physiologische Erfahrung, physisch und emotional vor Verletzungen geschützt zu sein.[10] Mit Ursprung in der Transaktionsanalyse — sie befasst sich mit der Fragestellung, warum Menschen sich so fühlen, so denken und so verhalten, wie sie es tun — und mit Blick auf eine bedürfnisorientierte Partnerschaft beinhaltet diese Erfahrung auch das Erleben, dass die gesamte Bandbreite unserer Bedürfnisse und Gefühle menschlich und natürlich ist. Ich bin okay. Du bist okay. Das ist sicher. Sicherheit.

Laut Erskine herrscht in einer emotional sicheren Partnerschaft eine Atmosphäre, die von folgenden Leitgedanken geprägt ist:

- Ich bin körperlich und emotional in der Beziehung sicher aufgehoben.
- Ich bin gleichzeitig verletzlich und in Verbindung mit dem anderen.
- Ich kann sein, wer ich bin.
- Ich kann mich öffnen, ohne zu befürchten, die Zuneigung und den Respekt des Partners zu verlieren.
- Ich weiß, woran ich bin.
- Mein Partner und ich haben verlässliche Absprachen und Regeln.
- Mein Partner kommuniziert wertschätzend mit mir.

So wie bei der Erziehung unserer Kinder auch geht es um vollkommene Annahme und Schutz – ohne in völlige Selbstvergessenheit oder Abhängigkeit zu geraten. Dazu braucht es viel Selbstverantwortung, aber eben auch Verständnis und Einfühlungsvermögen. Das ist keinesfalls leicht. Aber die Mühe lohnt sich, wenn wir glücklich und gesund leben und lieben wollen.

Stress durch fehlende Sicherheit

Das Sicherheitsbedürfnis eines Menschen ist allgegenwärtig. Fühlen wir uns nicht sicher, egal ob aufgrund äußerlicher Gegebenheiten oder innerer Prozesse, löst das in unserem Körper Stress aus, was zu unmittelbaren und langfristigen gesundheitlichen Beeinträchtigungen führen kann. Und damit spiele ich nicht nur auf die unmittelbaren Folgen von Beziehungsstreit und Lieblosigkeit an, die John Gottman in seinen Studien belegen konnte und die wir im vorherigen Kapitel kennengelernt haben.

Dauerhafter unkontrollierter Stress führt, wie wir heute wissen, nicht nur zu Bluthochdruck und Herz-Kreislauf-Erkrankungen, sondern auch zu einem Verlust an grauer Substanz und synaptischen Verschaltungen im Gehirn. Leiden wir über längere Zeit unter akutem Stress, leidet auch unsere kognitive Leistungs- und Konzentrationsfähigkeit. Dadurch wird beispielsweise die Kontrolle von Gedächtnis und Regulation von Emotionen schwerer. Auch das Risiko für psychische Erkrankungen wie Depressionen steigt.

Hinzu kommt, dass unser Gehirn in extrem stressigen bis traumatischen Situationen von gezieltem, durchdachtem Verhalten auf instinktives Verhalten umschaltet, um eine schnelle Reaktion gewährleisten zu können. Die Amygdala übernimmt. Der Körper ist dann zu Kampf, Flucht oder Erstarrung bereit – aber im Grunde zu nichts anderem. In so einer Situation schütten wir vermehrt Stresshormone wie Adrenalin, Noradrenalin und Endorphine aus. Unser Gehirn fokussiert alle Sinne auf die wahrgenommene Bedrohung, während alle anderen Umgebungsreize und Handlungsoptionen ausgeblendet werden.

Untersuchungen haben gezeigt, dass unser Gehirn sich durch ein erlittenes Trauma und anhaltenden Stress nachweislich verändert. Für gewöhnlich bilden sich diese Veränderungen wieder zurück. War das Trauma allerdings besonders schwer oder tritt die Stresssituation wiederholt und in hoher Frequenz, also ohne Erholungsphasen auf, dann können die neurologischen Veränderungen länger anhalten und schlimmstenfalls dauerhafte Auswirkungen haben. Eine der größten Herausforderungen für von Trauma und Stress Betroffene ist es daher, das Gefühl von (struktureller oder emotionaler) Sicherheit zurückzuerlangen, damit das Gehirn nicht in einer Art Alarmmodus hängen bleibt.

Birte und Jo

Seit mittlerweile 20 Minuten starrt Birte auf das kleine, schwarze »Ding« in ihrer Hand. Unschlüssig, ob sie diese Grenze übertreten möchte. Unsicher, ob das, was sie vorhat, ihre Familie retten oder gefährden wird. Uneins, ob dieser Schritt Gewissheit und Frieden oder doch nur zu Scham und Reue bringt.

Seit acht Jahren ist Birte mit Jo verheiratet, vor fünf Jahren kam ihr Sohn zur Welt, vor sechs Monaten ihre Tochter. Doch statt des großen Glücks kam der große Knall. Als Birte eines Abends Jos Telefon nimmt, um ihrem Sohn noch ein Hörspiel anzumachen, erscheint auf dem Display eine unmissverständliche Nachricht von Jos Kollegin: Seit dem Kuss müsse sie immer an ihn denken. Die attraktive, selbstbewusste und eigenständige Birte kann nicht glauben, dass ihr Mann sie betrügt. In letzter Zeit hatten beide kaum Zeit füreinander, schon klar. Es fehlte an Zuwendung und Wertschätzung an allen Ecken und Enden – aber so etwas? Als sie Jo damit konfrontiert, gesteht er den Kuss. Ein einmaliger Ausrutscher. Doch Birte ist misstrauisch. Sie spürt, dass Jo ihr nicht die ganze Wahrheit sagt. Über mehrere Wochen verharren beide in diesem Zustand der Entfremdung und des Misstrauens. Jedes Mal, wenn Jos Handy klingelt oder sein Blick ins Leere starrt, befürchtet Birte, dass der Betrug anhält. Und tatsächlich. Eines Tages gibt Jo zu, dass er sich verliebt hat, obwohl er versucht hat, sich dagegen zu wehren. Anfangs leugnet er die Affäre noch, doch Birte bleibt hartnäckig. In kleinen Häppchen kommt die Wahrheit ans Licht. Oder auch nicht, denn obwohl Birtes Gefühl ein anderes ist, versichert Jo, dass es nur gemeinsame Mittagspausen im Auto, aber keinen Sex gab. Beide entscheiden sich für einen gemeinsamen Neustart, doch die vielen kleinen Lügen und die Bilder – sie zu Hause mit dem Baby, er im Auto mit ihr – gehen Birte nicht mehr aus dem Kopf. Ihr fehlt jegliche Sicherheit, die sie zu haben glaubte. Birte hatte das erste Mal in ihrer Ehe Angst davor, nicht genug zu sein und Jo zu verlieren. Bis sie es nicht mehr aushält und auf der Suche nach einem Strohhalm des Vertrauens das »Ding« – ein Abhörgerät – kauft und es in sein Auto legt …

Tatsächlich wurde Birte fündig, noch mehr Unwahrheiten wurden enttarnt, noch mehr Vertrauen wurde zerstört, noch mehr Sicherheit ging verloren. Auf beiden Seiten. Dennoch kämpfen seitdem beide um ihre Liebe und ihre Familie, gewillt, sich gegenseitig eine zweite Chance zu geben, gewillt, einander zu vertrauen. Jo hat einen neuen Job angefangen, Birte übt sich im Vergeben, blickt ihren eigenen Anteilen (wie Jos emotionaler Vernachlässigung) ins Gesicht und entdeckt sich wieder als Frau, mit all den Facetten, die mit den Jahren beziehungsweise der Mutterschaft in Vergessenheit gerieten. Doch innerlich rechnet Birte stets mit dem nächsten großen Knall, ihre Gedanken galoppieren davon, sobald sie zur Ruhe kommt. Sie fühlt sich nicht mehr sicher. Ihr inneres Erleben braucht Zeit und viele neue Momente des Vertrauens mit Jo, um die Erfahrung der Sicherheit zurückzuerlangen.

Nun möchte ich keinesfalls behaupten, dass jede Erfahrung, die von Unsicherheit und Kontrollverlust geprägt ist (wie ein Beziehungsstreit oder ein Bindungsabbruch), bei einem erwachsenen Menschen automatisch zu akutem Stress oder gar einem Trauma führt – meiner Meinung nach sollten wir achtsam mit solchen Begrifflichkeiten und Katastrophisierungen sein. Dennoch ist es so, dass anhaltende Gefühle von Unsicherheit und Ohnmacht (ausgelöst durch Streit, Liebesentzug, Betrug, Unaufrichtigkeit, Verachtung, Enttäuschung, Beschämung etc.) unser Sicherheitsbedürfnis gefährden. Bei Kindern ist uns das mittlerweile bewusst, und wir sind gewillt, mithilfe neuer pädagogischer Ansätze, wie bindungs- und bedürfnisorientierter Erziehung, darauf einzugehen. Doch die Wirkung für erwachsene Menschen, die sich nicht mehr im Entwicklungsalter befinden, unterschätzen wir. Dabei werden laut einer amerikanischen Studie zwischenmenschliche Konflikte mit zunehmendem Alter zu unserem größten Stressor.[11] Gleichzeitig sind die engen sozialen Kontakte, die wir haben, einer unserer größten Schutz- und Resilienzfaktoren – logisch also, dass wir nicht einfach aufeinander verzichten können oder uns nur »irgendwie« arrangieren wollen, sondern verlässliche und erfüllte Beziehungen anstreben. Und das macht Sicherheit zu einem der wichtigsten menschlichen Beziehungsbedürfnisse.

Gut zu wissen

Unterbedürfnisse der Sicherheit

Bei der Erfüllung des Bedürfnisses nach Sicherheit spielen verschiedene Wünsche und Bedürfnisse eine Rolle.
Das Bedürfnis nach Kontrolle, Geborgenheit, Gerechtigkeit, Harmonie, Fürsorge, Unterstützung, Schutz, Ordnung, Struktur, Wertschätzung, Ruhe, Verbundenheit.

Reflexionsfragen für dich und deinen Partner

- Wann hast du dich zum letzten Mal so richtig sicher gefühlt?
- In deiner Beziehung aber auch unabhängig von ihr?
- Woran hast du gemerkt, dass du sicher bist?
- Was hat deiner Meinung nach dazu beigetragen, dass du dich sicher gefühlt hast?
- Wie verhältst du dich, wenn du unsicher bist – im Allgemeinen und in deiner Partnerhaft?

Überlege dir, wann sich dein Partner vermutlich das letzte Mal in eurer Beziehung unsicher gefühlt hat und warum. Lass auch ihn/sie mutmaßen, und tauscht euch aus.

Bedürfnis-Crash – Wenn Baby und unsere Bedürfnisse kollidieren

Ich gebe zu, die Überschrift ist provokant gewählt und passt so überhaupt nicht zu dem gesellschaftlich glorifizierten Bild von »erfüllender Elternschaft«. Fast alle Liebesfilme (und definitiv alle Märchen), die ich kenne, enden dort, wo in Wirklichkeit alles erst beginnt. »Und lebten glücklich bis an ihr Lebensende, bekamen zwölf gesunde Kinder, machten die Hausarbeit stets lächelnd gemeinsam und hatten jeden Tag leidenschaftlichen Sex. In sauberen Socken.« So oder so ähnlich zeichnen mediale und andere äußere Einflüsse das Bild der gemeinsamen Zukunft. Dabei ist es mehr oder minder eine unvermeidbare und völlig wertungsfreie Kausalität, dass unsere Kinder unser Leben und Lieben verändern. Positiv, aber stellen- und zeitweise eben auch negativ.

»Eltern werden ist nicht schwer, Eltern sein dagegen sehr.« Das wusste selbst der kinderlose Wilhelm Busch. Während zu Buschs Zeiten vielleicht die größte Herausforderung war, Kinder wie Max und Moritz zu zähmen, beschäftigen sich Eltern heute viel mit der Frage, wie sie es schaffen können, ihre gezähmte Liebe wieder zu entfesseln. Ein Elternpaar zu sein und ein Liebespaar zu bleiben, Platz zu schaffen für ein Kind und gleichzeitig der eigenen Liebe auch weiterhin ausreichend Raum zu geben. Absolute Akrobatik. Yoga für Kopf und Herz.

Nach wie vor sind wir aber sehr zurückhaltend, wenn es darum geht, alle Facetten der Elternschaft zu beleuchten, auch die »Schattenseiten«. Und vielleicht wurzelt das Problem schon hier: Wir tabuisieren bestimmte Themen rund um die Elternschaft, weil wir glauben, dass sie weniger gesellschaftsfähig sind als andere. Insbesondere Mütter schämen sich oft für ihre Überforderung oder Unterforderung, für ihre Unzufriedenheit, für ihre Zweifel, für ihr gefühltes Unglück und für ihre selbst diagnostizierte Undankbarkeit. Sie haben es ja eigentlich so gut. Sie *dürfen* Mutter sein. Das kostbarste Glück auf Erden ist ja schließlich das Mutterglück. Da haben »schlechte« Gedanken und Gefühle keinen Platz.

Aber vielleicht dürfen wir gänzlich davon abrücken, die Veränderungen, die unsere Elternschaft mit sich bringen, in Schwarz-Weiß-Kategorien wie »positiv und negativ« zu unterteilen. Es geht nicht um besser oder schlechter, sondern um anders. Denn anders ist es. Erdbebenartig anders, wie John Gottman es beschreibt. Zumindest bedeutet Elternschaft einen erheblichen Bedürfnisaufschub oder sogar -verzicht. Strategien zur Bedürfniserfüllung, die vorher gut funktioniert haben, sind nun nicht mehr möglich oder gewollt – und das stellt uns als Menschen und als Paar vor Herausforderungen. Leben bedeutet Veränderung, egal, ob wir Kinder haben oder nicht. Aber haben wir Kinder, dann sind die Veränderungen oft besonders groß, komplex und ambivalent.

Das hat sich auf den letzten Seiten in den Ausführungen über die fünf psychischen Grundbedürfnisse ja schon dezent angedeutet, und vielleicht hast du dich oder befreundete Paare in einigen Erzählungen und Dilemmata bereits wiedererkannt.

Doch bevor jetzt das Gefühl entsteht, dass die Elternschaft für unsere persönliche und partnerschaftliche Beziehung ein einziges Tretminenfeld ist, aus dem wir gar nicht heil herauskommen können, möchte ich deutlich sagen:

1. Es ist alles nur eine Phase.
2. Wir können diese Phase gestalten.

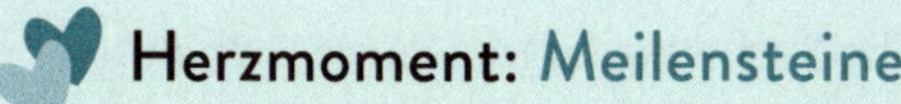

Herzmoment: Meilensteine

Nehmt euch heute einen Augenblick Zeit, um in Erinnerungen zu schwelgen: Was waren für dich die vier magischen Meilensteine eurer Beziehung? Erzählt euch gegenseitig, welche Entscheidungen, Erlebnisse und Momente für euch bisher besonders bedeutsam waren.

Um diesen Einfluss geltend zu machen, müssen wir jedoch verstehen, was mit unseren Bedürfnissen passieren kann, wenn wir von einem Paar zu einem Elternpaar werden. Dazu werden wir auf den folgenden Seiten tiefer in die Gedanken-, Gefühls- und Erlebniswelt von Marie und Jonas und einigen anderen Paaren eintauchen. Denn viele ihrer Probleme sind mustergültig. Für die Lösungen gilt das nicht immer. Dennoch findest du in den nächsten Kapiteln zu jedem Bedürfnis auf Abwegen praxiserprobte und lösungsorientierte Gedanken und Impulse, die vielleicht kein Allheilmittel, gewiss aber eine Inspiration sind.

Der Einfluss auf Bindung

Auf den ersten Blick könnte man meinen, dass das Bindungsbedürfnis durch die Gründung einer Familie eigentlich ein Upgrade bekommen müsste. Und gewissermaßen stimmt das natürlich, denn die Paarbeziehung wird dadurch bedeutsamer und verbindlicher. Außerdem kommt noch ein kleiner Mensch hinzu, mit dem man sich auf eine unvergleichbare Weise verbunden fühlt. Das Bedürfnis nach Zugehörigkeit zu einem WIR wird gestillt. Auf der anderen Seite verändert sich die Paarbeziehung und viele Strategien, die das

Paar vorher genutzt hat, um dem Wunsch nach emotionaler und körperlicher Nähe Rechnung zu tragen, wackeln nun.

Die Bindung zu unseren Kindern, die partiell anstelle alter Strategien tritt, sollte aber nicht – und aus Sicht einer Familientherapeutin möchte ich sogar sagen, *darf aber nicht* – unsere Hauptquelle für Bindungs- und Beziehungsgefühle sein. Natürlich sind unsere Kinder manchmal wahrer Seelenbalsam, insbesondere wenn wir Streit mit dem Partner haben. Die Versuchung, sich in die Eltern-Kind-Beziehung zu flüchten, um dort nach Bedürfniserfüllung zu suchen, ist groß, sollte aber mit großer Vorsicht behandelt werden. Andernfalls laufen wir Gefahr, unsere Kinder (unbewusst) als Ausweichobjekt zu missbrauchen. Ein hartes Wort, ja – aber leider zutreffend.

Denn in der Eltern-Kind-Beziehung sind *wir* die Geber. Wir geben Bindung, auch wenn sie sich natürlich auf beiden Seiten entwickelt und unsere Kinder ebenso einen Beitrag zum Bindungsaufbau leisten wie wir. Dennoch tragen wir die Verantwortung. Dennoch sind wir die Versorger und nicht die Versorgten.

Es handelt sich hier um eine ganz andere interpersonale Beziehungsebene als bei zwei Erwachsenen. In der Soziopsychologie unterscheiden wir zwischen vertikalen und horizontalen Beziehungen. Eine vertikale Beziehung ist geprägt von einer gewissen Hierarchie und Asymmetrie, wie wir sie in Eltern-Kind-Beziehungen finden. In einer horizontalen Beziehung herrscht gewissermaßen Anarchie oder zumindest Egalität. Beide haben ähnliche Rechte und Pflichten, so wie wir es aus Freundschaften und – dem 20. Jahrhundert sei Dank – aus Paarbeziehungen kennen (sollten).

Bindung hat immer auch etwas mit Absicherung zu tun. Kinder sollen uns aber keine Sicherheit geben, sondern sie von uns bekommen. Insofern können oder vielmehr sollten sie keinesfalls Alleinerfüller unseres Bindungsbedürfnisses sein. Dafür haben wir Freunde, Kollegen, Eltern und vor allem Partner.

Was im echten Leben dennoch oft schleichend passiert, ist, dass die Symbiose zwischen Mutter und Kind so eng wird, dass Papa nur schwer seinen Platz findet. Dies ist besonders dann der Fall, wenn Mütter die ersten Monate und Jahre mit dem Kind zu Hause sind, während die Väter viel arbeiten. Ist der Vater mit dem Kind zu Hause, kann sich diese Dynamik natürlich auch als Vater-Kind-Symbiose äußern. Allerdings ist aufgrund des Bindungsvorsprungs, den Frauen durch Schwangerschaft, Geburt und Stillzeit haben, sowie der nach wie vor überwiegend »klassischen Rollenverteilung« häufiger der Vater außen vor als die Mutter. Er »verhungert« in der Anfangszeit mit einem Baby emotional oft.

Die Bindung der Mutter zum Kind ist aufgrund der inneren hormonellen Vorgänge und der äußeren Umstände oft erheblich enger als zum Partner. Durch das Stillen, Tragen und Kuscheln wird beispielsweise das Bindungshormon Oxytocin ausgeschüttet, was die Bindung zwischen zwei Menschen stärkt. Dieses Hormon wird natürlich auch zwischen dem Paar ausgeschüttet, nämlich beim Küssen, Kuscheln und beim Sex – vor allem beim Orgasmus. Es ist kein Geheimnis, dass all diese Gesten und Aktivitäten mit der Zeit weniger werden oder – wenn Kinder dazukommen – ganz pausieren. Doch Bindung braucht Berührung.

Für das Elternteil, das mit dem Kind zu Hause ist, wird dadurch unwissentlich und unwillentlich das Kind zur Oxytocinquelle und somit zum Bedürfnisbuddy, während das andere Elternteil mehr oder weniger leer oder zumindest unterversorgt ausgeht. So auch Jonas. Er vermisst seine Frau und die Zeit, die sie miteinander hatten. Sie sind so selten ungestört, und wenn doch, dann ist Marie meist sehr erschöpft und lustlos. Die kleinen nährenden, liebevollen Gesten zwischen den beiden gehen im Alltag inmitten von Wäschebergen, Babykotze und Vorwürfen leider unter. Jonas fühlt sich einsam, selbst wenn Marie bei ihm ist.

Jonas und Marie

Jonas: In einer typischen Woche schleiche ich mich früh aus dem Haus, damit ich abends nicht der Letzte im Büro bin. Marie schläft dann noch, weil die Nächte zurzeit so schwierig sind. Früher haben wir meist noch zusammen einen Kaffee getrunken. Das hat mir den Start in den Tag verschönert, denn ich fühlte mich Marie dadurch nah und verbunden. Meist telefonieren wir dann am Vormittag einmal, und Marie erzählt mir, wie es mit Milan läuft. Manchmal sind das total schöne Gespräche, an anderen Tagen machen sie mich traurig und sogar sauer. Traurig, weil ich so viel verpasse und nicht bei ihnen bin, sauer, weil Marie an schlechten Tagen all ihren Ärger an mir auslässt. Aber ich kann ja von der Arbeit aus gar nichts machen – und trotzdem gehe ich schuldbeladen und ohnmächtig aus dem Gespräch. Das nervt. Und baut Distanz auf. Wenn ich dann am Nachmittag oder frühen Abend nach Hause komme, herrscht schon so eine »Na-endlich-Stimmung«. Statt mich zu fragen, wie mein Tag war, drückt Marie mir dann Milan in den Arm, nach dem Motto: Jetzt bist du dran! Ich kann verstehen, dass sie dann eine Pause braucht – aber ich hatte ja auch noch keine. Ich verbringe die Zeit mit Milan eigentlich total gern, allerdings habe ich, um ehrlich zu sein, manchmal auch keine Lust. Es fällt mir schwer, vom Büromodus in den Papamodus umzuschalten, und Marie scheint das genau zu merken. Sie mischt sich dann ständig ein und korrigiert mich. Natürlich weiß sie viel besser, was Milan braucht – sie ist ja auch viel mehr mit ihm zusammen –, aber ich hätte so gern die Chance, das selbst herauszufinden beziehungsweise meinen ganz eigenen Weg mit Milan zu gehen. Es tut schon weh, für so unfähig gehalten zu werden. Nur in meinem Job bekomme ich aktuell das Gefühl, gut zu sein in dem, was ich tue. An solchen Meckertagen bin ich richtig froh, wenn ich noch mal mit meinen Jungs zum Sport gehen kann, obwohl ich die Zeit ebenso gern mit Marie verbringen würde. Wie früher. Da haben wir eigentlich jeden Abend zusammen gekocht, ausführlich geredet,

Wein getrunken und Serien geschaut, oder wir sind ausgegangen – ins Kino oder Theater. Wir hatten eine sehr liebevolle Beziehung miteinander. Unser Sexleben war erfüllt, auch Berührungen und Küsse zwischendurch waren uns wichtig. Das hat immer so eine Nähe geschaffen. Körperliche Nähe ist wohl irgendwie meine Liebessprache. Das alles fehlt mir heute sehr. Wenn ich sehe, wie liebevoll und zugewandt Marie mit Milan umgeht, dann würde ich manchmal gern mit ihm tauschen (lacht). So wie sie ihn ansieht, hat sie mich früher auch angesehen. Solche Gedanken habe ich manchmal, obwohl ich mich dafür schäme. Ich habe viel weniger von den beiden, als ich mir wünsche. Die beiden haben wenigstens sich.

Dass ein enges Verhältnis zum Kind aber auch nicht reicht, um das Bindungsbedürfnis zu erfüllen, sehen wir an Marie. Sie leidet unter Einsamkeit und sozialer Isolation. Sie fühlt sich allein mit der ganzen Verantwortung. An manchen Tagen ist die gemeinsame abendliche Stunde mit Jonas ihre einzige Gelegenheit, ein Gespräch mit einem erwachsenen Menschen zu führen – viel Neues zu berichten hat sie dann allerdings nicht. Sie vermisst ihre Kolleg*innen und ihre Freundinnen. Das Bedürfnis nach Zugehörigkeit ist völlig unterversorgt. Zudem kann die Gründung einer eigenen Familie auch das Verhältnis zur eigenen Herkunftsfamilie verändern. Werden wir selbst Mutter oder Vater beschreiten wir nicht selten einen weiteren, mitunter letzten großen Schritt der Abnabelung.

Marie und Jonas

Marie: Wenn ich morgens aufwache, begrüßt mich erst Milan, dann die Einsamkeit. Ich fühle mich schlecht, wenn ich das so ausspreche, denn eigentlich gibt es nichts Schöneres, als neben Milan aufzuwachen. Aber ich vermisse Jonas. Und unseren morgendlichen Kaffee. Manchmal merke ich erst abends, dass ich den ganzen Tag kein einziges Wort mit einem Erwachsenen gewechselt habe – von dem Kassierer im Supermarkt mal abgesehen. Ich habe damit in diesem Ausmaß nicht gerechnet, aber ich vermisse tagsüber nicht nur Jonas, sondern auch meine Arbeit. Vor allem meine Kolleg*innen. Ich glaube, der Austausch mit anderen Menschen fehlt mir ganz allgemein. Krabbelgruppe, Babyschwimmen, Rückbildung – das ist in meinem ersten Elternjahr alles ausgefallen, wegen der Coronapandemie. Ich glaube, ich war in meinem ganzen Leben noch nie so viel allein. Wenn Jonas dann nachmittags oder abends nach Hause kommt, bin ich einerseits erleichtert, dass die Stille ein Ende hat, andererseits will ich einfach nur meine Ruhe: durchatmen. Allein auf die Toilette gehen oder ungestört lesen. Jonas versucht dann manchmal, ein Gespräch über seine Arbeit anzufangen, während ich mich weiter um Milan und am besten auch noch ums Abendessen kümmere. Mich macht das oft wütend, weil ich dann kein Gespräch, sondern eine Pause brauche. Ich kann mich einfach nicht auf Jonas einlassen, solange Milan nicht schläft oder zumindest sicher versorgt ist. Und wenn er dann endlich schläft, bin ich selbst so müde und ausgelaugt, dass ich lieber ins Bett gehe. Manchmal nicht nur aus Müdigkeit, sondern – wenn ich ehrlich bin – um mich vor Jonas' Bedürftigkeit beziehungsweise Annäherung zu drücken. Ich habe ja den ganzen Tag ein Kleinkind herumgetragen, bespaßt und gestillt, da mag ich abends nicht mehr berühren oder berührt werden. Ich schäme mich dafür, aber so ist es eben. Je länger Jonas auf der Arbeit ist, umso schwerer fällt es mir, seine Nähe zuzulassen. Auch früher gab es solche Phasen, aber damals konnte ich die Zeit dann wenigstens mit meinen Freundinnen verbringen – oder mit meiner Mutter. Meine Freundinnen sind zum größten Teil noch kinderlos, wodurch es uns momentan schwerfällt, inhaltlich und organisatorisch einen gemeinsamen Nenner zu finden. Und das Verhältnis zu meiner Mutter hat sich auch etwas verkompliziert, seit ich selbst Mutter bin. Es fällt mir außerdem schwer, Milan mit Jonas allein zu lassen, um mich um mich selbst zu kümmern oder zu verabreden. Ich habe dann ein schlechtes Gewissen beiden gegenüber. Jonas hat wenigstens noch seine Arbeit und die regelmäßigen Treffen mit seinen Jungs. Außer Milan und Jonas habe ich gefühlt niemanden. Und Jonas und mich trennt gerade mehr, als uns verbindet.

Marie und Jonas. Zwei, die sich lieben und sich trotzdem immer weiter voneinander entfernen. Ihre Lebenswelten sind, anders als früher, sehr verschieden. Und ihr gemeinsames Zeit- und Themenkonto ist, anders als früher, im Dispo. Das Bedürfnis nach Bindung, nach Verbindung, nach Zugehörigkeit und Austausch leidet folglich. Sie hat den Eindruck, von der weiblichen Hauptrolle in seinem Leben zugunsten seines Jobs in eine Nebenrolle abgestiegen zu sein. Und er ist im Schatten der Mutter-Kind-Symbiose vom Hauptdarsteller zum Statisten degradiert worden. So fühlt es sich zumindest an.

Entfremdung gehört zu den Beziehungsproblemen, die besonders häufig langjährige Partnerschaften betreffen oder bei Paaren in schwierigen Lebensphasen (zu denen auch das Elternwerden gehört) entstehen. Viele Paare kennen diese Situation: Im Alltag sind wir im Spagat zwischen Arbeit und Familie vollends gefordert, und die Zeit, die für lange Gespräche und Intimität noch bleibt, wird mit steigender Verantwortung immer weniger. Was bleibt, ist eine Beziehung auf Sparflamme, die irgendwie funktioniert, aber unbefriedigend ist. Da aber so ziemlich jeder Mensch ein dringendes Bedürfnis nach Nähe und liebevoller Zuwendung hat, ist die Gefahr einer Flucht in die Elternschaft oder eines Seitensprungs jetzt besonders hoch. Nicht die beste, aber eine nachvollziehbare Strategie, um emotional oder sexuell nicht zu verhungern.

Denn natürlich verändert sich die Intimität mit der Geburt eines Kindes. Sowohl die emotionale als auch die sexuelle. Die gute Nachricht gleich vorweg: Sowohl unsere Sexualität als auch die emotionale Tiefe unseres Miteinanders können mit und durch die Elternschaft intensiviert werden. Laut dem Sexualforscher David

Schnarch haben wir selbst mit über 50 die beste sexuelle Zeit eher noch vor als hinter uns. Denn guter Sex braucht persönliche Reife. Und die nimmt ja bekanntlich mit dem Alter zu.

Auch Elternwerden bedeutet Reifen und Wachsen. Allerdings nicht ohne Wachstumsschmerzen und Dehnungsstreifen. Und wohl auch nicht ohne vorübergehende Durststrecke, wobei ich nicht leugnen möchte, dass vorübergehend sich zwischendurch mal wie ewig anfühlen kann.

Warum wir insbesondere in den ersten Monaten und Jahren der Elternschaft emotional mangelernährt sind, haben wir schon besprochen: die fehlende Zweisamkeit und Fürsorge, das Verteilungsproblem der Liebe, die höhere Alltagsbelastung, die schärfere Trennung der Lebenswelten, wenn eine*r zu Hause ist und eine*r arbeitet sowie die vielen neuen Reibungspunkte. Die Partner entfernen sich emotional. Aber eben auch sexuell.

Auch wenn wir Sexualität gesellschaftlich trotz ihrer Omnipräsenz noch immer tabuisieren und zum niederen Trieb degradieren, spielt sie eine große – und nicht selten schicksalhafte – Rolle. Nicht nur für die Fortpflanzung, sondern auch für das seelische Wohlbefinden eines Menschen. Und Eltern sind Menschen.

Obgleich meine Generation schon sehr viel offener mit Sexualität umgeht, gibt es kaum eine Paarberatung ohne den Sexfrust-Diskurs. Es scheint mir fast, als könne uns nichts tiefer verbinden. Und nichts stärker trennen. Außer unsere Kinder vielleicht.

Jonas und Marie

Jonas: Ich habe oft Lust. Große Lust sogar. Für mich ist Marie durch die Schwangerschaft nur noch attraktiver und fraulicher, um nicht zu sagen heißer geworden. Sie mag es nicht, wenn ich ihr das so sage. Vielleicht setzt sie das unter Druck. Oder sie findet das oberflächlich. Wenn wir über das Thema sprechen, merke ich, dass es für uns beide unangenehm ist. Und ich frage mich, ob es überhaupt möglich ist, sich bei diesem Thema »richtig« zu verhalten.

Ich käme mir dumm vor, um körperliche Zuneigung zu betteln, und sie würde sich vielleicht im Zugzwang fühlen. Ich will Marie aber zu nichts drängen, und ich will auch nicht, dass wir nur miteinander schlafen, damit wir dieses To-do auf der Beziehungs-Bucket-List für diesen Monat abhaken können. Trotzdem möchte ich in meinem Bedürfnis wahrgenommen und gesehen werden. Es ist ein Dilemma.

Ich sage mir immer, dass es nicht an mir liegt, dass Marie nur selten Lust hast. Aber es kratzt schon an meinem Ego. Es geht mir ja beim Sex auch nicht um die Befriedigung – natürlich auch –, aber die kriege ich notfalls auch anders, allein. Es geht mir, glaube ich, auch um diese Nähe, Verbundenheit und Exklusivität.

Babys legen also häufig erst einmal das lahm, was sie hervorgebracht hat. Was auf den ersten Blick wie pure Ironie des Schicksals aussieht, ist bei genauerem Hinsehen gar nicht so paradox oder absurd.

Vielleicht vorab: Nicht alle Paare mit kleinen Kindern trifft die vorübergehende Sexflaute, und falls es doch passiert, liegt das selbstverständlich nicht immer an der Unlust der Frau wie bei Marie und Jonas. Dennoch gibt es ein paar Fakten, die es insbesondere uns Frauen schwerer machen, in unsere alte Sexform zurückzufinden. Einige dieser Fakten haben etwas mit ganz offensichtlichen biologischen Prozessen, Geburtsverletzungen oder dem weiblichen Zyklus zu tun, andere beziehen sich auf die Umstände, sodass sie für Mann und Frau gleichermaßen und für jede sexuelle Orientierung zutreffend sein können. Hetero. Homo. Mono. Poly. Bi. Ganz egal.

Denn wie Jonas schon richtig erkannt hat, liegt die Unlust wenig bis überhaupt nicht am Sex-Appeal des Partners, sondern am Gesamtpaket: Da hätten wir zunächst den Mangel an Gelegenheit. Viele Paare können nicht mehr frei entscheiden, wann sie einander nah sein wollen, sondern müssen die Feste feiern, wie sie fallen. Doch auf Kommando zur Partybombe zu mutieren, das gelingt den wenigsten.

Judith und Maike

Judith und Maike hatten ihren Lieblingssex-Slot früher am Samstag- und Sonntagmorgen. Ausgeschlafen, relaxed, ohne Termindruck. Doch seit ihre Kinder da sind (und morgens nur zu gern durch die Betten toben oder beharrlich mit einem Buch davorstehen), pausiert dieses »Ritual«.

Und selbst mit etwas Planung oder Vorlauf fällt es vielen Liebenden einfach schwer, von der Rolle des fürsorglichen und eher asexuellen Elternteils, in die Rolle des sexy Vamps, Maneaters oder Gigolos zu schlüpfen.

Noch schwerer wird es, wenn die nächste Störung nur ein Babyphone oder ein »Ich … kann nicht schlafen … habe Hunger … will Milch … muss Pipi oder fürchte mich vor einem Monster unter meinem Bett …« weit entfernt ist. (Das Monster liegt in Wahrheit übrigens unter dem Elternbett und frisst statt Wollmäusen leider unsere Libido. Und vielleicht auch die Socken, die immer verschwinden.)

Herzmoment: Körper und Seele

Insbesondere nach einer Schwangerschaft blicken wir oft sehr kritisch auf uns, doch der andere tut es meist voller Liebe und Leidenschaft. Legt euch nackt an einen warmen und geborgenen Ort und seht euch für etwa zehn Minuten einfach nur an. Beginnt bei den Augen und wandert dann mit eurem Blick schweigend den Körper des anderen ab. Macht es euch danach gemütlich und sprecht darüber, was ihr erlebt und wahrgenommen habt.

Fall into love. Liebe machen. Das hat immer auch etwas mit Hingabe und Loslassen zu tun: sich fallen lassen. Und obgleich gerade Frauen natürlich viele körperliche Veränderungen erleben, die anfangs verunsichern und sogar schmerzhaft sein können, ist das größere Problem oft der Kopf.

Dort ist nämlich jeden Tag Jahrmarkt. Im Kopfkarussell dreht sich der Mental Load. Termine hier, Einkaufslisten dort. Dazwischen Organisatorisches, Sorgen und Pläne – kurzum: Gedanken. Und viele dieser Gedanken werden dann natürlich auch in die Tat umgesetzt: Eltern verlieren ihre Energie an den parentalen Stress. Laut einer Studie der AOK aus dem Jahr 2021 leiden fast 79 Prozent aller befragten Eltern an Erschöpfung und Burn-out. 77 Prozent klagen über Nervosität und Gereiztheit, fast die Hälfte klagte über Rücken- und Kopfschmerzen, und ein Drittel gab sogar an, depressive Verstimmungen zu haben.[1] Und obwohl diese Zahlen Mütter *und* Väter abbilden und die erste Zeit mit Kind immer für beide Seiten herausfordernd ist, sind Mütter stärker betroffen. Laut einem 2020 veröffentlichten Datenreport des Müttergenesungswerks sind 2,3 Millionen Mütter und 230 000 Väter in Deutschland kurbedürftig.

Aber nicht nur das Ausmaß der Erschöpfung ist unterschiedlich, sondern auch der Umgang damit. Während Männer Sex bei einem mittleren Stresslevel noch als Ventil benutzen wollen und können, flüchtet die Libido der Frauen sich in die Arme des Monsters unter dem Bett.

Oxytocin, das Kuschel-, Knutsch-, Bindungs- und Sexualhormon, reduziert tatsächlich Stress, verringert Ängste und lindert sogar Schmerzen. Nur leider hemmt Stress wiederum die Oxytocinproduktion. Eine Pattsituation.

Kommt es nach der Geburt und in der Stillzeit zu sexueller Unlust, ist das neben all den kopflastigen Gründen manchmal aber auch einfach die Entscheidung des Körpers. Er ist noch im Regenerationsmodus. Außerdem hemmt das für die Milchbildung zuständige Hormon Prolaktin das sexuelle Verlangen. Und das ist von Mutter Natur auch ein klitzekleines bisschen gewollt.

Denn wir, und mit »wir« meine ich vor allem Frauen, sollen uns verlässlich um unseren höchst abhängigen Nachwuchs kümmern und ihn nicht zugunsten anderer Triebe oder aufgrund der nächsten Schwangerschaft vernachlässigen. Zwar sinkt auch der Testosteronspiegel des Mannes nachweislich nach der Geburt eines Kindes ab, und auch die Konzentration des weiblichen (milchbildenden) Hormons Prolaktin erhöht sich bei Männern um nachweislich 30 Prozent, aber an der Einsatzbereitschaft und Lust des Mannes ändert das verhältnismäßig wenig. Und wenn wir an die Anfänge der Menschheit zurückdenken, als wir polygam und polyamor in Stämmen zusammenlebten, dann war dieses Ungleichgewicht der Lust im Gegensatz zu heute auch kein Problem. Exklusive Beziehungen gab es nicht. Unsere männlichen Vorfahren haben zum Fortbestand der Menschheit und ihrer Gene ihr Bestes gegeben. Viel und oft. Mit mehreren Frauen. Und das steckt uns natürlich noch immer in den Genen beziehungsweise in den Hormonen – denn wie Friedemann Karig in seinem Buch *Wie wir lieben. Vom Ende der Monogamie* schreibt, ist unsere heutige Lebens- und Liebesweise noch höchst jungfräulich. Einen ganzen Tag lang, sagt er metaphorisch, ging es in der Menschheitsgeschichte darum, möglichst viel Lust zu haben und möglichst viele Frauen zu befruchten. Und erst seit bummeligen *fünf Minuten* beschränken wir unser Sexleben auf eine einzige, exklusive Beziehung. Das tun natürlich nicht alle Menschen. Auch nicht alle Elternpaare. Aber ungefähr 97 von 100. Der Ur-Mann soll also schnell wieder Lust haben. Die Ur-Frau nicht unbedingt.

Vielleicht fühlen sich Frauen auch deswegen so »overtouched«. Vielleicht ist auch das ein Schutzmechanismus der Natur: »Bitte nicht anfassen. Bitte nicht verführen. Bitte nicht befruchten.« Doch selbst wenn nicht, ist es doch höchst logisch, dass ein Mensch, der seinen Körper den ganzen Tag mit einem kleinen Bedürfnismonster geteilt hat, sich nach Ruhe sehnt. Nach einer Pause vom Känguru- oder Koalamodus. Das gilt für Mütter und Väter gleichermaßen.

Und last, but not least wären da neben den Kopf- und Körperfakten auch noch ein paar Herzensangelegenheiten: emotionale Distanz, fehlende Intimität.

Intimität entsteht in der Paarbeziehung auf mindestens zwei Ebenen: einer emotionalen und einer körperlichen. Intimität verbinden wir im ersten Moment mit Sexualität – dabei ist sie viel mehr als das. Intimität entsteht, wenn wir unser Innerstes für einen anderen Menschen erlebbar und erfahrbar machen. Und das können wir natürlich buchstäblich über Sex. Wir fühlen uns einander aber auch nah und verbunden, wenn wir die Gefühle, Gedanken und Ängste unseres Partners erkennen und verstehen. Denn nichts schafft so verlässlich Nähe und Anziehung wie ein Seelenstriptease. Ein Striptease, welcher Art auch immer, braucht allerdings Sicherheit. Und manchmal steht die Partnerschaft zu Beginn der Elternschaft auf so zittrigen Gummibeinen, dass kein sicherer Raum für emotionale oder körperliche Öffnung entstehen will. Die Ursachen sind komplex, aber das erhöhte Stresslevel, die fehlende ungestörte Zweisamkeit sowie die von Reibereien und enttäuschten Erwartungen geprägte Atmosphäre wiegen besonders schwer.

Emotionale und körperliche Nähe hängen unmittelbar zusammen, und doch gibt es zwei völlig verschiedene Dynamiken, wie Intimität für Menschen entstehen kann. Emotionale Intimität strömt von innen nach außen, während körperliche Intimität von außen nach innen fließt. Beides ist klar miteinander verflochten, und doch braucht es für die einen erst die emotionale Nähe, bevor sie sich körperlich hingeben können, während die anderen erst die körperliche Nähe und Geborgenheit fühlen müssen, um auch eine emotionale Vertrautheit und Offenheit herstellen zu können. Ersteres sagt man eher den Frauen nach, Letzteres eher den Männern: Meist sind es demnach die Frauen, die ein liebevolles, intimes Klima brauchen, damit Raum für Sexualität entstehen kann, während Männer oft den Raum für die gemeinsame Sexualität brauchen, damit ein liebevolles, intimes Klima entstehen kann. Ich habe diese Dynamik aber auch schon andersherum und in gleichgeschlechtlichen Beziehungen erlebt. In jedem Fall stellt diese Dynamik einen selbstverstärkenden Kreislauf dar, der uns am Anfang einer Beziehung in einen regelrechten Rausch versetzt. »Endlich war da jemand, mit dem ich gut reden und ficken konnte«, sagt Ania. Und Toralf grinst.

Auf Durststrecken, also in Phasen, in denen sowohl der emotionale Zugang zueinander verstopft ist als auch der körperliche, kann das, was uns anfangs so high gemacht hat, aber zu einer Abwärtsspirale führen, aus der Paare gar nicht so leicht wieder herauskommen. Ich wähle mal ein plakatives Klischee, zur Verdeutlichung der Dynamik: Sie will reden, er will Sex. Bekommen beide, was sie wollen, sind alle glücklich. Bekommt keiner, was er will, droht der Beziehungs-Flash-over.

Ich beobachte regelmäßig, dass der durch das Testosteron angeheizte Sexualtrieb des Mannes manchmal als ziemlich lästig und sogar »nieder« wahrgenommen wird. Mit diesem durchaus rauen Klischee beziehungsweise Image der Sexualität würde ich an dieser Stelle gern aufräumen. Nicht nur weil Sex etwas Wunderbares ist oder weil Männer aufgrund ihres Hormonhaushaltes gewissermaßen gar nicht anders können, sondern auch, weil der Wunsch nach emotionaler Nähe genau dasselbe Bedürfnis bedient wie der Wunsch nach körperlicher Nähe: Bindung.

Darüber hinaus dient Sexualität aber auch allen anderen emotionalen Bedürfnissen. Sex ist persönliche Freiheit. Sex ist Ausdruck von Autonomie. Begehren und Begehrtwerden? Pures Selbstgefühl. Und der Lustgewinn, nun, der erklärt sich wohl von selbst.

Und gleichzeitig gibt es kaum einen anderen Lebens- und Liebesbereich, der so wenig verhandelbar ist, und wo ein Nein so mächtig ist. Sex ist weder alles noch nichts. Doch seinen Einfluss auf unsere emotionalen Grundbedürfnisse sollten wir nicht unterschätzen. So hat natürlich auch die etwas schläfrige Sexualität von Marie und Jonas dazu beigetragen, dass die zwei aktuell in einer Sackgasse stecken.

Doch wer sich die eigenen unerfüllten Sehnsüchte so offen und ehrlich eingesteht wie diese zwei, kann intervenieren …

Impuls: Familienaufstellung

Schleich dich ins Kinderzimmer und schnapp dir eine Kiste mit Schleichtieren, Legomännchen oder Holzklötzen. Hast du das alles nicht zur Hand, gehen auch Steine oder Dinge, die du zufällig unter deinem Sofa findest. Wähle nun jeweils einen Gegenstand für jedes Familienmitglied aus und stelle eure Familie damit auf dem Tisch oder Boden so nach, wie es euch – also dir, deinem Partner und deinen Kindern – deinem Gefühl nach entspricht. Wer steht bei wem? Wer schaut auf wen? Wie weit ist wer von wem entfernt? Du kannst hier so mit Nähe und Distanz spielen, wie du es in eurer Familie wahrnimmst. Macht diese Übung am besten gleichzeitig, ohne beieinander abzugucken. Du stellst deine Familie genau so auf, wie du es fühlst.

Sprecht anschließend über folgende Fragen:
Wie ging es euch beim Aufstellen? Welche Gedanken gehen euch durch den Kopf, wenn ihr eure Familienaufstellungen vergleicht? Was glaubt ihr, wie es eurem Partner auf seinem Platz geht? Was hat euch an der Aufstellung des anderen überrascht? Für wen gäbe es einen besseren Platz? Welche Bedeutung haben die Figuren oder Tiere, die ihr füreinander ausgewählt habt? Wie hätten eure Kinder eure Familie gestellt? (Natürlich könnt ihr sie auch einfach bitten, es zu tun.)

Entwickelt schließlich ein gemeinsames Bild für die Zukunft. Wer steht dann wo? Woran werdet ihr merken, dass ihr den Platz habt, den ihr haben wollt? Und wie sieht der Weg dahin aus?

Familienaufstellung mit Tierfiguren

Lösungsorientierte Gedanken zum Thema Nähe, Intimität und Sexualität im Elternzeitalter

Man sagt, Liebe ist das Einzige, was mehr wird, wenn man es teilt. Das ist natürlich wahr. Aber ein klitzekleines bisschen ist es auch unwahr. Denn was ist Liebe ohne Zeit und Aufmerksamkeit?

Wir haben ja schon festgestellt, dass ein Rückgang an diesen Ressourcen so etwas wie eine kausale Konsequenz des Elternseins ist. Daran kommt niemand vorbei. Denn das Baby fordert die Zeit, Energie und Liebe, die wir vorher anderen Bereichen in unserem Leben gewidmet haben – wie unserem Partner.

Was können Eltern dagegen tun? Nun, im ersten Schritt dürfen sie das erst einmal akzeptieren. Es ist, wie es ist. Unsere Babys und Kinder brauchen uns. Sie sind bedürftiger und abhängiger als der Partner. Unsere Kapazitäten und Prioritäten verändern sich. Das können wir nicht verhindern. Genau wie wir die Pubertät eines Kindes nicht aufhalten können. Aber wir können in dieser Phase eines lernen: bedingungslos zu lieben und liebevoll zu kommunizieren. Das ist der Schlüssel.

Es ist evolutionär gewollt, dass sich unser Fokus anfangs voll auf diese kleinen Wesen richtet. Wer jetzt den Anspruch hat, dass in der Paarbeziehung alles beim Alten bleibt, oder dieselbe Präsenz und Zugewandtheit erwartet, der wird vermutlich enttäuscht oder stresst sich zusätzlich. Das Ich verändert sich durch die Elternschaft. Das Wir auch. Und das ist okay.

Eigentlich ist es sogar gut, denn durch die Elternschaft kann die Beziehung einen unglaublichen Entwicklungsschub machen. Das hat uns zwar so keiner beigebracht, aber es ist so ähnlich wie mit den Kinderkrankheiten: Das Kind wird krank, fiebert, baut Antikörper auf – und macht danach einen großen Entwicklungssprung. Und so ist es auch mit unseren Beziehungen.

Es kann ein paar Monate oder vielleicht sogar Jahre brauchen, bis die Paarliebe sich der Elternschaft und den neuen Umständen angepasst hat. Wir dürfen nur nicht denken, dass die Transformation ohne unser Zutun geschieht. Um bei dem Vergleich zu bleiben: Ein krankes Kind braucht besonders viel Fürsorge und Nachsicht. Anfangs ist uns die Säuglingspflege wichtiger als die Beziehungspflege, auch das ist durchaus verständlich – nur sollten wir den Zeitpunkt nicht verpassen, wo wir unsere Ressourcen wieder fair verteilen statt nur danach, wer am lautesten schreit.

Es macht durchaus Sinn, in der Schwangerschaft die Zeit zu zweit noch einmal ganz bewusst zu nutzen und viele Erinnerungen zu erschaffen, die uns durch »schlechte Zeiten« bringen. Dieses Prinzip gilt im Grunde für die gesamte Partnerschaft: Wir sammeln immer wieder Fettpolster an, von denen wir im Winter zehren.

Neulich ging ich in eine kleine Sauna in einem dänischen Hafen. Von dort, wo ich saß, konnte ich nicht nur die Boote beobachten, sondern auch die Menschen, die sich tapfer ins Eisbecken wagten – natürlich wohl wissend, dass sie sich gleich wieder in der warmen Sauna aufwärmen können. Nur so hält man die Kälte nämlich aus: mit der Aussicht auf Wärme. Mit der Liebe ist das ähnlich. Wir ertragen die Durststrecken, in denen es an Zeit, Energie und Nerven und folglich auch an intensiver Zuwendung fehlt, wenn wir wissen, dass auch wieder bessere Zeiten kommen – und wenn wir sicher sein können, dass der Partner uns nicht auch morgen und übermorgen und überübermorgen vergisst, weil er es heute getan hat. Doch diese Gewissheit bringt uns nur die Erfahrung. Und das wiederum bedeutet, dass es in unserer Verantwortung liegt, für den nächsten Saunagang oder Aufguss zu sorgen, statt darauf zu vertrauen, dass wir es ewig im Eiswasser aushalten werden.

Andernfalls finden wir uns eines Tages in einer Fernbeziehung wieder, geführt aus nächster Nähe. Eine Zeit lang kann die Liebe das aushalten. Kann den Mangel an Zuwendung und Aufmerksamkeit verzeihen. Doch auf Dauer reicht es ihr nicht, nebeneinander zu existieren, sie möchte, dass wir miteinander leben.

Die gute Nachricht: Liebe verschwindet nicht über Nacht. Trotzdem wird ihr leiser, stiller Abschied oft zu spät bemerkt. Meist erst dann, wenn die Hoffnung, dass alles von allein besser wird, der Gewissheit weicht, dass die Distanz unüberwindbar geworden ist. Natürlich werden einige Dinge mit der Zeit wirklich von ganz allein wieder besser. Unsere Kinder werden größer und selbstständiger, und wir werden als Eltern kompetenter und entspannter. Wir spielen uns als Elternpaar ein. Das bedeutet aber nicht, dass wir automatisch auch zu uns als Liebespaar zurückfinden. Einer unserer größten Fehler in der Liebe ist, zu glauben, dass wir ewig Zeit haben. Zu oft warten wir darauf, dass sich die Dinge im Außen verändern, damit wir Frieden in unserem Inneren finden. Wenn das Baby erst durchschläft, dann … Wenn er erst im Kindergarten ist, dann … Wenn sie erst richtig sprechen kann, dann … Liebe ist nichts, was einem einfach in den Schoß fällt, egal, wie groß unsere Kinder sind, auch wenn die Rahmenbedingungen sich dadurch zweifelsohne verbessern können.

Liebe und Intimität müssen bewusst belebt und gelebt werden. *Jetzt. If you don't do it, you loose it.* Denn wie singen meine Freunde in einem ihrer Songs: »Auf dem Weg nach verlorener Zeit ist der Weg doppelt soweit.«[2]

Herzmoment: Love Bucket List

Nehmt euch fünf Minuten Zeit und schreibt (jeder für sich) fünf Dinge auf, die ihr schon länger unbedingt mal wieder miteinander machen wollt, aber immer wieder aufschiebt. Sucht nun gemeinsam eine Sache auf der Liste raus, die ihr sofort angeht beziehungsweise für die ihr euch hier und jetzt verbindlich verabredet. Die restlichen Ideen und die Verantwortung für die Umsetzung teilt ihr verbindlich auf. Wer organisiert was? In welchem Zeitraum wollt ihr eure Ideen umsetzen?

Ein paar Ideen, um einander nah zu sein:

- Schon vor der Geburt eures Babys könnt ihr kleine Zettelchen mit Liebesbotschaften vorbereiten, die ihr eurem Partner unter das Kopfkissen oder die Jackentasche schummelt, wenn ihr etwas Liebe und Zuneigung verschenken wollt, obwohl ihr wenig Zeit und Energie habt. Auch eine kurze SMS, ein Foto, das voller Kribbeln und Erinnerungen steckt, ist in Zeiten des Smartphones schnell verschickt.
- Im Elternalltag bleibt uns manchmal nicht mehr als ein aufrichtiges »Ich liebe dich«, um zu zeigen, dass wir den anderen sehen, fühlen und lieben. Also spart nicht daran.

- Wiederkehrende Rituale sind gut. Denn je genauer wir wissen, wann wir wieder in der Sauna sitzen werden, umso leichter halten wir es im Eiswasser aus. Natürlich ist der Elternalltag unberechenbar. Murphys Law scheint für Eltern erfunden worden zu sein. Hat man endlich einen Babysitter engagiert, den Lieblingstisch im Restaurant reserviert und sich mal wieder in ein Outfit ohne Milchflecke geworfen, kann man im Grunde darauf wetten, dass man beim Tschüsssagen von seinem Baby angespuckt wird: Magen-Darm statt Liebescharme. Doch das Risiko, zu scheitern ist meiner Meinung nach kein ausreichend guter Grund, es gar nicht erst zu versuchen.
- Im Übrigen sind solche richtigen Ausgehdates zwar schön und aufregend, aber nicht unbedingt nötig, wenn es darum geht, einander nah zu sein. Es geht lediglich darum, gemeinsame Momente zu sammeln. Diese müssen nicht besonders dekadent sein und können durchaus zu Hause auf dem Sofa, in der Badewanne oder beim gemeinsamen Kochen stattfinden. Insbesondere dann, wenn uns Eltern mal die Energie fehlt, um aufwendige Dates oder einen Babysitter zu organisieren. Es geht weniger darum, was ihr tut, sondern dass ihr es tut. Gemeinsam.
- Das gilt auch für Intimität. Verabredet euch bewusst, um Intimität herzustellen. Das kann emotionale Intimität sein oder körperliche Intimität. Oder beides. Was immer ihr braucht. Ist die Sexualität sehr festgefahren, empfehle ich allerdings eher zwei bis drei Wochen eine gezielt verabredete Sexruhe. Kleiner Fingerschwur: Kein Sex! Denn oft wollen Frauen Nähe, wollen knutschen, wollen kuscheln – haben aber Angst, dass er all diese Dinge nur tut, damit mehr passiert. Also wird körperliche Nähe sicherheitshalber gänzlich vermieden, um Frust vorzubeugen. Frustrierend oder? In diesen Wochen könnt ihr einander nun umarmen, küssen, streicheln und massieren. Ihr könnt einander nah kommen, Berührung zulassen, ohne euch verpflich-

tet zu fühlen – und euch dabei täglich oder wöchentlich steigern. Wer weiß, was aus dieser Freiwilligkeit entsteht: Alles darf, nichts muss …

- Apropos Sex: Kein Thema steckt so voller Scham, Sehnsucht, Tabuisierung, Zurückweisung, Frust, Ohnmacht und Verletzlichkeit – weshalb viele Paare überhaupt nicht gern darüber sprechen. Das Thema Sex steckt aber auch voller Potenzial. Und wenn wir David Schnarch glauben können, dann haben wir die besten sexuellen Zeiten unseres Lebens ja noch vor uns. Aber wir müssen uns trauen, darüber zu sprechen und neue Dinge auszuprobieren, wenn die alten es nicht mehr bringen. Für unverkrampfte Sexgespräche empfehle ich möglichst öffentliche Orte, an denen man auf keinen Fall Sex haben kann. Das nimmt den Druck raus, das Gesagte gleich umsetzen zu müssen, und verleiht dem Ganzen einen Hauch alltäglicher Normalität. Einigen Paaren hilft es auch, sich nicht über sich selbst zu unterhalten, sondern über dieses eine Pärchen mit Sexproblemchen. Sie dürfen dann mutmaßen, was helfen würde, was ihr gefallen könnte und was er wohl mag …
- Die Zeit und Energie für große Paaraktionen fehlen, doch das ist kein Grund, die Liebe völlig aus dem Fokus zu rücken. Denn die Liebessprache des Alltags ist unscheinbar. Eine geborgene Umarmung hier, ein liebevoller Kuss dort. Eine flüchtige Berührung. Eine selbstlose Geste. Ein aufrichtiges Lächeln. Ein tiefer Blick in die Augen. Ein nettes Wort. Mehr braucht es oft nicht, um aus Distanz wieder Nähe zu machen.
- Eine einfache Frage – »Wie geht es dir heute?«, »Wie war dein Tag?«, »Brauchst du etwas?«. Auch das sind kleine Momente, die nichts kosten und dennoch so viel wert sind.
- Einige Paare sind der Meinung, dass sie sich gerade so schlecht miteinander verstehen, dass die Zweisamkeit ihnen auch nichts bringen wird. Außer Streit vielleicht. Aber das ist ungefähr so,

als würden wir behaupten, dass wir nicht duschen können, weil wir zu schmutzig sind.

- Wenn ihr mögt, stellt irgendwo gut sichtbar an einem Ort zwei Gläser mit Sand, Reis oder Konfetti auf: Das ist euer Liebestank. Jeder darf die Füllhöhe von seinem Glas in regelmäßigen Abständen verändern, um füreinander (und sich selbst) bewusst und sichtbar zu machen, wie es ihm in der Beziehung gerade geht. Immer ein offenes Ohr und Verständnis zu haben für die gefühlte Situation des anderen, das schafft Verbindung, Nähe und Intimität.
- Hilfsmittel sind erlaubt: Programmiert euch eine kleine Handyerinnerung. Oder besser noch zwei: eine, die euch daran erinnert, was für wundervolle und liebenswerte Menschen ihr seid, und die zweite als Liebes-Reminder: Habe ich ihr/ihm heute schon gezeigt, dass ich sie/ihn liebe? Das mag dir anfangs künstlich oder heuchlerisch vorkommen, weil wir die romantische Idee in uns tragen, dass der Liebesimpuls immer spontan und echt sein muss. Liebe ist aber nicht nur ein Gefühl, sondern ein Stückweit auch eine Entscheidung. Vielleicht ist es ein wenig wie mit dem Lachen und der Freude. Wer Freude empfindet, der lächelt. Doch es funktioniert auch andersrum. Auf das eigene (gefakte) Lächeln reagiert der Körper mit echter Freude.

Reflexionsfragen

- Wann fühle ich mich meinem Partner nah?
- Wann fühle ich mich geliebt?
- Wie zeige ich meine Liebe?
- Wann fühlt sich mein Partner geliebt?
- Kommt bei ihm an, was ich zu geben versuche?
- Wie viel ungeteilte Zeit zu zweit hatten wir in der letzten Woche? Reicht uns das so? Oder wollen wir mehr?

- Wo und wann wünschen wir uns mehr Zuwendung?
- Was sind wir bereit, dafür zu geben oder zu entbehren?

Emotionale und körperliche Nähe

Die Beziehung von Elternpaaren hat laut Martin Koschorke drei Ebenen: Wir sind Alltagsbuddys. Eltern. Liebende. Wenn es kriselt, dann weil auf einer der Ebenen oder auch auf mehreren Ebenen etwas nicht stimmt. Herauszufinden, auf welcher Ebene das Paar Schwierigkeiten hat, macht es nicht nur wesentlich leichter, das Problem zu erkennen und zu beheben. Die Erkenntnis, dass es nach wie vor Ebenen gibt, auf denen man als Paar gut funktioniert, kann zudem sehr hoffnungsvoll und verbindend sein. Ein weiterer Effekt: Kennen wir die ursächliche Konfliktebene, laufen wir nicht Gefahr, die falsche »Medizin« zu verabreichen. Paare hängen sich nämlich oft an »handfesten« Problemen auf, die sich rational lösen lassen könnten – es aber nicht tun, weil das Problem viel diffuser ist.

Als Judith und Maike in die Beratung kamen, konnten sie nur schlecht beschreiben, was los war. Sie waren sich lediglich einig darin, dass ihre Beziehung sich irgendwie »aufgehangen« hatte, wie eine App, die immer abstürzt. »Wir sind eigentlich ein super Team«, sagt Maike. »Wir arbeiten beide, packen beide im Haushalt mit an, haben keine Geldsorgen und sind uns meistens auch einig, wenn es um unsere Kinder geht. Klar streiten wir auch mal über diese Themen, aber im Großen und Ganzen könnte es besser kaum sein. Und trotzdem fehlt uns irgendwas. Wollen wir zu viel? Sind wir undankbar? Haben wir eine falsche Vorstellung von der Elternliebe?«, fragt mich Judith. »Wow!«, sagte ich. »Dann funktioniert ihr ja auf zwei der drei Ebenen beispielhaft gut. Was für eine bewundernswerte Basis. Wie schafft ihr das?«

Eine Frage, die die Ressourcen des Paares sichtbar macht, aber auch zeigt, worauf der Fokus der Beziehung aktuell gerichtet ist. Und der war überall, aber kaum beieinander.

Das Wissen um die drei Ebenen – Alltagsbuddys, Eltern, Liebende – brachte Licht ins Dunkel und ein Bewusstsein dafür, was für ein Geschenk es ist, sich so gut zu verstehen. Die Schlüsselfrage war aber nicht, was bei Judith und Maike los war, sondern eher, was nicht los war. Sie funktionierten super als Alltagsbuddys, die das gemeinsame Leben organisierten, finanzierten und einander gute Freunde waren. Auch auf der Elternebene hatten sie sich nach den anfänglichen Revierkämpfen gut eingespielt, kannten ihre Stärken und respektierten den Tanzbereich des anderen. Aber die Liebesebene war chronisch unterversorgt. Doch daran kann man arbeiten, wenn man sich dessen bewusst ist.

»Was fehlt euch?«, fragte ich beide ganz direkt. »Nähe!« War die Antwort. »Okay. Und woran würdest du merken, dass du Maike wieder näher bist, Judith?« »Wenn ich wieder Lust auf Sex hätte vielleicht.« »Und mal angenommen, du hättest wieder Lust auf Sex, was ist dann vorher passiert?« »Irgendwas, was Nähe erschafft.« (Beide lachten.) Und Maike sagte grinsend: »Sex?«

Seit der Geburt der Kinder pausierte die Liebesebene der beiden lange Zeit. Zumindest war sie die am wenigstens genährte und beachtete Beziehungsebene – und das gilt für die meisten Elternpaare, obgleich natürlich nicht alle das Glück haben, dass die beiden anderen Ebenen so gut funktionieren. Diese Ebenen zu trennen ist auch deswegen wichtig, weil es uns ermöglicht, einander bedingungslos zu lieben: *Ich bin nicht mit allem einverstanden, was du als Mutter entscheidest. Aber das ändert nichts an meiner Liebe zu dir als Frau.*

Viele Menschen strafen ihre Partner unbewusst auf der Liebesebene für deren Defizite auf der Elternebene. Das führt leider dazu, dass Konflikte sich wie ein Virus auch auf eigentlich gesunde Ebenen ausbreiten können, wodurch ihnen am Ende gar kein harmonischer Paarraum mehr bleibt.

Im Fall von Judith und Maike war diese Dynamik zum Glück noch sehr schwach, obgleich die vernachlässigte Liebe zwischen den beiden die Lunte auf den anderen Ebenen bereits spürbar verkürzte. Sie waren tendenziell strenger miteinander als früher und unzufriedener. Wenn es auf der Liebesebene kriselt, können wir alle anderen Ebenen noch so gut sortieren und beackern, das, was das Paar tief im Inneren ausmacht und von Mitbewohner*innen oder einer Erziehungsgemeinschaft unterscheidet, fehlt: das Herz. Ohne Herz ist alles nichts. Das eigentliche Dilemma der beiden war nämlich Folgendes:

Judith wünschte sich zweisame Momente, tiefe Gespräche und mehr Emotionalität von Maike. Maike wiederum tat sich schwer mit diesen Dingen, weil sie sich schon länger abgewiesen fühlte und sich so sehr nach körperlicher Nähe und Geborgenheit sehnte. Judith wiederum konnte sich sexuell nicht hingeben, solange die beiden so eine emotionale Distanz trennte. »Du bist mir irgendwie fremd geworden, Maike.« Eine harte, aber wichtige Wahrheit. Für Judith war klar: Erst muss die Emotionalität stimmen, dann kann ich mich einlassen. Sex war für sie zweitrangig, und das hatte zur Folge, dass sie Maikes Wunsch nach körperlicher Annäherung deklassierte und abtat. Und so geht es vielen Paaren. Doch wieso? Wieso sollte das emotionale Öffnen für einen anderen Menschen so viel leichter und so viel weniger intim sein als das körperliche Öffnen für jemanden? Im Grunde berühren wir den Körper mit der Seele und die Seele mit dem Körper.

Die beiden einigten sich auf die oben erwähnte dreiwöchige Sexruhe, wurden in dieser Zeit aber trotzdem emotional und körperlich intim. Sie schenkten sich an drei bis vier Abenden in der Woche 30 Minuten gemeinsame Zeit. 15 Minuten redeten sie in einer Art Zwiegespräch miteinander (das lernst du später noch kennen).

Dabei war das Thema anfangs nebensächlich. Es ging um die gegenseitige Aufmerksamkeit. Mit der Zeit wurden die Themen aber tiefer und emotionaler. In den anderen 15 Minuten schenkten sie sich körperliche Zuwendung (Arm in Arm liegen, Streicheleinheiten und Massagen), ohne einander sexuelle Avancen zu machen. Das schafften die beiden allerdings nicht einmal annähernd drei Wochen: Die Leidenschaft erwachte früher.

Nähe ist nichts, was einfach passiert. Wir müssen sie erschaffen. Egal, wie klein die Gesten und Momente sind. Sie zählen. Es geht darum, einander nicht zu vergessen – und sich nicht um das exklusive zweisame Gefühl bringen zu lassen. Es geht um Zweisamkeit, selbst wenn Zweisamzeit rar ist. Koste es, was es wolle. Koste es die letzten 24 Euro für den Babysitter, koste es das letzte müde Lächeln. Koste es die letzte halbe Stunde Zeit. Zeit, die wir sinnvoll miteinander und nicht nur nebeneinander verbringen. Koste es, was es wolle! Eine Trennung kostet mehr.

Herzmoment: Bindung durch Berührung

Es gibt viele Gelegenheiten, um einander zu berühren und zu spüren. Erinnere dich daran, wann und auf welche Weise ihr in den letzten zwei Tagen zärtlich miteinander gewesen seid, und schenkt euch heute und morgen ganz bewusst kleine Berührungen und Momente im Alltag. Ein zärtlicher Kuss zum Abschied. Fünf Minuten Kuscheln vor dem Aufstehen. Eine zärtliche Berührung im Vorbeigehen. Ein neckischer Kniff in den Po. Händchenhalten bei einem Spaziergang.

Der Verlust von Kontrolle und Autonomie

Nie zuvor war unser Leben so von »Müssen und Sollen« bestimmt wie in der Elternschaft – außer in der eigenen Kindheit vielleicht. Doch selbst da haben wir Schlupflöcher gefunden, um uns hier und da vor unseren Pflichten zu drücken. Schwänzen, wegducken, sich dumm stellen oder »Wer sich zuerst bewegt, hat verloren« spielen. All das funktioniert jetzt nicht mehr. Wir hingegen funktionieren jeden Tag. Nicht mal ein Krankenschein kann uns raushauen. Kinder, insbesondere Babys, fordern unsere stetige Präsenz und Fürsorge. Die Fremdbestimmung hängt wie ein riesengroßes Damoklesschwert über der Elternschaft. Denn trotz aller Bereicherungen büßen wir auch etwas ein: große Teile unserer Autonomie, beispielsweise.

Marie und Jonas

Marie: »Ich bin gern Mutter. Mit jeder Faser meines von Dehnungsstreifen übersäten Körpers. Aber ich habe echt nicht damit gerechnet, wie sehr mich die fehlende Selbstbestimmung aus den Latschen hauen würde. Als ich noch keine Kinder hatte, da hatte ich einen genauen Plan, wie das alles laufen würde. Wenn andere Frauen erzählt haben, dass sie nicht wissen, wann sie das letzte Mal geduscht haben oder allein auf dem Klo waren, habe ich innerlich den Kopf geschüttelt und gedacht: Wie kann man nur so übertreiben? Karma, würde ich sagen! Heute weiß ich nämlich, dass das Untertreibungen waren. Ich war früher echt ein Planungsmensch, der seine Routinen mochte. Aufstehen, Yoga, Duschen, Kaffee mit Jonas, ab zur Arbeit, Feierabend machen, Einkaufen, nach Hause kommen, die Spülmaschine ausräumen, auf der Couch lesen und warten, bis Jonas nach Hause kommt. Mindestens einmal die Woche habe ich mich mit meinen Mädels getroffen, und Sport war mir auch superwichtig. Jetzt bin ich halt zu Hause.

Wann ich aufstehe, wann ich dusche, ob ich warmen oder kalten Kaffee trinke, ob ich beim Einkaufen die Hälfte vergesse, weil mein Baby schreit oder ich mich nicht konzentrieren kann, wann ich putze und ob ich mal was anderes als Kinderbücher lesen kann – das entscheidet im Grunde alles Milan für mich. Wäre Milan nicht mein Sohn, sondern mein Mann, hätte ich mich sicher längst von ihm getrennt (lacht).

Ordnung war mir eigentlich immer wichtig, das ist gerade wirklich ein Punkt. Ich habe einfach keine Kontrolle mehr über meine eigenen vier Wände. Nicht mal über meinen eigenen Körper. Ich bin zutiefst beeindruckt und gleichzeitig frustriert, wie viel Chaos ein so kleiner Mensch machen kann. Manchmal ist unsere Wohnung sogar für #mehrrealitätaufinstagram überqualifiziert. Meistens sieht sie so aus, als hätte das Baby Putzdienst.

Dabei ist mir Ordnung im Außen wichtig für Ordnung in meinem Inneren. Da geht's sicher viel um Kontrolle und Sicherheit – vielleicht motze ich deshalb so viel an Jonas rum. Würde er einige Sachen allein bemerken oder mir Milan öfter ungefragt abnehmen, dann würde es mir besser gehen, denke ich.

Und auch gesellschaftlich fühle ich mich degradiert. Ich habe wirklich einen tollen Job. Hatte Einfluss und Erfolg. Ich habe jede Woche genau gesehen, was ich geschafft habe. Heute geht es manchmal nur darum, irgendwie den Tag rumzukriegen. Früher fieberte ich dem Abschluss eines wichtigen Projektes entgegen, heute freu ich mich über »Pipi ins Töpfchen«. Ich will da keine Wertung reinbringen. Für mich ist beides ein Grund zur Freude – aber in den Augen meiner Kollegen zum Beispiel bin ich gerade nur »die Mutti«. Das fühlt sich doof und unfair an, obwohl ich es liebe, Mutter zu sein. Und auch wenn ich mir nicht vorstellen kann, gänzlich mit Jonas zu tauschen, bin ich manchmal neidisch auf ihn, weil sich für ihn scheinbar gar nicht so viel geändert hat.

Maries Geschichte ist nahezu ein Musterbeispiel, würde ich sagen. Für die Über- und Unterforderung und für die nervige Fremdbestimmung. Aber auch für den eingeschränkten, durch die eigene Not verschleierten Blick auf den Partner. Wie drückte es mein Kollege, ebenfalls Paartherapeut, mit einem schelmischen Lächeln auf den Lippen vor einer Weile aus:

Ihr Leben war selbstbestimmt. Bis sie Mutter wurde.
Sein Leben war selbstbestimmt. Bis sie Mutter wurde.

Obgleich es natürlich nicht (nur) die Frauen sind, die die Selbstbestimmung des modernen Mannes auf dem Gewissen haben, enthält das, was hier auf den ersten Blick wie das Zitat eines rückständigen Chauvinisten wirkt, tatsächlich etwas Wahres.

Unabhängig und selbstbestimmt zu leben, dieses Ziel haben Frauen heute weitestgehend erreicht. Auch wenn wir natürlich noch immer mit vielen Rudimenten des Patriarchats zu kämpfen haben, so sind wir in unserer Lebensgestaltung heute doch so frei wie nie zuvor. Zumindest sind wir auf dem Weg dahin. Privat, beruflich, gesellschaftlich, politisch, überall.

Der Wunsch, eine unabhängige Frau zu sein, ist in unsere mentale DNA übergegangen. Er gehört zu unserem Selbstbild, zu unserer Identität, zu unserem Anspruch. Und nichts davon endet einfach dort, wo Mutterschaft beginnt. Grundsätzlich ist das natürlich großartig und dem früheren Leben – als Frauen noch nicht einmal ohne Einverständnis ihres Mannes einen Führerschein machen oder arbeiten gehen durften – vorzuziehen. Allerdings ist der Schritt in die Mutterschaft dadurch heute auch ein größerer als beispielsweise in den 1950er-Jahren – zumindest mit Blick auf die Fremdbestimmung und die Entbehrungen. Das Leben mit kleinen Kindern ist per se ein fremdbestimmtes – damals wie heute. Doch heute sind wir diese Fremdbestimmung weniger gewohnt. Wir geben tatsächlich mehr auf. Und über diesen Abschied dürfen Mütter trauern, auch wenn das so gar nicht dem Mutterbild entspricht, welches wir uns so gern ausmalen. Denn darin wiegt die Freude, über all das, was wir dazubekommen, den Schmerz des Verlustes doppelt und dreifach auf. Doch diese Rechnung geht nicht für alle Frauen auf. Auch nicht für Marie.

Ihr Leben und Lieben war erfüllt. Jonas und sie waren eines von den Paaren, die sich viele Freiheiten zugestanden und diese auch genossen. Sie lebten eine moderne, tolerante und gleichberechtigte Partnerschaft. Beide waren sich einig, dass sie die gleichen Rechte und Pflichten haben. Beide waren erfolgreich in ihrem Job, beide trafen eigene Freunde, beide verreisten sogar regelmäßig allein. Da die beiden entschieden, dass Marie mit Milan in den ersten zwei Jahren zu Hause bleibt, veränderte sich ihr Leben durch die Mutterschaft deutlich stärker als das von Jonas durch die Vaterschaft. Sie war mit mehr Verzicht und Verantwortung konfrontiert. Denn Milan gab in ihrem Alltag jetzt den Rhythmus vor. Die einfachsten Dinge wie Essen, Schlafen oder Duschen, wann frau es möchte, sind plötzlich nicht mehr selbstverständlich.

Und ja, natürlich sind Frauen dadurch manchmal neidisch auf ihre Männer. Natürlich denken sie, dass es nur fair wäre, wenn auch er Verzicht erleidet.

Francesca und Jakob

Friedemann Karig interviewt in seinem Buch *Wie wir lieben* viele Paare, so auch Francesca und Jakob. Beide führten viele Jahre eine Beziehung, in der sie sich im Herzen treu blieben, einander aber (sexuelle) Abenteuer »erlaubten«. Seit sie seit etwa einem Jahr zwei Kinder haben, sind sie monogam – zumindest sind Abenteuer in Eigenregie aktuell nicht legitim, lediglich gemeinsame. Francesca ist zu Hause bei den Kindern, während Jakob als Tänzer viel umherreist. Obwohl die beiden alles andere als ein konservatives Paar sind, knabbern auch sie an der klassischen Rollenverteilung, für die sich einige Paare bewusst entschieden haben, die bei diesen beiden aber, wie so oft, einfach irgendwie passiert ist. Für Francesca ist diese beidseitig monogame Phase ihrer Beziehung wichtig, weil sie gerade keine wirklichen Freiheiten hat. Und wäre ihre Beziehung weiterhin offen, wäre sie in diesem Aspekt wieder sehr unausgeglichen. Sie möchte um jeden Preis verhindern, dass sie in eine überholte Beziehungsform rutscht, in der der Mann mehr Macht und Recht auf sexuelle Freiheit hat als die Frau.

Für Jakob und Jonas aus den zwei letzten Beispielgeschichten veränderte sich durch die Vaterschaft natürlich ebenfalls einiges. Und damit meine ich nicht nur die von Francesca auferlegte Monogamie. Auch Väter spüren das Mehr an Verantwortung und das Weniger an Freiheit. Einfach länger im Büro bleiben oder sich spontan mit Freunden treffen, das geht jetzt nicht mehr, sagt Jonas. Zumindest nicht, ohne Marie zu verärgern. Und das ist natürlich auch verlorene Autonomie.

Was ihm aber am meisten zu schaffen machte, war, dass sich die Beziehung zwischen ihm und Marie verändert hat. Sie drängte jetzt auf seine Anwesenheit, kritisierte und kontrollierte sein Tun plötzlich und war anscheinend nie zufrieden mit ihm. Auch wenn Milans Geburt das Beste war, was ihm passieren konnte, und er die Zeit niemals wirklich zurückdrehen wollte, weint er der alten Marie-und-Jonas-Dyade manchmal hinterher. Natürlich nur heimlich. Leise und im Dunkeln. Denn er schämt sich dafür.

Wo früher jeder seine Rolle und seine Aufgaben ziemlich genau kannte, herrscht heute Unklarheit zwischen den beiden. Das führt zu einem Gefühl von *Ich leiste zu viel! Folglich leistest du zu wenig.*

Dass in vielen Fällen aber einfach die Gesamtlast der Eltern als Team nahezu untragbar geworden ist, das vergessen wir dabei oft. Selbst für zwei Menschen ist der Mental Load zu groß. Dadurch hagelt es gegenseitiges Unverständnis und persönliche Kritik. Es wird auch aneinander gezerrt und gezogen. Erzogen.

Vielleicht ist es das, was mein Kollege mit seinem provokanten Ausspruch meinte. Bis zur Elternschaft führen die meisten modernen Paare eine gleichberechtigte Beziehung mit klaren Grenzen um das Ich und das Wir und mit mehr oder minder klaren Rollenbildern. Gleiche Rechte, gleiche Pflichten für beide. Werden wir Eltern, geht die bisherige Rechnung einfach nicht mehr auf. Es kommt ja nicht nur eine neue Aufgabe namens »Kind« hinzu. Alles verschiebt sich. Unser Tagesablauf, unsere Prioritäten, unsere Kapazitäten, unser Energielevel.

Und da wir Familie und Partnerschaft heute anders leben als die Generationen vor uns, fehlt es uns an Erfahrung und Vorbildern. Und natürlich auch an Zwang. Liebe und Partnerschaft sind heute höchst freiwillig, höchst anspruchsvoll und am liebsten auch höchst romantisch. So wie wir Beziehung leben (könnten), konnte es vor uns noch keine Generation. Wir sind Pioniere. Testimonials. Prototypen. Dennoch sind wir alles andere als frei von Einflüssen und Erwartungen.

»Die Welt der Seele ist komplett zugemüllt von den gepanzerten Standards der Frauenzeitschriftenwelt«, sagte der Autor Rainald Goetz einmal in einem Interview.[3] In der Tat herrschen auch heute noch gewisse Standards und Bilder, wie dieses oder jenes aussehen könnte oder sollte – und gewiss haben Frauenzeitschriften, soziale Netzwerke und andere Medien einen erheblichen Anteil daran. Wo sonst passiert öffentliche Meinungsbildung?

Es herrscht ein mediales Trugbild der Elternschaft, das völlig unrealistische Maßstäbe setzt. Wirklich realitätserprobt sind diese Ideale aber selten. Über Machbarkeit, Nachhaltigkeit und Vereinbarkeit gibt es keinerlei Langzeiterfahrung. Und hinzu kommt, dass wir heute sehr individuell, wenn nicht sogar maßgeschneidert, leben können. Die Lösungen anderer haben nicht zwangsläufig auch die richtige Passform für unser Leben. Und doch bleiben wir in unseren Themen, Problemen und Sorgen verbunden.

Die Frau fürs Leben ist nicht das Mädchen für alles (Laura Fröhlich), *Das Unwohlsein der modernen Mutter* (Mareice Kaiser) oder *Liebling, ich habe die Kinder verschenkt* (Janine Kunze) sind Buchtitel, die deutlich zeigen, wie gut oder vielmehr wie schlecht Frauen sich aktuell in ihrer Mutterschaft gesehen und unterstützt fühlen. Übertrieben? Alles halb so schlimm? Wir werden sehen! Das Thema Rollenverteilung wird uns später noch einmal begegnen.

Aber ich kann aus meiner Erfahrung heraus schon einmal anteasern, dass die *gelebte Gleichberechtigung* nicht selten mit dem Milcheinschuss verloren geht. Und das führt dazu, dass laut John Gottman etwa 70 Prozent aller Frauen nach der Geburt eines Kindes ein steiles Absinken ihrer partnerschaftlichen Zufriedenheit erleben.[4] Auch der Schweizer Psychologieprofessor und Familienforscher Guy Bodenmann fand in einer seiner Studien heraus, dass die Zufriedenheit hart abknickt. Waren vor der Geburt des Kindes noch etwa zwei Drittel mit ihrem Partner glücklich, sind es danach nur noch etwa 38 Prozent.

Und auch wenn dafür hauptsächlich Schlafmangel, neue Verantwortung, finanzieller Stress, überhöhte Ansprüche, soziale Isolation, Einsamkeitsgefühle, fehlende Zeit für den Partner oder die Partnerin und sich selbst sowie die Überforderung mit dem kleinen 24/7-Bedürfnismonster plus die Unklarheit bezüglich der Aufgabenverteilung verantwortlich sind, entlädt sich diese Unzufriedenheit meist in der Partnerschaft beziehungsweise an der Partnerperson.

Natürlich auch, weil wir für all unsere schlechten Gefühle und den ganzen Frust ja schlecht unsere Kinder verantwortlich machen können. Oder wollen. Denn das wäre höchst unethisch und evolutionär bedrohlich. Also springt der Partner hilfsbereit, wenn auch unwissend und ungefragt, als Sündenbock für unseren Verlust an Autonomie und Kontrolle ein. Aus moralischen Gründen, aber auch, weil die Unzufriedenheit mit dem Partner aussichtsreicher ist und mehr Linderung verspricht – denn er oder sie könnte sich schließlich ändern oder die Situation anderweitig für uns verbessern. An unsere Kinder können wir diesen Anspruch ja schlecht stellen. Und so werden objektive Belastungen, wie der Verlust an Autonomie und Kontrolle, zum Fehler des anderen oder zum Beziehungsproblem erklärt.

Lösungsorientierte Gedanken zum Thema Elternautonomie

Mit der Elternschaft kommen viele Pflichten und gegenseitige Erwartungen dazu. Der Freiheitsraum eines jeden Einzelnen wird kleiner, genau wie der gemeinsame Paarraum. Das liegt in der Natur der Sache: Denn niemand bekommt zur Geburt seines Kindes zusätzliche Zeit oder ein Aufräumäffchen geschenkt. Ein Tag hat nach wie vor nur 24 Stunden, eine Woche weiterhin sieben Tage und das Jahr zwölf Monate. Wir müssen die Energie und die Zeit also von irgendwo abziehen. Und wo sparen die meisten Eltern in Ermangelung an Zeit? An Me-Time. Und Paarzeit. Es kommt zu einem Verteilungsproblem von Zeit, Energie und Liebe. Wollen wir nun wieder mehr Paarzeit haben, bedeutet das, dass wir uns unsere Zeit zurückerobern müssen. Ja, auch von unseren Kindern.

Natürlich können wir erst einmal die sinnlosen Zeitfresser entlarven: Weniger Smartphone und Social Media. Weniger Zwischendurch-Aufgeräume. Weniger Arbeit. Weniger Streit. Weniger Perfektion. Dadurch gewinnen wir tatsächlich wertvolle Zeit und Energie, die wir gut in die Paarbeziehung investieren können. Doch um wirklich einen spürbaren Unterschied zu machen, kommen wir nicht umhin, auch Zeit aus unserem Elternraum zu mopsen. Das Problem: Die Wand zwischen dem Eltern- und dem Paarraum ist oft mit schlechtem Gewissen tapeziert.

Also sagen wir lieber Nein zu unserem Partner als zu unseren Kindern. Irgendwann, wenn sie größer sind und uns weniger brauchen, dann können wir wieder mehr Paar sein. Bis dahin nehmen wir einfach das, was übrig bleibt, und tun so, als wäre das genug. Das macht uns vielleicht nicht glücklich. Aber zu guten Eltern.

Diese Rechnung geht aber selten bis nie auf. Weil Elternschaft mehr als Fürsorge ist. Sie ist Vertrauen. Zumutung. Vorbild. Und Verantwortung. Für alle. Der Tag, auf den wir warten – der, an dem unsere Kinder sagen: »Jetzt habe ich genug von dir, jetzt kannst du dich wieder um dich selbst und Papa kümmern« –, der kommt vielleicht nie. Oder zu spät.

Wenn es nur nach unseren Kindern ginge, ist es eventuell nie genug. Kinder leben im Moment. Für sie ist manchmal schon eine Stunde ohne Mama und Papa zu viel. Diese Stunde ohne uns mag ja sogar wirklich unangenehm sein. Unangenehm bedeutet aber nicht schädlich. Diese Unterscheidung ist von Bedeutung, denn Schädliches ist nicht zumutbar. Unangenehmes schon.

Eine Familie, in der alle gesehen werden sollen, funktioniert nicht ohne eine gewisse Fair-Teilung von Zumutung. Unser Job ist nicht, jeglichen Frust von unseren Kindern fernzuhalten. Ebenso wenig ist es der Job unserer Kinder, unseren Paarraum zu verwalten.

Wir sollten, und viel wichtiger noch, wir dürfen uns diesen Raum nehmen. Manchmal geht das Ja zueinander nur mit einem Nein zu unseren Kindern einher. Aber das ist okay. Denn eigentlich ist es kein Nein zum Kind, sondern ein Ja zur Familie.

Unsere Liebe, unsere Energie, unsere Aufmerksamkeit und unsere Zeit – all das gehört uns. Und wir dürfen all diese Dinge verteilen, wie wir wollen. Klar kriegen oft die Kinder den Zuschlag. Gerade wenn sie noch klein oder gerade besonders bedürftig sind, soll das ja auch so sein. Doch niemand bleibt gern auf immer und ewig die zweite Wahl. Niemand möchte den Menschen, den er liebt, dauerhaft entbehren oder gar verlieren. Nicht einmal an das eigene Kind. Wir dürfen den Zeitpunkt nicht verpassen, wo wir uns als Paar wieder annähern und uns Priorität einräumen. Auch wir haben Beziehungsbedürfnisse, die unsere Kinder nicht erfüllen können oder sollen. Um zu verhindern, dass Kinder zu Ersatzpartnern werden, müssen wir uns um unsere erwachsenen Beziehungen kümmern! Andernfalls fehlt es allen an Autonomie, auch unseren Kindern.

Rosi und Sven

Rosi und Sven haben drei gemeinsame Kinder. Als das jüngste Kind fast fünf und die beiden Großen 10 und 13 Jahre alt sind, sagt Sven: »Rosi, ich finde, es reicht jetzt. Jeden Abend wuseln die Kinder bis mindestens neun Uhr um uns herum. Und jeden Abend ist einer von uns fast eine Stunde mit der Einschlafbegleitung beschäftigt. Und an drei von sieben Tag schläft derjenige mit den Kindern ein. Ich möchte, dass wir etwas ändern. Ich möchte mehr von uns. Geht das?«

Rosi war perplex. Einerseits beeindruckt und geschmeichelt von so viel Klarheit, andererseits erschüttert von so viel Egoismus. (Was diese Klarheit und diesen gesunden Egoismus angeht, können Mütter durchaus etwas von Vätern lernen.) Beiden war klar, dass die Umgewöhnung fair bleiben muss und eine Weile dauern wird. Kinder können umlernen, müssen aber viele dieser Erfahrungen machen, um die neue Realität anzunehmen. Die Familie einigte sich auf folgendes Modell: Mittwochs ist Paarabend. Da verschwinden alle Kinder einzeln oder auch gemeinsam in ihren Zimmern, dürfen noch spielen oder Hörgeschichten hören und gehen nach einem saftigen Gutenachtkuss eigenständig ins Bett. Denn Mama und Papa möchten diesen Abend allein verbringen. Anfangs kamen die Kinder natürlich noch neugierig gucken, doch Rosi und Sven blieben bei sich und ihren Gesprächen: »Nein, ich habe jetzt keine Zeit für dich. Ich möchte mit deiner Mutter, meiner Frau, allein sein« – sodass alle Kinder schnell verstanden haben, dass das Nein an diesem Abend ein authentisches, unverhandelbares Nein aus Liebe zueinander ist.

Anfangs ging einer von beiden noch alle paar Minuten ins Schlafzimmer und streichelte das jüngste Kind auf der Bettkante des Familienbettes sitzend in den Schlaf: fünf Minuten mit Mama oder Papa kuscheln. Dann fünf Minuten mit dem Plüschtier. Dann wieder mit Mama oder Papa. Theoretisch zumindest. Denn entgegen Rosis Erwartung schlief ihr Nesthäkchen schneller denn je ein und ging (mittwochs) schon bald allein ins Bett. (Voller Stolz auf diesen Meilenstein und die neue Unabhängigkeit.)

Rosi und Sven hatten Glück. Natürlich kann so eine Umstellung auch mit mehr Frust und Herzschmerz einhergehen. Nicht alle Kinder und auch nicht alle Eltern tun sich leicht mit Veränderungen und Bedürfnisstrategien zweiter Wahl. Dass unsere Kinder uns der Babysitterin und dem Opa vorziehen, bedeutet aber nicht, dass wir ihnen eine Betreuung durch diese Menschen nicht zumuten können. Wenn es in meiner Lieblingseisdiele heute kein Schokoeis gibt, dann ist das traurig, weil ich Schoko am liebsten mag. Das heißt aber nicht, dass mir Vanille nicht schmeckt. Hätte ich die Wahl, würde ich Schoko nehmen. Da ich diese Wahl heute aber nicht habe, nehme ich Vanille. Zweite Wahl, aber dennoch eine gute. Wenn ich ehrlich bin, schmeckt es mir meistens sogar besser als erwartet.

Herzmoment: Wer wagt, gewinnt

Nimm dir einen Moment Zeit und sieh deinen Ängsten ins Auge: Was würde passieren, wenn du dich heute mal mehr um deinen Partner kümmerst als um deine Kinder? Sind deine Ängste wirklich berechtigt? Probiere es doch heute einfach mal aus und beobachte, wie deine Kinder und dein Partner reagieren.

Und wo bleibe ich?

Viele der Frauen, die ich kenne, haben den Anspruch, immer für alle da sein zu wollen, und vergessen sich dabei selbst. Manchmal, weil sie das eben mit dem Muttersein verbinden, manchmal auch, weil sie Angst davor haben, jemanden zu enttäuschen. Und ab und an auch, weil die Rolle der fürsorglichen Mutter die perfekte Tarnung für die Flucht aus einer verkümmerten Paarbeziehung ist.

Es ist schlichtweg nicht möglich, immer an alle zu denken und jederzeit allen gerecht zu werden. Das gilt natürlich auch für Väter. Wer es dennoch versucht, ist im Grunde zum Scheitern verurteilt und läuft Gefahr, sich vom schlechten Gewissen und Schuldgefühlen leiten zu lassen, statt von der Liebe. Deswegen möchte ich in aller Deutlichkeit sagen: Es ist okay, dass uns die Arbeit, persönliche Interessen oder Freunde zu bestimmten Zeiten wichtiger sind als unsere Familie. Deshalb liebt man seine Familie nicht weniger. Jeder Mensch hat das Recht, auch mal Zeit nur mit sich allein zu verbringen. Oder mit Menschen, die nicht zur Familie gehören. Mit diesem Recht geht aber die Pflicht einher, solche Auszeiten so zu planen und abzustimmen, dass sie den Partner oder die Kinder nicht überfordern.

Meine eigene Ehe lebt von der Autonomie, die wir aktiv einfordern, aber einander auch zugestehen. Wir unterstützen uns auch bei den Alleingängen. Wir erlauben uns Gedanken, Gefühle und Erfahrungen, die nur uns gehören. Ob es meine berufliche Neuorientierung war, meine Rundreise durch Peru oder der freie Dienstag jede Woche: Mein Mann hielt mir in dieser Zeit den Rücken frei. Dafür hat er jeden Donnerstag frei, ohne dass wir das stets neu verhandeln müssen. Er fährt jedes Jahr allein in den Surfurlaub, und ich habe Verständnis dafür, dass er im Sommer zu viel arbeitet und manchmal plötzlich vom Frühstückstisch aufspringt, weil der Wetterbericht Wind und Wellen verspricht.

Das bedeutet nicht, dass der andere damit immer glücklich ist, aber wir sind uns einig, dass diese gegenseitigen Freiheiten einer der Schlüssel unserer Liebe sind. Anders würde es nicht funktionieren. Anders wären wir nicht mehr die, in die wir uns verliebt haben. Anders wären wir wesentlich schlechtere Partner und Eltern.

Wenn ich davon spreche, dass mein Mann und ich jeder einen freien Tag in der Woche haben, dann meine ich damit nicht, dass wir an diesen Tagen nicht arbeiten. Das tun wir, wenn wir wollen, schon. An diesen Tagen haben wir vielmehr keine Familie als keinen Job. Zumindest haben wir an diesem Tag keine familiären Verpflichtungen. Ich kann arbeiten, solange ich will. Ich kann Freunde treffen. Ich kann wegfahren. Ich kann allein ins Kino gehen. Ich kann Sport machen. Ohne schlechtes Gewissen zu Hause auf dem Sofa abhängen oder in der Badewanne eine kitschige Serie gucken. Wieso wir das tun?

In unserem engsten Freundeskreis haben auch wir drei Trennungspaare. Vermutlich kennt jeder mindestens eines. Laut Statistik eher mehr. Neben den Herausforderungen, die eine Trennung eben mit sich bringt, haben wir in der Situation dieser Freunde aber durchaus auch ein paar Schätze erkannt. In diesen drei Fällen haben nämlich plötzlich alle mehr Zeit und Freiheit. Und damit meine ich nicht nur, dass dir im Alltag niemand mehr reinredet und du die Schokolade nicht mehr teilen musst. Zwei der Elternpaare leben heute ein Woche-Woche-Modell, was bedeutet, dass jeder eine Woche die Kinder hat. Das ist in der Alleinwoche natürlich manchmal anstrengend. Aber in der Freiwoche haben diese Eltern frei. Sie kümmern sich um sich. Um ihre Interessen. Um ihre Freunde. Und um ihre neuen Beziehungen. Sie können auftanken.

Also haben mein Mann und ich uns gefragt, ob es nicht einen Weg geben kann, diese Freiheiten zu bekommen, ohne sich trennen zu müssen. Die Vorteile einer Trennung, ohne die Nachteile einer Trennung? Klingt zu schön, um wahr zu sein? Vielleicht. Aber der freie Tag und alle die anderen Freiheiten, die wir uns geben und nehmen, sind eine wahre Bereicherung für uns und unsere Liebe.

Wir brauchen diese Autonomie. Diese Freiheit. Diesen Ich-Raum, der nur uns gehört und in dem wir uns unsere Bedürfnisse auch außerhalb der Partnerschaft und der Familie erfüllen können. Das entlastet uns und sorgt für ein gewisses Kribbeln.

Auf der anderen Seite können wir natürlich nicht so tun, als hätte sich unser Leben durch die Elternschaft nicht verändert und als hätten wir keine Verpflichtungen anderen Menschen gegenüber. Einfach weitermachen wie bisher? Das kann nur schiefgehen. Wer vor der Geburt seiner Kinder viermal wöchentlich zum Sport gegangen ist, wird sich nun eventuell auf zweimal begrenzen müssen, damit genügend Zeit für die Familie, die Partnerschaft und die Freiheit des Partners bleibt. Auch ein freiheitsliebender Mensch wird einige seiner Freiheiten vorübergehend begrenzen müssen. Trotzdem sollten wir nicht erwarten oder verlangen, dass ein Mensch sich selbst und all seine Freiheiten für die Familie opfert.

Gut zu wissen

Gleich ist nicht immer gerecht

Einige Menschen brauchen mehr Freiheit und Autonomie als andere. Daher ist »gleich« nicht unbedingt »gerecht«. Während dir ein freier Abend pro Monat völlig ausreicht, kann es gut sein, dass dein Partner einen oder zwei pro Woche braucht. Da gibt es kein Patentrezept. Fragt euch ehrlich: Was brauchen unsere Kinder? Was brauche ich? Was braucht mein Partner? Was braucht unsere Partnerschaft? Und wie schaffen wir es, alle so einzubinden, dass es weder zu viel noch zu wenig ist.

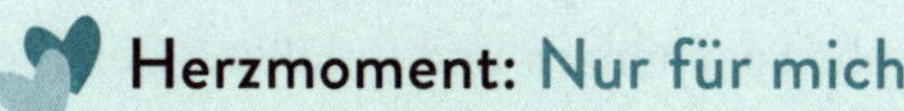

Herzmoment: Nur für mich

Schreib zehn Dinge auf, die du schon seit längerer Zeit mal wieder nur für dich tun wolltest, aber immer wieder aufschiebst. Such dir nun eine Sache aus und sprich mit deinem Partner ab, wann du diese eine Sache noch heute oder morgen, von mir aus auch übermorgen, umsetzen kannst. Bitte deinen Partner, dasselbe zu tun.

Reflexionsfragen für dich

- Mal angenommen, du wärst für einen Monat kinderloser Single. Was würdest du tun?
- Welche Wünsche und Bedürfnisse würdest du dir erfüllen?
- Und welche Wege gibt es, diese Bedürfnisse in ein Leben als nicht kinderloser Nichtsingle zu integrieren?

Die Veränderung des Selbstgefühls

In jedem von uns schlummern verschiedenste Anteile des Ichs. Ein ganzes Team. Ja, sogar ganze ungelebte Leben. Die amerikanische Psychotherapeutin Virginia Satir beschrieb und veranschaulichte das bildhaft als »Parts Party« in unserem Inneren, Friedemann Schulz von Thun nennt es innere Pluralität.

Diese üppige Persönlichkeitslandschaft ist einerseits wundervoll und die Basis dafür, dass der Mensch ein so anpassungsfähiges, soziales und fantasievolles Lebewesen ist – aber andererseits ist dieser Facetten- und Rollenreichtum, dieser Hauch von multipler Persönlichkeit, den wir alle in uns tragen, auch der Grund für viele inter- und intrapersonelle Spannungen und Konflikte. Denn manchmal stehen wir in einem nahezu unvereinbaren Spannungsfeld, zwischen unseren eigenen (unterschiedlichen) Anteilen und Bedürfnissen und den Bedürfnissen unserer Mitmenschen.

Der Psychotherapeut Hal Stone hat gemeinsam mit seiner Frau Sidra das Konzept der Hauptselbste entwickelt, durch das wir eine erste Idee bekommen, wer in unserem Innenleben, in unserer Gedanken- und Gefühlswelt, so alles mitredet: das innere Kind, der innere Beschützer, der innere Antreiber, der innere Perfektionist, der innere Kritiker sowie der innere Empathiker.

Mit Blick auf unser Selbstgefühl können wir an dieses Konzept anknüpfen, um zu verstehen, wer und wie viele wir sind – und warum durch die Elternschaft oft so eine innere Zerrissenheit entsteht. Denn in jedem von uns gibt es nicht nur unterschiedliche Stimmen mit unterschiedlichen Meinungen zu unterschiedlichsten Themen, es gibt ganze Persönlichkeitsanteile, Selbste, die wir mal mehr und mal weniger leben.

Bevor Jonas Vater wurde, war er mehr als nur ein Typ oder Maries Mann. Er war auch Abenteurer, Kulturliebhaber, Luftgitarrenspieler, Manager, Beschützer, Squashlegende, Rebell, Liebhaber, Gefährte und Visionär. Jetzt ist er vor allem eines: Vater und Versorger. Und das macht beispielsweise den Beschützer in ihm zweifelsfrei sehr, sehr glücklich. Aber wir können nicht erwarten, dass es auch den Abenteurer glücklich macht. Oder den Liebhaber.

Die Anteile, die in einen bestimmten Lebensabschnitt nicht gebraucht oder gewünscht sind, bewohnen dann eine der hinteren, abgeschlossenen Kammern in unserem Inneren. Weit weg vom Hauptgeschehen, damit sie unsere aktuelle Mission und Lebensaufgabe nicht vereiteln oder boykottieren können. Das geht recht lange gut – doch mit der Zeit können die Rufe der eingesperrten

Anteile lauter und ihr Verlangen unüberhörbar werden. Zumindest spüren wir ein Gefühl der Unvollkommenheit oder der Rastlosigkeit, weil etwas oder jemand in uns mehr oder etwas anderes will.

Dafür schämen wir uns zuweilen. Frauen mehr noch als Männer. Sie haben die wilde Frau, die Unabhängige oder die Rebellin zugunsten der Mutter in sich verdrängt. Doch dann und wann hören sie die verzweifelten und wütenden Rufe der Vergessenen aus ihrem Inneren und vermissen sich. So wie Ania. Und Marie.

Was ich damit sagen will, ist, dass sich unser Selbst durch das Elternwerden erheblich verändern kann – genau wie unsere Beziehung zueinander. Wir werden Facetten an uns kennenlernen, von denen wir gar nicht wussten, dass wir sie haben. Andere, vertraute und geliebte Anteile haben plötzlich gar keinen Raum mehr, und natürlich lernen wir auch unseren Partner oder unsere Partnerin noch einmal neu kennen. Es ist eine Findungsphase, in der niemand genau weiß, wonach er oder sie eigentlich sucht.

Marie ist zeitweise selbst erschrocken über sich. Sie kommt sich vor wie die Personifizierung von vielem, was sie nie sein wollte. Damit ist sie nicht allein, und bei genauerem Hinsehen ist ein Teil der Wesensveränderung auch einfach der Umstellung geschuldet. Häufig drängt sich dann eine Seite unserer Persönlichkeit in den Vordergrund – und das ist nicht immer unsere Schokoladenseite –, und andere Anteile müssen kürzertreten.

Wir können nicht alle Rollen bedienen. Es ist möglich und okay, gleichzeitig dankbar *und* wehmütig zu sein. Wir können erfüllt und ehrfürchtig all dem Schönen gegenüber sein, das durch unsere Kinder in unser Leben gekommen ist, und trotzdem hier und da unser altes Leben – oder unser altes Ich – vermissen.

Impuls: Mein inneres Team

Welche inneren Anteile hast du (vorerst) zurückgestellt? Wovon hättest du gerade gern mehr in deinem Leben – wovon weniger? Welche deiner Facetten können sich gerade nur schwer zeigen, weil in eurem (Familien-)Leben kein Platz dafür ist?

Perspektivwechsel: Stell dir dieselben Fragen einmal mit Blick auf deinen Partner? Wie geht es wohl seinem inneren Team? Und was glaubst du, denkt er/sie, was oder wer dir aktuell fehlt?

Tauscht euch dazu mithilfe folgender Fragen aus: Wie ist mein Befinden? Wie nehme ich deines wahr? Wie gut habt ihr euch in den Gedanken des anderen gesehen gefühlt? Was möchtet ihr ergänzen?

Wichtig: Bleibt bei euren eigenen Erzählungen unbedingt bei euch. Erzählt von eurem inneren Team, ohne das des anderen verantwortlich zu machen oder anzugreifen. Wenn ihr euch in einem zweiten Schritt gegenseitig eure Gedanken zum Team des anderen mitteilt, versucht dies frei von Wertung, aber voller Mitgefühl.

In unserer neuen Rolle als Elternteil und als Partner eines Elternteils sind wir anfangs – und manchmal auch für immer – unsicher. Wir alle machen Fehler. Aber wir alle machen auch verdammt viel richtig. Ein Fakt, den wir nur zu gern über uns selbst und den anderen vergessen.

Mutter und Vater zu werden, das macht uns angreifbar, verletzlich und fehlbar. Die Elternschaft kann zwar ein echter Selbstwertbooster sein — allein dadurch, dass wir neues Leben in die Welt gebracht haben —, aber oft ist es eben auch, als hätte jemand unserem Selbstwert einen Betonklotz ans Bein gebunden und ihn dann schwimmen geschickt.

Kürzlich veröffentlichte ich, trotz mittlerweile 13 Jahre Mutterschaft, folgenden Text auf Instagram:

An manchen Tagen fühle ich mich wie der Rockstar unter den Müttern. Dann kann ich den tosenden Applaus der imaginären Menschenmenge regelrecht hören, wenn ich von der Einschlafbegleitung aus dem Schlafzimmer komme und in Gedanken das Zertifikat »Mutter des Tages« entgegennehme. Das sind die Tage, an denen ich es geschafft habe, keine Termine, keinen Coronazettel, keinen Sportbeutel und keine Essensbestellung zu vergessen. An denen Konflikte mit Eleganz und Contenance gelöst wurden, statt mit Eis und faulen Kompromissen. An denen wir vor dem Schlafengehen so furchtbar kitschige Szenen erlebt haben, dass selbst die warmherzige Heidi aus den Bergen weggucken müsste. Und an denen ich am Ende sogar noch ein nettes Wort für meinen Mann und Energie für mich selbst übrig hatte.

Ja, es gibt solche Tage. Aber es gibt auch die anderen, an denen ich abends entweder gar nicht aus dem Schlafzimmer komme oder nur begleitet von den Buh-Rufen und Pfiffen der inneren Audienz. Du bist raus. Kein Foto, kein Recall, kein gar nix für dich. Das sind die Tage, an denen ich zweifle. An mir und an meinen Mutterqualitäten. Tage, an denen ich mich über mich und meine Ungeduld, meine Unbeholfenheit oder meine Unerreichbarkeit ärgere. Tage, an denen ich mich dabei erwische, mir einzureden, dass andere das alles viel besser hinkriegen und es schon an Frechheit grenzt, dass ich mich öffentlich zum Thema Mutterschaft äußere. Tage, an denen ich abends voller Reue und Demut an den Betten meiner schlafenden Kinder sitze und mich entschuldige – für alles, was zu viel oder zu wenig war, und dafür, dass ich nicht die Mutter war, die ich sein will und die sie verdienen.

Es gibt die einen Tage und die anderen. Aber es gibt auch viele dazwischen. Und diese Tage sind wohl das wirkliche Maß. Denn eigentlich weiß ich, dass ich weder Rockstar noch Rabenmutter bin. Doch manchmal hilft es mir, sowohl das eine als auch das andere zu denken und zu fühlen, um meine Balance, meine mütterliche Mitte, meine »Mütte«, zu finden. Und ich denke, sie ist, was zählt. Denn hier bin ich (fast) jeden Tag Gut-genug-Mutter. #goodenoughmother

Darauf antwortete mir eine junge Mutter:

»Liebe Romy, danke für diesen Text. Ich habe in den letzten Wochen viel über mich und meine Mutterqualitäten nachgedacht. Ich bin sehr selten die Mutter des Tages und viel öfter die Gut-genug-Mutter. Und das ist okay, aber manchmal bin auch neidisch auf meinen Mann! Der ist nämlich mit dem gleichen oder vielleicht sogar weniger Aufwand ein Übervater und kein Gut-genug-Papa. Und das tut manchmal dann doch weh. Es tut weh, zu spüren, dass Mütter den Standard einer guten Mutter gar nicht erreichen können, sondern immer nur gut genug sind. Während die Väter mit meistens weniger Invest in den Himmel gehoben werden und gesellschaftlich superschnell als guter Vater gelten. Aber es ist, wie es ist, und ich bin froh, dass wir wenigstens schon bei #goodenoughmother angekommen sind.«

Es stimmt schon. Es gibt historisch (und leider auch tagesaktuell) betrachtet ein soziales, ein gesellschaftliches, ein politisches (kurzum ein patriarchales) Ungleichgewicht zwischen Mann und Frau, zwischen Müttern und Vätern, das seine fiesen kleinen Krallen bis heute nach Paaren und Familien ausstreckt. Nur zu wissen, wo es herkommt und sich immer wieder darüber zu ärgern, wird allerdings nicht reichen, wenn es darum geht, dieses Ungleichgewicht in einer Partnerschaft, also unmittelbar zwischen zwei sich liebenden Menschen, sichtbar und somit lösbar zu machen.

Der Wandel wird nicht eines Tages über uns kommen und wie durch ein Wunder unsere Rollen und Beziehungen updaten. Klar braucht es dringend ein soziales, politisches und gesellschaftliches

Umdenken und Umstrukturieren, damit Familie endlich so flexibel und vereinbar gelebt werden kann, wie wir es uns wünschen – und wie wir es verdienen. Aber passiv abwarten, bis die Gesellschaft oder die Politik für uns umswitcht, umdenkt und umlenkt – das funktioniert nicht.

Dieser Wandel braucht auch unsere eigene geistige Flexibilität und Kreativität. Unsere Beharrlichkeit und gleichermaßen unsere Geduld. Wir müssen selbst in die Reflexion und in die Konfrontation gehen. Selbst Grenzen setzen und Grenzen wahren. Denn das Gedankengut und die Muster der Vergangenheit stecken uns tief in den Knochen, gewissermaßen sogar in den Genen, und sie sind hartnäckig wie Flöhe. Miese, kleine, blutsaugende Flöhe. Einer dieser Flöhe sprang mir vor ein paar Tagen mitten ins Gesicht, als zwei unserer Freunde, beide Familienväter, spontan vorbeischauten.

Nennen wir sie Kalle und Otto. Kalle und Otto sagten: »Wir können nicht lange bleiben, wollten aber gern einen Kaffee mit euch trinken, bevor wir wieder zum Tanzen fahren. Passt das?« »Ihr tanzt? Zusammen?«, fragte mein Mann ungläubig, aber amüsiert. (Hier blitzte schon das erste Rudiment alter Geschlechterklischees hervor.) Und die beiden sagten: »Nee, unsere Mädels tanzen doch zusammen!« Während mein Mann sich seine beiden Kumpels noch immer im rosa Tutu vorstellte (nächstes Rollenklischee!), hörte ich mich doch tatsächlich denken: »Ach Mensch, das ist aber süß. Sie fahren ihre Töchter zum Tanzen. Und holen sie sogar wieder ab. Hach!«

Hach? WTF? Ich habe meine Kinder in den letzten Jahren zum Tanzen, zum Musizieren, zum Basketball, zur Leichtathletik, zum Fußball, zur Akrobatik und zu vielen anderen putzig-lustigen Kursen gefahren und dabei sicher drölfhundert andere Mütter getroffen, die ihre Kinder wohl bemerkt auch nie dort zurückgelassen haben. Nie, nie, nie habe ich da gedacht: Hach, ist das süß! Es war schlichtweg normal. Vielleicht hat bei Kalle und Otto einfach das

Östrogen aus mir gesprochen, vielleicht habe ich aber auch aus Versehen mein Reptilienhirn benutzt, für das solch neumodernes väterliches Engagement noch immer so etwas ist wie ein E-Auto für die Flintstones.

Ich kann es also nicht leugnen: Auch ich bin ab und an mit meiner eigenen verengten Gedankenwelt konfrontiert und komme mir dabei nicht selten vor, also würde ich das Female-Future-Shirt in meinem Schrank eiskalt verraten. Sich vom schwierigen Erbe alter Gewohnheiten zu lösen – als Individuum, als Paar und noch mehr als Gesellschaft –, das dauert leider. Denn dummerweise können wir uns nicht selbst überholen. Aber vielleicht können wir ein bisschen schneller gehen? Und tapfer wieder aufstehen, wenn wir auf dem Weg mal stolpern. Oft genug stolpern wir ja auch über uns selbst und unsere eigenen Ansprüche. Insbesondere wir Mütter. Zumindest was die Elternschaft betrifft.

Väter zweifeln deutlich weniger an ihren elterlichen Kompetenzen als Mütter, was womöglich auch daran liegt, dass über Jahrzehnte hinweg von ihnen tatsächlich weniger – oder vielleicht einfach nur anderes – erwartet wurde. Dafür haben sie andere Baustellen. Wer hat die nicht? In der eigenen Not, Überforderung und Unzufriedenheit sehen wir aber oft nur unseren eigenen Bagger auf unserer eigenen Baustelle, wie er baggert und baggert und baggert und mit dem Dreck, in dem er festzustecken scheint, um sich wirft. Besonders in Zeiten, in denen die eigene Bedürftigkeit sehr groß ist, verlieren wir den Blick füreinander. Und leider auch die Wertschätzung.

Als Therapeut*innen lernen wir eindringlich, wie wichtig Beziehungsaufbau und Beziehungspflege für den Prozess der Klient*innen ist. Es gibt heute sogar diverse Studien, die zeigen, dass die Therapiemethode (Verhaltenstherapie, Tiefenpsychologie, Systemische Therapie etc.) zweitrangig ist, weil sich der Erfolg oder Misserfolg von Beratung und Therapie hauptsächlich dadurch entscheidet, wie tragfähig die Beziehung zwischen Therapeutin oder Berater und dem Klienten ist. Basis für diese Beziehung ist das Gefühl von nahezu bedingungsloser Akzeptanz sowie eine ganze Lkw-Ladung voll Wertschätzung. Den Lkw fährt selbstverständlich die Therapeutin oder der Berater – es geht hier nicht darum, dass die Klientin ihren Helfer bauchpinseln soll. Natürlich bedeutet Therapie auch Intervention – es soll sich ja schließlich etwas verändern, es soll ein Unterschied gemacht werden –, doch wie gut ein Klient diese Akzeptanz- oder Veränderungsimpulse nehmen und umsetzen will und kann, das hängt davon ab, wie gesehen und verstanden er sich fühlt.

Daher gibt es bei uns Therapeuten eine kleine ungeschriebene Faustregel, die ich auch in Liebesbeziehungen für absolut empfehlenswert halte und die da lautet: *Äußere fünfmal so viel Wertschätzung und Verständnis, wie du glaubst, ausgedrückt zu haben.*

Was bin ich wert für dich?

Als ich Marie und Jonas in einer unserer Sitzungen frage, was der jeweils andere eigentlich für seine Mühen und sein Engagement für die Familie bekommt, herrscht kurz Stille und Verwirrung.

Und das kann ich gut verstehen. Wir sind hier ja schließlich nicht auf dem Basar, wo gehandelt und geschachert wird. Auch nicht beim Hundeparcours, wo gehorsame Hunde für ihre Performance ein Leckerli bekommen. Nun sind wir freilich keine Haustiere, aber der Wunsch nach Anerkennung und Wertschätzung lodert auch in uns. Eigentlich brennt er sogar.

Das Selbst ist laut Friedemann Karig heute »essentialisiert«.[5] Was bedeutet, dass das Selbstwertgefühl sich heute nicht mehr vordergründig aus gesellschaftlichen Rollen und Kodexen oder öffentlichem Status speist, sondern aus dem Selbst an sich. Und dieses Selbst braucht Anerkennung. Nur wenn wir geliebt werden und diese Liebe spüren, wird uns unsere Wichtigkeit garantiert.

Liebe braucht Wertschätzung. Wir brauchen sie. Und sie braucht uns, um erfahrbar zu werden. Wir erinnern uns an Gottmans Liebesformel: Es braucht fünf positive Interaktionen, um eine negative auszugleichen. Hand aufs Herz: Wer von uns ist besser darin, Komplimente zu machen, Dankbarkeit zu zeigen und Gesten zu würdigen, als darin, Mängel und Schwächen zu erkennen? Und dann auch noch in einem Lebensbereich, der uns so unfassbar viel bedeutet? Unsere Familie, unsere Kinder – das ist wohl unser höchstes Gut, und nicht selten macht uns das besonders streng. Mit uns selbst und miteinander.

Die Aufmerksamkeit auf die Defizite legen, das können wir Menschen von Natur aus richtig gut. Für unser Gehirn war es während der gesamten Menschheitsgeschichte überlebenswichtig, Misszustände sofort zu bemerken. Also legten unsere Vorfahren den Fokus darauf. Es war wichtiger, sich zu merken, wo ein gefährliches Löwenrudel lauerte, als zu wissen, wo die leckersten Beeren wuchsen. Dementsprechend wird davon ausgegangen, dass sich bei uns eine kognitive Präferenz für negative Informationen entwickelt hat, welche als instinktiver Überlebensmechanismus auch heute noch unser Denken prägt, Negativitätsbias genannt. Rein evolutionär, aber auch gesellschaftlich und kulturell sind wir also sehr defizitär orientiert. Können wir womöglich einfach nicht aus unserer Haut? Doch wir können. Aber es braucht Übung, Geduld und Spucke. Na gut, keine Spucke. Aber Bewusstsein.

Als ich kürzlich beim Ying-Yoga ziemlich verknotet auf meiner Matte lag und mein Körper langsam anfing zu zittern, weil er die Haltung kaum noch halten wollte, sagte meine Yogalehrerin Ines: »Richte deine Aufmerksamkeit auf deinen Atem, nicht auf deinen Schmerz. Worauf wir unsere Aufmerksamkeit richten, das wird größer.« Folglich wird alles andere kleiner, denn der Mensch kann sich nun mal nur auf eine Sache gleichzeitig konzentrieren. Aus neurobiologischer Sicht gibt es schlicht kein Multitasking. Unser Gehirn kann sich immer nur auf eine Sache konzentrieren, denn das Bewusstsein hat zu jedem Zeitpunkt immer nur einen Inhalt.[6]

Und tatsächlich: Mich auf meinen Atem und meine anderen Körperempfindungen zu konzentrieren, linderte den Dehnungsschmerz. Die Yogapose, in der ich mich zu dieser Zeit befand, war übrigens ein Hüftöffner, namens Mandukasana. Die Technik mit der gezielten Aufmerksamkeit hilft aber auch durch den Dehnungsschmerz des Herzöffners. Und damit meine ich nicht die gleichnamige Yoga-Asana, sondern das Weiten unseres Herzens für den jeweils anderen.

Herzmoment: Herzöffner

Wir sagen Danke, wenn uns ein Fremder die Tür aufhält, aber unseren Partner betrachten wir oft als selbstverständlich oder schlimmer noch: als unzulänglich. Überlegt euch heute zehn Dinge, für die ihr dem anderen dankbar seid. Dann setzt euch in einem ruhigen Moment zusammen, schaut euch an, und teilt euch abwechselnd eure Gedanken mit.

Lenken wir unsere Aufmerksamkeit nicht bewusst auf das Gute, fällt unsere Beziehung schleichend der Negativitätsbias und unserer selektiven Wahrnehmung zum Opfer. Durch sie neigen wir dazu, uns selbst immer wieder in dem zu bestätigen, was wir über unsere Person, unser Weltbild und natürlich unseren Partner bereits denken. Anfangs sehen wir alles durch die berühmte rosarote Brille. Selbst die Angewohnheiten, die für andere »cringe« sind, finden wir süß. Spätestens wenn wir Eltern sind, tauschen wir die rosarote Brille gegen Augenringe. Und durch Augenringe sieht sogar cringe aus, was eigentlich süß ist.

Was ich damit sagen will? Wir sollten nicht alles glauben, was wir denken. Denn um Energie zu sparen und unnötige Verwirrungen zu vermeiden, konzentriert sich unser Gehirn auf das, was wir erkennen oder erwarten. Dabei übersehen wir aber ganz viele Informationen und Perspektiven. Hat der Partner unsere Erwartungen einmal enttäuscht, achten wir verstärkt auf Wiederholung, rechnen sogar mehr oder weniger fest damit. Und bestätigen uns so immer wieder selbst, dass auf den anderen kein Verlass ist, er keine Rücksicht nimmt und ihm oder ihr sowieso egal ist, wie es uns geht.

Ist das wirklich wahr? In der Regel nicht.

Manchmal erinnern mich Paare in ihren Streitigkeiten an Kinder und die Geschwisterrivalität zwischen ihnen. In ihrem Streit, in ihrer Not scheinen auch sie um etwas zu konkurrieren. Ich habe nur noch nicht ganz verstanden, worum. Vielleicht um den Einfluss auf das gemeinsame Leben, vielleicht darum, gesehen zu werden. Ganz gewiss aber um die Gunst der Kinder – und paradoxerweise auch um die Gunst, den Respekt und die Wertschätzung des anderen.

Auch Marie und Jonas fiel es schwer, den Beitrag des anderen wahrzunehmen. Nicht aus Bosheit oder Ignoranz. Sie waren einander ja durchaus zugewandt. Aber in vielen von uns gibt es eine Stimme, die eigentlich lieber auf die eigene Not und die eigene gefühlte Ungerechtigkeit hinweisen möchte und die zu bedenken gibt: Wenn wir jetzt zulassen, dass es dem anderen schlecht geht, was bedeutet das dann für uns? Mehr Schuldgefühle? Mehr Arbeit? Mehr Selbstzweifel? Diese Stimme ist mitunter so laut, dass wir einander einfach nicht hören oder verstehen können. Die Basis für Wertschätzung ist aber Wahrnehmung. Ich kann den anderen nur für das schätzen, was ich auch sehe.

In einer unserer Sitzungen machte ich daraufhin erst Marie zur Kotherapeutin, später Jonas zum Kotherapeuten. Sie saßen nun nicht mehr als Ehefrau, Ehemann, Mutter oder Vater im Raum, sondern als Therapeut*in. Ihre Aufgabe: Zuhören. Und Verstehen. Aus einer ganz anderen Sicht. Einer Sicht, die ihnen erlaubte, sich keinen der Schuhe anziehen zu müssen, die ihnen angeboten wurden.

Wir begannen mit Jonas. Ich habe ihn eingeladen, ein Belastungsfass für sein Leben zu zeichnen und zu füllen. Darin sollten alle Belastungen und Herausforderungen Platz finden, mit denen er sich aktuell herumschlägt. Natürlich ging es auch darum, Dinge beziehungsweise To-dos sichtbar zu machen, die Marie für selbstverständlich hält oder gar nicht bemerkt.

Jonas und Marie

Jonas: Puh, wo fang ich da an. Ich bin so müde, weil Milan so schlecht schläft (lacht). Das ist wohl schon eine Belastung. (Als Ehefrau und Mutter hätte Marie hier vielleicht schon gesagt: »Häh! DU bist müde? Wer muss denn nachts fünfmal stillen, und wer schläft einfach weiter?« Aber als Kotherapeutin gelang es ihr gut, sich emphatisch auf Jonas' Erleben zu konzentrieren.) Die Überforderung begann schon ziemlich früh, im Wochenbett würde ich sagen. Marie sollte sich erholen. Das war uns beiden wichtig. Ich wollte sie entlasten. In dieser Zeit habe ich eingekauft, geputzt, gekocht, mich um den bürokratischen Kram gekümmert und unsere Familien vertröstet – wir wollten anfangs eigentlich keinen Besuch. Mir war klar, dass mein größter Beitrag als Vater in dieser Zeit Maries Wohlbefinden war. »Geht es der Mutter geht, geht es dem Kind gut«, heißt es doch immer. Nach drei Wochen musste ich zurück in den Job. Das war für Marie hart, aber für mich auch. Ich kam mir vor, als würde ich sie im Stich lassen. Und gleichzeitig war ich sogar ein wenig neidisch darauf, dass sie zu Hause sein konnte und ich ackern musste – auch wenn ich mich total darauf freute, mein Team wiederzusehen und einen Wochenrhythmus zu haben. Dass Care-Arbeit auch harte Arbeit ist, war mir damals vielleicht noch nicht so bewusst. Vielleicht war's aber auch die Angst, dass Marie und Milan ihr eigenes Ding machen, wenn ich nicht da bin. Ja genau, ich glaube, ich hatte Angst, dass Milan mich weniger mag oder braucht. Was ja sogar normal wäre, aber ich fühlte mich dadurch so … (überlegt) … klein. Zumindest als Vater. Das ist heute auch noch so. Vor allem wenn ich merke, dass Marie es anders machen würde. Das zeigt sie mir ja auch. Aber nicht unbedingt auf die nette Weise. Das belastet mich.

Wenn ich zur Arbeit fahre oder länger im Büro bin, fühle ich mich immer zerrissen. Habe Schuldgefühle, weil ich die Zeit nicht mit Marie und Milan verbringe. Aber mein Job ist ja auch wichtig. Er ist sogar verdammt wichtig für uns. Manchmal liege ich nachts wach, weil meine Gedanken darum kreisen, wie ich meine Familie absichern kann. Dafür fühle ich mich einfach verantwortlich, auch wenn ich weiß, dass Marie sehr gut für sich allein sorgen kann. Aktuell haben wir aber nun einmal nur ein Gehalt. Und da Marie nicht in Vollzeit zurückgehen wird und wir ja vielleicht noch mehr Kinder haben wollen, lastet unsere Existenz auf mir. Gefühlt. Vor allem in der Coronakrise habe ich vor Existenzsorgen schlecht geschlafen. Weil ich Marie damit aber nicht belasten wollte, habe ich nichts gesagt.

Ich fühle mich also schlecht, wenn ich viel arbeite. Ich weiß auch, dass Marie denkt, dass ich mich manchmal in die Arbeit flüchte, um der Familie zu entfliehen. Aber so ist das nicht. Also meistens nicht. Meine Arbeit bedeutet Sicherheit. Und darin sehe ich meinen Auftrag als Vater. Ich habe Druck. Und irgendwie keine Wahl.

Ich würde mir wünschen, dass gesehen wird, was ich alles auf mich nehme, und nicht nur, was ich versäume. Wäre ich Single und hätte weder Frau noch Sohn, wäre das alles ja gar nicht nötig. Ich würde ein anderes Leben führen. Aber ich liebe mein Leben und meine Familie. Zurück will ich nicht. Trotzdem verzichte ich dafür auf vieles, was mein Leben früher ausgemacht hat. Denke an vieles. Kümmere mich darum, dass unsere Autos TÜV und vernünftige Reifen haben. Koordiniere Handwerker, stelle die Mülltonnen pünktlich raus, überweise Steuern, repariere die Waschmaschine, buche unseren Urlaub –

pipapo. Ich mache die meisten Einkäufe, und überwiegend koche ich abends. Und trotzdem ist da so oft das Gefühl, dass es nicht genug ist. Ich sehe einfach nicht alles, was noch zu tun ist. Und manchmal kann ich auch einfach nicht mehr. Natürlich habe ich auch Angst, dass ich Marie gar nicht das Familienleben bieten kann, das sie sich wünscht. Ich möchte Milan unbedingt ein besserer Vater sein, als es meiner für mich war. Aber das ist um einiges schwerer, als ich dachte.

Jonas berichtet auch noch von ein paar Problemen im Job und von anderen Baustellen, aber ich denke, auch ohne diese noch auszuführen, ist klar geworden, dass jeder sein Päckchen zu tragen hat. Ein wichtiger Aha-Moment für Marie war, dass Jonas seine Verantwortung als Vater anders definiert als sie. Auch dachte sie bisher, dass sein Leben sich nur wenig verändert habe, weil sein Berufsleben äußerlich ja gleich geblieben ist. Innerlich war jedoch einiges in Veränderung. »Mir war schon klar, dass Jonas' Mental Load sich nicht nur auf die Frage reduziert, ob noch Bier im Kühlschrank ist, aber viele dieser Dinge hatte ich tatsächlich nicht auf dem Schirm.« Auch die Doppelbelastung und die innere Zerrissenheit hatte Marie laut eigener Aussage unterschätzt. »Aber es stimmt schon, wir haben ja beide kaum Entspannungsphasen. Ich habe hier zu Hause rund um die Uhr Programm, Jonas hat das erst im Job, und danach zu Hause.«

Tatsächlich sind laut einer Studie des Deutschen Gewerkschaftsbundes (DBG) über 40 Prozent aller Beschäftigten von ihrer Arbeit so erschöpft, dass sie keine Kraft mehr für familiäre und private Dinge haben. Marie und Jonas sind also auch hier kein Paar, das aus dem Rahmen fällt. Sie sind eher typische Repräsentanten einer modern-urbanen Elternkultur, in der Eltern beim Versuch, allem und jedem gerecht zu werden, eigentlich nur scheitern können.

»Papa von Mamas Gnaden«[7] lautet der Titel eines Artikels im *Spiegel*. Eingeleitet wird er mit den Worten: »Sie kochen, waschen, wickeln – und werden bevormundet und benotet. Mami weiß es eben doch am besten, Papa bleibt Elternteil zweiter Klasse.« Puh. Als Frau und Mutter durchzuckt es mich angesichts dieser Zuspitzung. Als Therapeutin nicke ich. Provokant. Aber nicht unwahr. Zumindest trifft dieser Artikel den Nerv der Zeit: Er ist auf *Spiegel online* einer der meistgelesenen des Jahres 2021.[8] Maternal Gatekeeping ist also mehr als ein Mythos.

Wir kommen später noch einmal auf diesen Begriff zurück, damit wir an dieser Stelle nicht abschweifen und Marie nicht vergessen. Denn zu der Elternkultur, von der ich gerade sprach, gehört natürlich auch das Belastungsfass des anderen Parts. Der Part, der mehr Care-Arbeit übernimmt und den meist noch immer die Frau übernimmt. Laut der Studie »Das Leben von Frauen und Männern in Europa – ein statistisches Porträt« aus dem Jahre 2018, herausgegeben von Eurostat, wird die Hausarbeit noch immer zu 72 Prozent, die Care-Arbeit zu 88 Prozent von Frauen geleistet. Wie es ihnen damit geht, wird selten gefragt.

Marie und Jonas

Marie: Manchmal kommt in mir der absurde Gedanke hoch, dass ich vielleicht einfach belastbarer oder genügsamer sein müsste. Das, was ich tue, haben Frauen schließlich schon immer getan. Sich um ihre Kinder gekümmert, den Haushalt geschmissen. Aber muss es deswegen so bleiben?

Ich bin anders als Uroma Erdmute. Mein ganzes Leben ist anders. Und im Grunde ist es ja auch egal, wie andere damit fertig werden – unabhängig davon, aus welchem Zeitalter sie stammen. Doch genau dieses »Andere Frauen schaffen das doch auch!« glaube ich manchmal in Jonas' Blick, dem meiner Eltern und der ganzen Gesellschaft zu erkennen. Aber sehen die Leute eigentlich, was und wer wir heute alles sein sollen? Eine fürsorgliche, aufopferungsvolle Mutter und gleichzeitige eine erfolgreiche, treue Milf in heißen Dessous. Dabei bin ich einfach eine Frau. Im Bauchwegschlüpfer.

Es fing schon im Wochenbett an. Nein, eigentlich schon in der Schwangerschaft. Ich war supergern schwanger. Und trotzdem hatte ich meine Probleme damit, plötzlich nur noch die Schwangere zu sein. Und jeder hatte einen guten Ratschlag für mich. Den Bauch anfassen, ohne zu fragen? Oh jaaaa, das finde ich richtig toll, lieber Postbote und liebe alte fremde Frau im Supermarkt! »Ist doch süß«, sagte Jonas dann oft. Aber mein Bauch ist doch kein gesellschaftliches Gemeinschaftseigentum. Und ich bin auch kein Brutkasten, sondern ein Mensch. Gefangen im Körper eines Wales. Jedenfalls begann es schon hier, dass ich mich irgendwie reduziert und fremdbestimmt fühlte.

Hebamme suchen, Geburtsplan machen, ständig zur Vorsorge gehen, kotzen, Babykram einkaufen, nicht verrückt werden vor lauter Angst vor dem, was kommt, einen Platz im Geburtsvorbereitungskurs kriegen, bevor das Kind zur Schule kommt, noch mehr kotzen, weiterarbeiten, Informationen über Erziehung sammeln – und natürlich: Ruhe bewahren, denn Stress schadet dem Baby. Ich glaube, in dieser Zeit bildete sich die erste kleine Kluft zwischen Jonas und mir. Nicht absichtlich. Er konnte nur einfach – zum vielleicht ersten Mal in unserer Geschichte – gar nicht nachempfinden, was ich empfinde. Und sicher wusste er auch nicht, was ich will und brauche. Unabhängig wie immer? Oder doch lieber umsorgt werden? Ich wusste es ja selbst nicht.

Mit den Wehen begann dann dieser nebelige Trancezustand, der mich durch die ersten Wochen der Mutterschaft trug. Das Wochenbett war die schönste und zeitgleich schlimmste Zeit meines Lebens. Jedes Wimmern, jedes Seufzen ließ mich zusammenzucken. Die Angst vor der Hilflosigkeit, wenn das Baby weint. Und dann mein Körper. Brüste aus Beton, ein Beckenboden aus Gummi. Die Hormonbombe platzte, die Tränenflut brach über mich. Aus dem Nichts. Ins Nichts.

Jonas hat sich wirklich toll gekümmert, mir alles abgenommen aber in der Konfrontation mit dieser unwiederbringlichen Veränderung meines Lebens fühlte ich mich dennoch allein. Ein paar Tage nach der Geburt ging Jonas schon wieder zum Sport und trank danach noch ein »Puller-Bier« mit seinem Freund. Das hat mich irgendwie hart getroffen. Ich denke noch heute oft daran zurück, wie verraten ich mich gefühlt habe: allein zu Hause mit dem weinenden Baby. Und er hat Spaß. Die Einsamkeit, die ich damals empfand, blieb. Sie ist heute nicht mehr immer da. Aber oft.

Mit dem Baby, das ja gar kein Baby mehr ist, fühle ich mich heute sicherer. Aber das Gesamtpaket stresst mich. Ich wache nachts drei- bis sechsmal auf. Wenn ich Glück habe, dockt Milan einfach an, und wir schlafen weiter. Wenn ich Pech habe, so wie eigentlich das ganze erste halbe Jahr, weint er nachts viel. Dann wird gesungen, getragen und geschaukelt. Am Wochenende übernimmt Jonas das. Aber in der Woche mach ich das, denn ich könnte mich ja am Tag noch mal hinlegen – was ich allerdings nie mache, denn wenn Milan schläft, habe ich endlich mal Zeit für mich oder zum Putzen. Und oft gehe ich ja auch mit ihm raus zum Schlafen.

Ich glaube, Jonas weiß gar nicht, wie anstrengend so ein Tag mit Kind sein kann. Für den Körper und für den Kopf. Ich muss immer hinterher sein, aufpassen, dass nichts passiert, und trösten, falls doch. Ich beschäftige, bespaße, bekuschele, bekoche, bemuttere. All day long. Wenn Jonas dann nach Hause kommt und die Wohnung aussieht wie Sau, sehe ich den Ausdruck in seinen Augen. Nicht vorwurfsvoll, aber enttäuscht. Denn das heißt mehr Arbeit für ihn. Aber ich lass den Haushalt ja nicht absichtlich oder als ausgleichende Ungerechtigkeit für ihn liegen. Ich schaffe es einfach nicht. Und allein der Gedanke, dass es ja eigentlich mein Job wäre und ich das auch noch schaffen müsste, weil ich ja schließlich nicht arbeite, macht mich unglaublich wütend – obwohl er das bestimmt gar nicht so sieht. Ich glaube, das kommt von gaaanz tief unten. Aus mir.

Mittlerweile kann ich das anders sehen. Zumindest tut sich was, seit wir hier über das »Resetten« von Rollen gesprochen haben.

In dem Moment, wo er nach Hause kommt, stehen unsere Rollen für mich auf RESET. Ab hier erwarte ich die gleichen Rechte und Pflichten. Wir haben beide eine Achtstundenschicht geschoben, und jetzt haben wir Feierabend und müssen unser Privatleben managen. Ohne feste Rolle. Aber mit festen Zuständigkeiten. So würde ich es mir wünschen. Ich möchte nicht, dass die Hoheit für Care-Arbeit auch bei mir bleibt, wenn Jonas zu Hause ist, nur weil das während seiner Abwesenheit mein »Job« ist.

Ich will eigentlich auch nicht alles allein entscheiden müssen, was Milan betrifft. Auf der anderen Seite finde ich Jonas' Entscheidungen manchmal fragwürdig (lacht). Das ist vielleicht so ein Teufelskreis: Je mehr ich Jonas anweise, umso weniger fühlt er sich fähig und umso mehr hält er sich zurück. Vielleicht denkt er ja sogar, er tut mir einen Gefallen, wenn er mich entscheiden lässt. So ist das aber nicht.

Es ist ja UNSER Kind. UNSER Haushalt. Und trotzdem scheint die Orga von beidem meine Aufgabe zu sein. Als wäre ich der CEO und gleichzeitig das Mädchen für alles in unserer Familie. Das Irrwitzige daran: Obwohl ich der CEO bin, fühle mich finanziell eher wie das Mädchen für alles. Abhängig und schuldig irgendwie, obwohl ich weiß, dass ich es nicht bin. Aber dass die finanzielle Hauptlast auf Jonas liegt, damit ich zu Hause bleiben kann, belastet mich schon. Jonas verdient halt besser. Wenn ich jetzt verlangen würde, dass er zu Hause bei Milan bleibt, damit ich arbeiten gehen kann, hätten wir ein finanzielles Problem. Auch weil ich niemals Vollzeit arbeiten wollen würde wie Jonas. Manchmal fühle ich mich ausgeliefert. Oder zumindest unfrei in meinen Entscheidungen.

Und wenn ich tatsächlich arbeite, wird dann die Hauptlast des Mental Load nicht trotzdem auf mir lasten? So wie ich es bei meiner Schwester, ihrem Mann und den drei Kindern erlebe: Beide arbeiten, aber sie ist die, die an alles Familiäre denkt: den nächsten U-Termin, den halbjährlichen Zahnarztbesuch, die Schulanmeldung, das Kostüm für die Faschingsfeier, das Klopapier, die neue Zahnbürste für Groß und Klein, die Geburtstags- und Weihnachtsgeschenke, die Tanzstunde. Er sagt zwar immer: Sag mir doch einfach, was ich tun soll. Aber das ist für sie nur ein halbes Hilfspaket. Das Problem ist ja die Last im Kopf.

Mir ist auch klar, dass Jonas nicht so viel arbeitet, um sich zu drücken. Er verlässt uns, um für uns da zu sein, indem er für uns sorgt. Aber ein bisschen Erfüllung und Selbstverwirklichung ist ganz sicher auch dabei. Und die fehlt mir gerade.

Monatelang habe ich mich vernachlässigt und zurückgenommen. Wird das eigentlich auch mal gewürdigt und gefeiert? Und jetzt, wo ich gaaanz langsam wieder etwas Freiraum zurückbekommen kann, habe ich Probleme, ihn zu füllen. Das Loslassen fällt mir schwer. Ich habe Angst, dass ich Milan oder Jonas überfordere, wenn ich sie sich selbst überlasse.

In den letzten Jahren haben gesellschaftlich viele positive Veränderungen stattgefunden. Wir sind unkonventioneller und weniger starr geworden: mehr Geschlechtergerechtigkeit, mehr Offenheit gegenüber sexueller Orientierung, folglich mehr Familienformen, bessere Bedingungen für die Vereinbarkeit zwischen Familie und Beruf, ein emanzipiertes Frauenbild, ein freundlicheres Männerbild. Paradoxerweise führt das bei jungen Eltern aber dazu, dass sich niemand mehr richtig für seinen Beitrag wertgeschätzt fühlt, weil unklar ist, worin dieser besteht.

Mein Beitrag ist unverzichtbar, aber nichts wert. So, oder so ähnlich, könnte wohl auch das gemeinsame Klagelied von Marie und Jonas lauten.

Nur zuhören. Nicht rechtfertigen. *Die Überlastung des anderen nicht als Anklage gegen sich selbst interpretieren.* Das hat beiden geholfen, zu verstehen. »Eigentlich habe ich das alles schon mal gehört«, sagt Jonas, »doch ich fange wohl gerade erst an, es wirklich zu begreifen.« Zum Beispiel, dass Marie Angst hat, von einer unabhängigen Frau zum Mädchen für alles zu werden. Finanziell von ihm abhängig oder ihm gar etwas schuldig zu sein. Auch, was es für eine psychische Belastung sein kann, »nur« zu Hause zu sein und an alles denken zu müssen, während die ganze Welt anscheinend noch immer glaubt, dass nur bezahlte Arbeit Arbeit ist, hat er bisher unterschätzt.

Ich erinnere mich an eine recht repräsentative Aussage von Ania, die ich schon sehr oft, sehr ähnlich gehört habe: »*Es geht mir gar nicht unbedingt darum, dass er mir alles abnehmen soll. Ich mach das ja meistens sogar gern, aber ich möchte, dass es verdammt noch mal gesehen wird.*«

Impuls: Mein Belastungsfass[9]

Jeder Mensch verarbeitet Belastungen unterschiedlich, und jeder Mensch hat im Laufe seines Lebens unterschiedliche Dinge in seinem Fass angesammelt. Dadurch läuft es auch unterschiedlich schnell oder langsam über. Nur wer sich in seinem eigenen Fass auskennt, kann Abhilfe in Form von Ablaufkanälen schaffen. Mal dir dein eigenes Belastungsfass und nimm dir Zeit, um zu überlegen, welche Faktoren dich belasten. Auf dem Boden des Fasses liegen bereits länger bestehende Belastungen. Das können familiäre Veranlagungen sein, traumatische oder verletzende Erfahrungen, psychische oder körperliche Erkrankungen sowie bestimmte Persönlichkeitseigenschaften. Obendrauf, wie im echten Leben, kommen aktuelle Stressfaktoren wie Streitigkeiten, Einsamkeit, Existenzsorgen, Erziehungsschwierigkeiten, Bedürfnisnöte, Rollenkonflikte, Stress auf Arbeit, Haushalt, soziale Verpflichtungen, Schlafmangel etc.

In einem zweiten Schritt kannst du dich nun Entlastungsmöglichkeiten und Ablaufkanälen widmen. Was half dir bisher, dich zu entspannen? Welchen Ausgleich möchtest du gern schaffen und wie? Wo brauchst du Unterstützung und von wem? Was kommt zu kurz? Was tut dir gut?

Stellt euch gegenseitig eure Belastungsfässer vor und tauscht euch darüber aus, wie es euch dabei ging, was euch überrascht hat und wie ihr euch gegenseitig unterstützen wollt.

Das Belastungsfass

Wertschätzung ist der Kraftstoff des Elternalltags. Das bedeutet nicht, dass wir alles unter den Flokati kehren sollen, was uns nicht gefällt. Aber es bedeutet, das Gute zu erkennen und die Belastungen aller zu würdigen. Es bedeutet, den Wert dessen zu erkennen, wer wir sind und was wir haben. Es bedeutet, bedingungslos zu lieben.

Weiterführende Gedanken zum Thema bedingungslose Liebe

»Kinder zu lieben bedeutet, sie so sein zu lassen, wie sie sind.« So formulierte es Remo H. Largo.[10] Und ich stimme ihm zu. Gleichzeitig frage ich mich, wann und wo diese Haltung ihre Grenzen hat. Hat diese reinste Form der Liebe wirklich ein Ablaufdatum? Oder sollte es nicht vielleicht heißen: Einen Menschen zu lieben bedeutet, ihn so sein zu lassen, wie er ist.

Bedingungslose Liebe? Auf der sprachlichen Ebene bedeutet das zunächst nichts anderes, als die eigene Liebe nicht an Bedingungen zu knüpfen. Denn jemanden nur zu lieben, wenn er brav ist und macht, was wir von ihm erwarten, ist schon ziemlich anmaßend und selbstgefällig.

Es geht darum, den anderen so anzunehmen, wie er ist: mit all seinen Facetten. Mit seinem Licht. Und mit seinem Schatten. Eine wichtige Basis für eine gleichberechtigte Beziehung, in der zwei Menschen einander akzeptieren und wertschätzen, statt sich gegenseitig umzuerziehen. Einen Menschen einfach um seiner selbst willen zu lieben, ohne dafür gewisse Gegenleistungen zu erwarten, ohne Liebesbekundungen, Entbehrungen und Taten penibel gegeneinander aufzurechnen, das zeugt von Reife, Großzügigkeit, Stärke, einem stabilen Selbstwert und höchster Moral – sowohl gegenüber sich selbst als auch gegenüber dem Partner.

Herzmoment: Gegensätze ziehen sich an

Setzt euch mit dem Rücken zueinander auf zwei Stühle (mit etwas Abstand dazwischen). Stellt euch nun gegenseitig und im Wechsel folgende Fragen: Was habe ich deiner Meinung nach

Gutes an mir, was du nicht hast? In welchen Situationen wärst du gern ein klitzekleines bisschen mehr wie ich? Wo ergänze ich dich? Worauf bist du vielleicht sogar manchmal neidisch?

Was bedingungslose Liebe dennoch nicht ist: ein Freifahrtschein für verletzendes oder rücksichtsloses Verhalten. Doch wo fängt das an? Wie heißt so oft im Facebook-Beziehungsstatus? Es ist kompliziert.

Toralf und Ania

Toralf ist auf dem Rückweg von einer einwöchigen Geschäftsreise. Als er kurz davor ist, die Haustür aufzuschließen, ruft ihn seine Frau Ania an: Ihre Schwester kam vor zwei Tagen zu Besuch. Sie hatte Blumen dabei. Und Corona.

Soeben hat Ania erfahren, dass sich das erste gemeinsame Kind bereits infiziert hat. Seit vier Wochen wissen Toralf und Ania, dass das dritte Kind unterwegs ist. Eine ungeplante Schwangerschaft. Drei Kinder in drei Jahren. Ania ist völlig erschöpft. Die letzte Woche war heftig. Schwanger. Allein mit zwei Kleinkindern. Ihre Schwester ist abgereist, Corona ist geblieben. Weshalb sich Toralf weigert, nach Hause zu kommen. Er quartiert sich in einem Hotelzimmer ein. Eine fiese Situation.

Was würde die bedingungslose Liebe tun?

Würde sie nachsichtig sein und sagen: Liebster, du bist zwar geimpft und kein Risikopatient, aber ich liebe dich, bedingungslos, weshalb ich dir vergebe, dass du mich in dieser Situation für voraussichtlich weitere zwei Wochen mit zwei kranken Kleinkindern und einem Ungeborenen zu Hause allein lässt – obwohl aktuell niemand nirgendwo sicher vor Corona ist, ich völlig am Ende bin und dich um Unterstützung gebeten habe –, denn ich weiß, wie groß deine Angst ist.

Oder würde er sagen: Liebste, ich habe zwar unfassbar große Angst vor Corona, aber ich liebe dich und unsere Kinder bedingungslos, weshalb ich nach Hause komme, um mich freiwillig zu infizieren. Denn ich weiß, dass du am Ende deiner Kräfte bist und ich nicht erwarten kann, dass du die Verantwortung für unsere drei Kinder in so einer Situation allein trägst.

»Ich liebe dich trotz deiner hypochondrischen Angst und deines Egoismus« versus »Ich liebe dich, obwohl du von mir forderst, mich mit einer Krankheit anzustecken, vor der ich unbeschreibliche Angst habe«.

Uff, in der Situation der beiden möchte vermutlich niemand stecken, und es wäre unfair, darüber zu richten, ohne alle Hintergründe zu kennen. Aber wir sehen an diesem Beispiel, dass bedingungslose Liebe gar nicht so einfach und vielleicht doch nicht so absolut bedingungslos zu leben ist.

Toralf kam übrigens nach zwei Tagen, viel Streit und einem positiven Test bei Ania doch nach Hause. Ich möchte behaupten, dass sich die Ehe der beiden nur langsam davon erholt hätte, wenn er sich anders entschieden hätte – obgleich natürlich beide Positionen und die Bedürfnisse valide und nachvollziehbar waren. Doch schlussendlich ging es bei dieser Entscheidung nicht nur um die Bedürfnisse von Toralf (Sicherheit, Kontrolle, Autonomie) und Ania (Sicherheit, Kontrolle, Bindung), sondern auch um ihre drei Kinder und die gemeinsame Verantwortung für deren Fürsorge.

Verantwortlich für die Corona-Pattsituation war in diesem Fall aber nicht nur Toralfs Angst. Vielmehr war dieses Dilemma eine Art Symptom für das Grundproblem der beiden, dessentwegen sie in die Beratung kamen: Verantwortungsübernahme. Dan Kiley, ein amerikanischer Familientherapeut, veröffentlichte in den 1980er-Jahren ein Buch über das Phänomen, dass manche Männer einfach nicht erwachsen werden. Er nannte es: *Das Peter-Pan-Syndrom*. Heute (geschlechtsunabhängig) auch bekannt als Infantilisierung.

Die betroffenen Männer haben, genau wie Peter Pan, Schwierigkeiten mit dem Erwachsenwerden. Sie haben Angst vor ernsten Bindungen, übernehmen nur ungern Verantwortung, sind unzuverlässig und neigen zu Egoismus. Ursächlich dafür sind vermutlich ihre Kindheitserfahrungen, wobei diese sehr konträr sein können: zu viel Liebe und Fürsorge (Helikoptern), zu viel Lob (wodurch die Übernahme von Eigenverantwortung und die Selbstreflexion erschwert wurden), zu wenig Liebe. Oder zu viel Dominanz der Eltern, wodurch die betroffenen Männer den Ansprüchen ihrer Eltern nie gerecht werden konnten und bis heute unter Schuldgefühlen leiden. Die Rolle des unterlegenen Kindes hat sich manifestiert. Oder eben der Glaube »Mama macht das schon«.

Meistens suchen und finden solche Männer dann Frauen, die schon sehr früh lernen mussten, sich um andere zu kümmern, und es gewohnt sind, zu viel Verantwortung zu übernehmen. Peter Pan meets Wendy. Das Gegenstück zum Peter-Pan-Syndrom heißt übrigens wirklich Wendy-Syndrom. Es beschreibt Frauen, die in der Partnerschaft eine kümmernde, mütterliche Rolle einnehmen. Wendy und Peter. Mutter und Sohn. Ania und Toralf.

Fairerweise möchte ich nicht unerwähnt lassen, dass es natürlich auch Petra Pan und Wendo als Vater-Tochter-Konstellationen gibt. Egal wie herum: Wirklich wohl fühlt sich in einer erwachsenen Beziehung niemand in der Rolle des Elternteils oder Kindes. Denn eine Familie braucht dringend eine Liebesbeziehung zwischen zwei gleichwürdigen erwachsenen Menschen auf Augenhöhe. »Ich habe drei Kinder. Mit einem davon bin ich verheiratet.« Ein beliebter Witz, der deutlich machen soll, dass *sie* das Gefühl hat, ständig für *ihn* mitdenken zu müssen.

Eine nervige, aber immerhin überlegene Position. Allerdings sollten sich Paare vor dieser Mutter-Sohn- oder Vater-Tochter-Rollenverteilung hüten und abgrenzen, weil das wahre Gleichberechtigung ausschließt. Es wäre das Ende der romantischen Liebe. Wir müssen einander zumuten und erlauben, die Verantwortung für das eigene Leben, das eigene Tun oder Lassen zu übernehmen.

Und trotzdem meint bedingungslose Liebe nicht, alles hinzunehmen oder über jeden Mist und jede Verletzung hinwegzusehen. Denn das kann toxisch werden. Bedingungslose Liebe ist nicht dasselbe wie blinde oder selbstzerstörerische Liebe. Bedingungslos heißt nicht grenzenlos. Ich kann Verständnis für dich haben. Ich kann dich lieben, wie du bist. Aber ich muss nicht alles lieben und hinnehmen, was du tust. Es geht darum, eigene Grenzen zu ziehen und diese Grenzen zu verteidigen, statt sich jemanden so erziehen zu wollen, dass er erst gar nicht an diese Grenzen stößt. Und im Gegenzug bedeutet es natürlich auch, dass die Grenzen vom anderen respektiert werden. Ich sollte diese Grenzen ziehen können, ohne Angst haben zu müssen, dass mich meine Grenzen dann deine Liebe kosten.

Auch wer bedingungslose Liebe einfordern oder sie als Vorwand benutzen will, um nicht an den eigenen Problemen, Triggern und Schwachstellen arbeiten zu müssen, hat da definitiv etwas falsch verstanden. »Ich bin eben, wie ich bin. Und du musst mich genau so lieben. Auch wenn es dich deine Würde und Integrität kostet.« So funktioniert das nicht.

Bedingungslose Liebe umfasst Akzeptanz, Großzügigkeit und die Fähigkeit, sich selbst nicht zu ernst zu nehmen. Aber ernst genug. Sie ist keine komplette Selbstaufgabe. Es ist okay, zu sagen: »Ich liebe dich und werde es auch weiterhin tun. Aber es geht genau bis hierhin und nicht weiter.« *Grey's Anatomy*-Fans wissen längst: Bedingungslose Liebe meint, sich zu lieben, selbst wenn man sich mal hasst.

Liebe, die an Bedingungen geknüpft ist, kann eine gefährliche Dynamik in Gang setzen, bei der beide versuchen, einander zufriedenzustellen. Das funktioniert aber nicht. Nicht, weil du du bist und nie genug sein wirst, sondern weil es schlichtweg unmöglich ist, immer der zu sein, den der andere sich wünscht, ohne sich selbst zu verlieren. Wir hören immer mehr auf, das zu tun, was wir wollen, und der zu sein, der wir sind. In der Hoffnung, dass dieses Opfer unseren Partner eines Tages zufriedenstellt. Aber das ist eine Sackgasse.

Doch die gute Nachricht ist: Man kann jemanden glücklich machen, ohne ihn die ganze Zeit zufriedenzustellen. Das ist, was bedingungslose Liebe im Kern bedeutet. Sie fragt: *Wollen wir einander wirklich lieben oder nur die Idee, die wir voneinander haben?*

✦ Impuls: Meine Gebrauchsanweisung

Bedingungslose Liebe bedeutet, mit den eigenen Marotten und denen des Partners gelassen und humorvoll umzugehen. Wie ticke ich? Wie tickst du? Und wann ticken wir aus?

Nehmt euch eine halbe Stunde Zeit und schreibt eine Gebrauchsanweisung für euch selbst: »So bin ich. Und so können wir gut damit umgehen.« Sich selbst dabei nicht zu ernst zu nehmen, wirkt wahre Wunder. Leitfragen könnten sein:
Was tut mir gut?
Was fällt mir schwer?
Welche Grenzen sind unantastbar?
Wie können Menschen mir Gutes tun?
Wie kann man bei mir einen Kurzschluss verursachen?
Wann werde ich bockig, reizbar oder genervt?
Was kann man tun, um mich wieder in einen Energiesparmodus zu versetzen?

Geht eure Gebrauchsanweisungen gemeinsam durch, ergänzt sie, wenn etwas fehlt, und tauscht euch darüber aus, wie es euch währenddessen ging.

Die Beeinträchtigung der Lustgefühle

Eine Familie zu gründen bedeutet, das Leben in den buntesten Farben und verrücktesten Formen zu zeichnen. Wir greifen im Laufe der Jahre auf die gesamte Mischpalette zurück, spielen mit Textur und Kontur, modellieren, akzentuieren, jonglieren, optimieren, harmonieren. Wir entdecken die sattesten und schillerndsten Farben. An uns. Unseren Kindern. Unserem Partner. Unserem Leben. Man kann es gar nicht oft genug sagen: Familie ist einfach sauschön. Und gleichzeitig, ohne Aber, sauanstrengend. Es gibt auch öde Grautöne und Neonfarbkleckse, die so schrill sind, dass sie wehtun. Es gibt Ecken und Kanten. Licht wirft immer auch Schatten. Und dieser Schatten fällt direkt auf unsere Paarbeziehung.

Und hier wird es überhaupt erst schwierig, denn für gewöhnlich beschwert sich ja niemand darüber, zusammen in der Sonne zu sitzen. Es sei denn, niemand hat an Sonnencreme gedacht. Wir Eltern sind das Herz der Familie. Aber manchmal eben auch der Punchingball. Und das macht keine Freude. Wir sollten aufhören, so zu tun, als gäbe es nicht auch in intakten und glücklichen Familien jede Menge Streit und Frust.

Viele der objektiven und sicherlich auch sehr subjektiven und individuellen Belastungen, die dafür verantwortlich sind, dass auch unser Bedürfnis nach Lustgewinn und guten Gefühlen auf der Strecke bleibt, haben wir schon beleuchtet. Eine essenzielle Belastung bekam bisher allerdings nur eine Nebenrolle: der Schlafentzug.

Schon mal etwas von *weißer Folter* gehört? So nennt man Folter ohne physische Gewaltanwendung. Eine der beliebtesten Methoden: Schlafentzug. Und wer hat diese Methode erfunden und perfektioniert? Babys!

»Sag mal, fallen meine Augenringe heute sehr auf?« Krass, der Panda kann sprechen.

»Schlafentzug, Lärm, und ständig kotzt einer: Kleinkinder haben ist auch wie ein Festival.«

»Haben Sie Schlafstörungen?« »Ja, zwei.«

Wir mögen unsere Witzchen darüber machen (denn das hilft!) und den Schlafmangel als Preis für das Elternglück runterspielen, aber an den Auswirkungen für Körper und Geist ändert das nichts. Die sind nämlich nicht mal halb so lustig wie die Witze über Schlafmangel – und die waren auch schon eher schlecht.

Nach bereits drei bis vier Tagen ohne ausreichenden Schlaf lässt unsere Leistungsfähigkeit nach, und die empfundene Qualität der wachen Phasen am Tag sinkt drastisch. Aufgehoben wird dieser »Schlaflos in Elternhausen«-Effekt zum Glück durch all die Glücksgefühle, die unsere Kinder in uns auslösen. Gänzlich aufheben kann das die negativen Folgen aber leider trotzdem nicht.

Denn Schlaf ist ein physisches und psychisches Grundbedürfnis. Wir brauchen ihn. Nicht nur um Schad- und Giftstoffe abzubauen oder um Fett zu verbrennen, sondern auch, um zu regenerieren und um mithilfe unseres Unterbewusstseins Sorgen und Probleme zu bewältigen. Auch der Konsolidierungsprozess neuer Gedächtnisinhalte passiert im Schlaf.

Schlafen wir zu wenig, laufen die Prozesse in unserem Gehirn und unseren Organen langsamer bis gar nicht ab. Wir können uns schlechter konzentrieren und fühlen uns wie betrunken, weil die Hormonausschüttung und -verarbeitung durch fehlenden Schlaf gestört werden. Unsere Empfindlichkeit gegenüber Insulin steigt, was dazu führt, dass chronischer Schlafmangel zu Diabetes beitragen kann. Wer schlecht oder zu wenig schläft, bekommt zudem viermal häufiger eine Erkältung. Wir Eltern sind also nicht nur die Gewinner der großen Kitakeim-Lotterie, wir sind auch noch mit einem schwächeren Immunsystem gesegnet. Hurra!

Und als ob das nicht schon genug wäre, erschien 2021 eine Studie der Endokrinologin Dr. Judith Carroll, die belegt, dass der Schlafmangel junger Mütter im ersten halben Jahr mit Baby dazu führt, dass sie biologisch um sieben Jahre altern. Sieben Jahre? Das bedeutet ja, dass man mich heute vielleicht immer noch nach meinem Ausweis fragen würde, wenn ich keine drei Kinder bekommen hätte.

Als Schlafmangel gilt übrigens alles unter sieben Stunden Schlaf. An dieser Stelle lachen wir wahrscheinlich alle mehr als über die Witze weiter oben. Sieben Stunden Schlaf sind für viele Eltern purer Luxus.

Schlafmangel ist übrigens auch ein Migränebooster und ein verlässliches Mittel gegen unsere Stress- und Frustrationstoleranz. Er macht uns kirre und reizbar. Das bekommt auch der Partner zu spüren, der ja selbst müde und erschöpft ist: Was für ein Feuerwerk!

»›Ab wann wird Schlafentzug eigentlich gefährlich?‹ ›Für dich oder für mich?‹«, heißt es in einem weiteren Witz. Einigen wir uns darauf, dass er Beziehungen nichts Gutes tut. Tja und nun?

Da wären zum einen die Klassiker, wie einander immer wieder Schlafslots, Entspannungszeiten und Verständnis zu schenken. Vielleicht hilft es einem Jonas schon, sich bewusst zu machen, dass gerade nicht Marie vor ihm steht, sondern ein Mombie auf Schlafentzug.

Darüber hinaus können wir Schlafmangel und Unlust dadurch kompensieren, dass wir gut auf unser Beziehungskonto achten und uns gegenseitig freudvolle Momente schenken. Ich nenne das Paar-Positivität.

Lösungsorientierte Gedanken zum Thema Paar-Positivität

Schlafmangel ist natürlich nur einer der Stressoren, mit denen uns unsere Elternschaft konfrontiert, und wie schon erwähnt, wird die

Partnerschaft oft zum Sammelbecken für den ganzen Frust. Obwohl die Ursache für den Stress gar nicht unbedingt die Partnerschaft ist, wird sie vom Stress infiltriert. Ein fieser Hinterhalt der Elternschaft, der uns das behagliche Gefühl kosten kann, das die Partnerschaft vor den Kindern in uns ausgelöst hat.

Menschen tendieren dazu, Situationen, Orte oder Personen, die in uns ein schlechtes Gefühl auslösen, zu meiden. Diese Dinge lösen eine Art Fluchtimpuls, mindestens aber Alarmbereitschaft in uns aus. Denn wie wir später noch sehen, werden all unsere Erfahrungen mit dem dazugehörigen Gefühl abgespeichert. Und dieses Gefühl entscheidet darüber, welche Erwartung wir in Zukunft an etwas haben und wie wir etwas oder jemanden bewerten.

Was passiert nun in Zeiten der Elternschaft, in denen Paare gestresst sind, viel streiten, sich gegenseitig enttäuschen oder schlichtweg einfach keine gemeinsame Zeit mehr haben? Unser Gehirn speichert unseren Partner als negativen Reiz ab, sofern die negativen Gefühle gegenüber den positiven überhandnehmen. Um diesen negativen Gefühlen ihren Einfluss zu nehmen, werden wir versuchen, ihnen und somit dem Partner weniger Bedeutung beizumessen, lenken uns ab oder entziehen uns. Dazu braucht es im Zeitalter von Smartphone und Netflix nicht mal mehr die Eckkneipe nebenan oder den Aerobic-Kurs mit Peggy Bundy. Man muss kein Therapeut sein, um zu ahnen, wozu das führt: Mehr Stress, mehr Streit, mehr Distanz, mehr Negativität. Weniger Liebe.

Deshalb betont der Psychologieprofessor John Gottman in seinen Veröffentlichungen auch immer wieder: Was Paare scheitern lässt, ist nicht die Anwesenheit von Streit und Konflikten – und somit negativen Gefühlen. Es ist die Abwesenheit des Ausgleichs – durch positive Gefühle. Das Gefühlskonto zieht ins Dispo. Die Bilanzierung der Liebe, nicht gerade ein Romantikklassiker. Und doch ist es nur logisch, dass wir nicht ewig von einem Konto abbuchen können, ohne einzuzahlen.

Reflexionsfragen für dich und deinen Partner

- Wie halte ich im Alltag Kontakt zu meinem Partner?
- Um welche gemeinsamen positiven Momente kümmere ich mich?
- Welche positiven Signale sende ich? In welcher Form? Wie oft?

Trau dich ruhig nachzufragen, ob diese Signale wirklich ankommen, oder was es bräuchte, damit sie es tun. Wünscht sich dein Partner mehr oder weniger davon? Überlege außerdem, in welchen Situationen als Paar du positive Gefühle wahrnimmst, teile sie mit deinem Partner und: Erlebe mehr davon!

Hier findest du ein bisschen Inspiration für mehr positive Gefühle im Alltag:

- Lacht, tanzt und singt zusammen. Nicht nur lesen und nicken. Machen!
- Plant die nächste gemeinsame Reise oder den Lebensabschnitt nach den Kindern.
- Diskutiert endlich mal über Politik oder Kultur.
- Diskutiert endlich nicht mehr über Politik oder Kultur.
- Macht zusammen Sport. Und jammert gemeinsam über den Muskelkater danach.
- Tut etwas Unvernünftiges, zum Beispiel Klingelstreiche, oder fahrt über Nacht nach Paris!
- Erzählt euch Witze und kürt den schlechtesten.
- Frag jeden Tag »Wie geht es dir heute?«, und lausche interessiert der Antwort.
- Überrascht euch gegenseitig mit einem kinderlosen Date. Notfalls zu Hause, wenn die Kinder schlafen.

- Küsst euch, als würdet ihr es zum ersten Mal tun.
- Lest euch vor dem Schlafen gegenseitig vor.
- Fahrt gemeinsam an einen bedeutsamen Ort, zum Beispiel den Ort eures Kennenlernens.
- Sucht euch jeder ein neues, partnerfreies Hobby, und erzählt einander davon.
- Sucht euch ein neues gemeinsames Hobby.
- Hängt neue Paarbilder an die Wand.
- Erzählt euch, was am anderen zum Verlieben ist.
- Philosophiert, wo ihr heute zusammen wärt, wenn die Kinder nicht wären.
- Trefft euch mit Freunden, und seid peinlich frisch verliebt.
- Tut dem anderen etwas (verrückt) Gutes, womit er niemals rechnen würde.
- Schließt lustige Wetten ab, und wagt mutige Einsätze.
- Legt eure Smartphones für ein Wochenende in die Schublade.
- Begleitet euch gegenseitig an jeweils einem Tag mit der Kamera, und fangt magische Momente und Bilder ein.
- Was fällt euch noch ein? Was soll auf eure ganz persönliche Liebesliste? Was habt ihr früher gern miteinander gemacht, als ihr frisch verliebt wart? Und was davon wollt ihr gleich morgen tun?

Vom Minus ins Plus

So eine Liebesliste mag ungewöhnlich sein, aber sie ist eine wirksame Medizin für Zeiten, in denen die Liebe einzuschlafen droht. Erinnerst du dich an das Paar vom Anfang: Birte und Jo? Er hatte eine kurze Außenbeziehung. Sie hat es herausgefunden, weil sie ihm nachspioniert hat. Zwei Nichtglanzleistungen, die für viele konservativ liebende Menschen vielleicht das Aus bedeutet hätten. Doch Birte und Jo haben sich nicht von ihren Verletzungen leiten lassen, sondern sich mutig mit den Gründen für ihre Krise und den dahinterliegenden unerfüllten Bedürfnissen auseinandergesetzt. Es war ein verdammt schmerzhafter Prozess mit vielen tränenreichen Sitzungen. Doch mittlerweile beschreibt Jo seine Affäre als das Beste, was seiner Ehe passieren konnte. Häh? Wie jetzt? Ja, ja, das klingt seltsam, und Birte sagt nach wie vor, dass sie gern darauf verzichtet hätte. Sie sagt aber auch, dass sie nichts von dem missen möchte, was dieses Drama in ihr Leben gebracht hat. Auch für sie steht fest: Wäre all das nicht passiert, würden wir noch immer dieselbe triste Ehe führen.

»Er wäre immer noch ein Hamster in seinem Hamsterrad. Und ich wäre immer noch eine Glucke in ihrem Nest. Wir haben uns nicht um unsere Ehe gekümmert. Wir haben das Leben geführt, das von uns erwartet wurde. Ich war zu Hause bei den Kindern. Jo war erfolgreich in seinem Job. Jeder hatte seine Domäne. Bis wir irgendwann völlig in unserer eigenen Lebenswelt verhaftet waren und den anderen einfach nicht mehr reingelassen haben. Jo war unzufrieden und hat sich in eine Affäre geflüchtet, um die Leere zu füllen. Ich habe mich in meine Mutterschaft gestürzt. Gewissermaßen sind wir beide ausgestiegen. Unsere Krise hat uns gezwungen, uns zu fragen, wie wir eigentlich leben wollen.«

Jo hat sich intensiv mit der Herkunft seines starken Wunsches nach Anerkennung auseinandergesetzt und ist seitdem selbstständig. Er arbeitet weniger und ist als Vater präsenter. Birte hat gelernt, ihr Territorium wieder mit Jo zu teilen, und profitiert von seinem neuen Selbstbewusstsein als Vater. Sie ist weniger erschöpft und hat mehr Energie für Jo. Demnächst wollen die vier sich einen Camper kaufen und für ein paar Monate durch Europa tingeln. Eine Transformation, die ohne den großen Knall Jahre gedauert hätte oder vielleicht nie passiert wäre.

Herzmoment: Für die Ewigkeit

Heute möchte ich euch einladen, etwas Verrücktes zu tun. Informiert euch, wo in eurer Umgebung noch ein Fotoautomat steht, und verabredet euch, um dort gemeinsam Paarbilder zu machen. Alternativ könnt ihr natürlich auch auf eine Polaroidkamera oder den Selbstauslöser eures Smartphones (und einen Drucker) zurückgreifen. Hauptsache verrückt. Hauptsache verliebt. Hauptsache zusammen.

Birte und Jo haben sich neu verliebt. Nur dadurch ist es ihnen möglich gewesen, das große Minus, welches auf ihrem Beziehungskonto durch die gegenseitige Vernachlässigung und die Affäre entstanden ist, wieder auszugleichen. Heute sind sie deutlich im Plus. Weit mehr als vor dem Weckruf.

Sich immer wieder neu ineinander zu verlieben (möglichst bevor es so übel knallt), ist eine wunderbar wertvolle Schlüsselressource und macht eine Liebesliste zu einem wahren Zaubermittel für kalte Füße und eingeschlafene Herzen.

Impuls: Blick zurück

Wirf einen Blick zurück auf eure Beziehung und die gemeinsame Reise, die hinter euch liegt. Zeichne ein Koordinatensystem mit zwei Achsen:

Auf der x-Achse trägst du die Zeit ein, auf der y-Achse die erinnerte Positivität. Du kannst die Achse bis ins Minus gehen lassen, um Zeiten einzutragen, in denen die Negativität besonders groß war. Du kannst als zeitlichen Maßstab beziehungsweise Einheit die gemeinsamen Jahre eintragen, oder die entscheidenden Ereignisse und Phasen, allerdings in der korrekten zeitlichen Reihenfolge: Verliebtheit, erste gemeinsame Wohnung, Schwangerschaften, Geburt des Kindes und auch Ereignisse wie Krankheits- oder Todesfälle, Umzüge, Jobwechsel, Affären sowie Ereignisse, die auf den ersten Blick nur dich tangiert haben, sollten markiert werden.

Trage dann, so gut du dich erinnerst, ein, wie sich dein empfundenes Gefühl von Positivität (wie denke und fühle ich über die Beziehung?) im Laufe der Jahre verändert hat. Was waren die ausschlaggebenden Gründe für das positive oder negative Gefühl? Wie glaubst du, sieht die Kurve deines Partners aus? Und wie ist es euch in Phasen der Entfremdung und des Frustes gelungen, wieder zu einem Plus auf dem Konto zu gelangen? Tauscht euch aus, und malt die Kurve nun mit Blick auf eure Zukunft weiter.

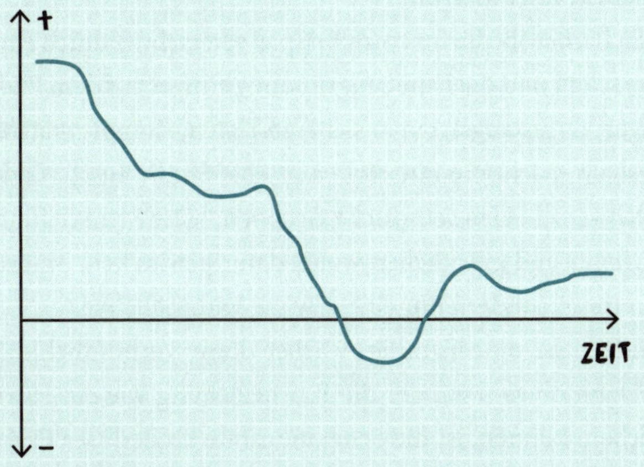

Beziehungszeitreise

Bist du aktuell im Plus, frage dich doch mal, was du aktiv dafür tun müsstest, um wieder im Minus zu landen. (Die Frage ist paradox, weil du das vermutlich gar nicht willst, aber die Antwort ist dennoch aufschlussreich.) Bist du aktuell im Minus, dann überlege dir, woran du merken würdest, dass du wieder im Plus bist, und denk darüber nach, welche konkreten Schritte du gehen kannst, um dahin zu kommen.

Der Mangel an Sicherheit

Natürlich ist die Elternschaft nicht für alle Bedürfnisse ein einziger Fallstrick. Vielmehr ist es so, dass Elternsein mit Blick auf unsere Erfahrungen und Bedürfnisse einfach von starker Ambivalenz und Ambiguität geprägt ist. Für keines der fünf emotionalen Bedürfnisse sind die Folgen nur negativ. Sonst würde wohl auch niemand mehr Kinder kriegen.

Das Sicherheitsbedürfnis zum Beispiel verzeichnet durch eine feste Partnerschaft und die Familiengründung einiges auf dem Pluskonto: weniger Verlustangst, einen sicheren Hafen, Komplexitätsreduktion. Deshalb macht die Ehe froh, sagt eine Studie aus 16 Ländern, quer durch verschiedene ethnische Gruppen.[11] Der Mensch fühlt sich in ihr sicherer und glücklicher, wobei dafür gewiss kein Trauschein vorliegen muss, sondern nur eine gewisse Verbindlichkeit.

Gründen wir eine Familie, wächst diese Verbindlichkeit natürlich. Denn obwohl Kinder die Paarbeziehung wie ein Hurrikan durchwirbeln können, ist die Scheidungsrate kinderloser Paare höher. Das Trennungsrisiko sinkt sogar mit steigender Kinderzahl. Und dennoch trennen sich viele Paare trotz gemeinsamer Kinder. Denn strukturelle Sicherheit reicht nicht. Wir brauchen auch emotionale Sicherheit.

Bekommen wir Kinder, geht zumindest ein Teil unseres Sicherheitsgefühls ja schon per se verloren. Was kommt uns schon wirklich sicher vor, wenn es um unsere Kinder geht? Die Angst um das eigene Kind kann vernichtend sein. Das weiß jedes Elternteil, das schon einmal nervös auf einen kleinen hustenden Rücken geklopft, eine fiebrige Hand gehalten, eine blutende Wunde versorgt oder Schlimmeres erlebt hat. Im Zweifel reicht auch schon die Angst vor der Angst, um verrückt zu werden. Was-wäre-wenn-Szenarien können wir Eltern schließlich richtig gut.

»Die Entscheidung, ein Kind zu haben, ist von großer Tragweite. Denn man beschließt für alle Zeit, dass das Herz außerhalb des Körpers herumläuft.« (Elisabeth Stone)

Das klingt etwas kitschig, vielleicht auch ein wenig theatralisch, aber aus Sicht einer dreifachen Mutter durchaus zutreffend. Diese Angst um das Kind berührt viele Entscheidungen, die wir heute als Eltern treffen dürfen, aber auch müssen: Erziehung, Betreuungsform, Ernährung, Kleidung, Spielzeuge, Aktivitäten etc.

Einen allgemein gültigen Konsens über Normen und Werte im Umgang mit Kindern? Den gibt es heute kaum noch. Folglich müssen sich auch Eltern erst einmal einigen. Und weil Mütter in der Regel einen Bindungsvorsprung haben und anfangs meist mehr Zeit mit den gemeinsamen Kindern verbringen, wissen sie oft besser, was diese brauchen. Zumindest denken und signalisieren sie das und blockieren so das väterliche Engagement. Maternal Gatekeeping is born.

Eine Langzeitstudie des griechisch-deutschen Familien- und Sozialforschers Wassilios Fthenakis kam zu dem Schluss, dass etwa jede fünfte Frau das väterliche Engagement im Familienleben unterminiert, indem sie ihn einfach nicht »ranlässt«. Die Mehrheit der Frauen lässt die Väter zwar ran, weiß es aber trotzdem oft besser. Und zeigt das auch.

Auf den ersten Blick wirkt dieses Verhalten vielleicht wie ein Gerangel um Gunst und Macht, aber auf den zweiten Blick steckt dahinter ein riesengroßer Wunsch nach Selbstwirksamkeit und Sicherheit. In zarten Zügen wird dieses Umklammern evolutionär schon allein dadurch befördert, dass nur die Mutter sicher weiß, dass es ihr Kind ist. Das stärkt die Bindung, die Verbindlichkeit und die Verpflichtung.

Doch vermutlich geht es einigen Nichtsteinzeitmüttern heute auch ein bisschen darum, die einzige Domäne zu sichern, die frau nach der Aufgabe des Jobs noch bleibt. Doch Maternal Gatekeeping betrifft keinesfalls nur Familien mit traditionellen Rollenbildern. Denn oft geht es hierbei schlichtweg um ein Bedürfnis nach Sicherheit und Kontrolle. Bei den meisten Müttern in meiner Praxis dominiert die Sorge vor einem väterlichen Bedienungsfehler am Kind. Diese Sorge wird dann noch dezent gewürzt mit der heimlichen Angst, entbehrlich zu sein. Einerseits wollen wir in Sachen Care-Arbeit also nicht allein verantwortlich sein, andererseits glauben wir, dass es ohne uns nicht läuft.

Das haben die Väter meiner Elterngeneration noch viel deutlicher zu spüren bekommen, als es heute der Fall ist. »Ende der 1980er-Jahre waren Väter nach einer Scheidung nur für die Überweisung des Unterhalts zuständig, ansonsten hatten sie fast keine Rechte«, erinnert sich Rüdiger Meyer-Spelbrink, Geschäftsführer des Vereins Väteraufbruch für Kinder.[12]

Trotz der nach wie vor skandalösen Benachteiligung der Frau in vielen Lebensbereichen, dürfen wir auch die existierende Diskriminierung der Väter anerkennen – sei es bei Sorgerechtsfragen, wo auch heute noch in fast 90 Prozent der Fälle die Mütter das Aufenthaltsbestimmungsrecht bekommen, oder bei alltäglichen, infrastrukturellen Dingen wie dem fehlenden Wickeltisch auf der Männertoilette. Wenn wir bedenken, dass viele von uns mit diesem Vaterbild aufgewachsen sind – ein Bild, das Väter als entbehrlicher zeigt als Mütter –, ist es wenig verwunderlich, dass wir uns selbst mehr Bedeutung und Kompetenz beimessen.

Gatekeeperinnen sind sich dessen vielleicht gar nicht bewusst, aber sie nehmen den Partner als Bedrohung ihrer trauten Mutter-Kind-Dyade wahr. Drei sind für sie einer zu viel. Klar, dass dann nicht das Baby das Feld räumen muss, sondern der Mann. Das passiert vor allem Frauen, die wenig Erfahrung mit Triaden gemacht haben, zum Beispiel weil sie selbst Trennungs- oder Mamakind waren.

Woher es auch kommen mag: Für eine Liebesbeziehung haben alle Formen von Maternal Gatekeeping negative Folgen. Und zwar mittel- bis langfristig für alle Beteiligten. Kurzfristig vor allem aber für den Vater. Er – oder in gleichgeschlechtlichen Beziehungen die andere Sie – fühlt sich nicht nur aus der Elternschaft, sondern auch aus der Paarbeziehung ausgeschlossen, weil er seine Frau nur noch als Mutter, nicht mehr als Partnerin erlebt. Das bedeutet weniger Liebe für ihn, und gleichzeitig, wird er auch noch als unfähiges Elternteil geoutet. In diesem Klima haben positive Gefühle füreinander keinen Platz, und wie wir wissen, ist das ein häufiger Trennungsgrund. Die Mutter-Kind-Dyade mag evolutionär betrachtet ihre Berechtigung haben, aber wir dürfen den Zeitpunkt nicht verpassen, wo wir sie lockern müssen, um zu einer Familie zu werden.

Sind Väter wirklich weniger kompetent? Elternsein ist Übungssache. Niemand wird als Mutter oder Vater geboren. »Als Mann muss ich bereit sein, etwas zu investieren. Denn Vatersein ist einem Mann nicht in die Wiege gelegt, sondern muss erlernt und erarbeitet werden, genau wie das Mütter auch machen müssen«, schreibt Carsten Vonnoh in seinem Buch *Up to Dad*. Doch wie sehr ein Vater Vater sein kann, das hängt nicht unwesentlich davon ab, wie sehr es die Mutter zulässt. Mütter und Väter brauchen und verdienen separate Eltern-Kind-Räume, in denen sie sich ausprobieren können, ohne dass der jeweils andere Elternteil das Geschehen wild gestikulierend koordiniert und kommentiert wie Jürgen Klopp am Spielfeldrand.

Denn entgegen ihrem Image sind Väter beispielsweise sehr wohl in der Lage, außerordentlich gut mit ihren Babys zu kommunizieren. Vor allem, wenn sie mit ihnen alleine sind, das zeigen verschiedene Studien. Bei Anwesenheit der Mutter verändert sich die Kommunikation zwischen Vater und Kind sofort, so die Neurobiologin Louann Brizendine.[13]

Kleine Anekdote: Der Zettel an der Tür

Vor einiger Zeit überraschte ich meine Freundin – nennen wir sie Sissi – mit einem kinderfreien 24-Stunden-Kurztrip. Zuvor hatte ich heimlich mit ihrem Mann – an dieser Stelle Franz getauft – abgesprochen, dass er sich während unserer Abwesenheit um die beiden Kinder (6 und 4 Jahre) kümmert. »Kein Problem«, sagt er. »Na, mal gucken, was das wird«, sagt sie, als ich sie zu Hause abhole. Als wir gehen wollen, fällt mir der Notizzettel an der Haustür ins Auge, auf dem Sissi haargenau aufgeschrieben und aufgemalt hat, was die Kinder anziehen sollen, bevor sie das Haus verlassen. (Eine wahre »Sissi«-phus-Arbeit.) Eine Spalte für jedes Kind. Schlüpfer. Socken. Hose für Nala, Leggings mit Rock für Mala. Oberteil. Jacke. Mütze. Schal. Handschuhe. Schuhe für beide.

Mit einem Schmunzeln auf den Lippen verlassen wir das Haus. Als wir einen Tag später zurückkommen und die älteste Tochter meiner Freundin ihr in die Arme läuft, hat Sissi ihren Schockmoment: »Es ist Winter! Und das Kind trägt kein Hemd. Winter! Kein! Hemd!!!« Was war nur passiert? Ich ging zurück zur Eingangstür und schaute erneut auf die Anziehanleitung für Franz: »Ich weiß es, Sissi: Es stand nicht auf dem Zettel.« Es war wie bei diesem einen Häschenwitz. Natürlich lachen wir heute über diese Geschichte, aber es steckt auch ein Hauch Tragödie darin. Oder zumindest: Dramedy. Denn ich möchte keck behaupten, dass Franz von allein wahrscheinlich an das Hemd gedacht hätte, hätte er seinen Kopf nicht ausschalten müssen, um den Zettel abzuarbeiten.

Weiterführende Gedanken zum Thema Erziehungsunterschiede

Wie wir anhand einiger Geschichten in diesem Buch deutlich sehen konnten, und vermutlich aus eigener Erfahrung wissen, gibt es kaum Elternpaare, die sich nicht über Erziehungsfragen streiten. Dabei geht es hauptsächlich um die Präsenz, das Engagement, aber auch um die Entscheidungen, die ein Elternteil fällt – und die dem anderen missfallen. Diese Konflikte werden sicherlich von mehreren Bedürfnissen gesteuert, doch das Bedürfnis nach Sicherheit und Kontrolle liegt dabei meist ganz oben. Wir wollen das Beste für unsere Kinder. Wir wollen, dass es ihnen gut geht. Wir wollen jede Gefahr für sie bannen. Und manchmal geraten wir Eltern bei diesen Bemühungen aufgrund unterschiedlicher Vorstellungen und Wege aneinander.

Laut einer Studie von Pairfam ist die Kindererziehung eines der häufigsten Konfliktthemen deutscher Eltern. Folgende Mythen heizen diese Konflikte meiner Erfahrung nach an:

Eltern müssen immer einer Meinung sein.
Vater sein lernt man von Müttern.

Schauen wir uns diese zwei Mythen einmal genauer an: Wie bedrohlich sind Erziehungsunterschiede wirklich? Und wie können wir mehr Vertrauen ineinander entwickeln?

Mythos: Eltern müssen immer einer Meinung sein …

… sonst spielen Kinder sie gegeneinander aus. Was wahr ist: Kinder sind sich der Unterschiede zwischen Mama und Papa bewusst. Sie wissen genau, wer wann nachgiebiger ist. Mit wem sie besser über Liebeskummer sprechen können. Wer auch nach 18 Uhr Ja zu einem Eis sagt. Wer Mathe besser erklären kann. Wer besser tobt. Wer die neue App erlaubt. Wer mitreißender vorliest. Wer Pflaster hübscher klebt. Und wer weniger schimpft, wenn man das Klo mit dem Plüschtier des kleinen Bruders verstopft hat.

Kinder holen sich, was sie brauchen, von wem sie es brauchen und wann sie es brauchen. Sie profitieren von den unterschiedlich stark ausgeprägten Qualitäten beider Elternteile. Im Umgang mit dir entwickeln sie ganz andere Kompetenzen als im Umgang mit deinem Partner. Und das gilt nicht nur für all die angenehmen Dinge, sondern auch für die weniger angenehmen. Es ist okay, dass Eltern unterschiedliche Dinge auch unterschiedlich schlimm finden. Und es ist auch okay, dass Eltern unterschiedliche Grenzen haben, Probleme unterschiedlich lösen und unterschiedlich streng sind. Das ist sogar mehr als okay. Es ist bereichernd.

Wobei ganz klar ist, dass die körperliche und seelische Unversehrtheit eines Kindes immer gewährleistet sein muss. Ich spreche davon, dass jeder Elternteil ein Recht darauf hat, in Sachen Erziehung seinen eigenen Weg zu gehen, solange dieser Weg konsistent und sicher ist. Zwei Elternteile eröffnen Wahlmöglichkeiten, die die Selbstwirksamkeit von Kindern erhöhen und ihre internale Kontrollüberzeugung steigern. Gemeinsam decken Eltern einfach mehr Fähigkeiten und Strategien ab. Das bereichert die Kinder und entlastet die Eltern. Allerdings nur, wenn wir verstehen, dass wir manchmal eben nur der Beifahrer sind und nicht der Fahrer. Und der Beifahrer greift nicht einfach ins Steuer. Selbst wenn er meint, den Weg besser zu kennen, entscheidet der Fahrer, wo es langgeht. Deshalb sind Erziehungsunterschiede an sich kein Problem, solange klar ist, wer wann am Steuer sitzt. Ob ihr euch tage- oder themenweise aufteilt oder täglich neu verhandelt, wer sich worum kümmert, bleibt euch überlassen. Gibt es Dinge, die ausdiskutiert werden müssen, könnt ihr euch dafür regelmäßig zu einem Elternmeeting treffen. Dazu später mehr.

Erinnere dich noch einmal an die Kreise: Es gibt mich. Meinen Partner. Und meine Kinder. Wir alle sind einzelne Kreise, zwischen denen ein gemeinsamer Raum entsteht, wenn sie sich begegnen. Es gibt einen Paarraum. Es gibt einen gemeinsamen Familienraum. Und es gibt eigene Eltern-Kind-Räume. Mein Eltern-Kind-Raum ist der Raum, der nur mir und meinem Kind gehört. Er ist gleich neben dem Raum, der nur meinem Partner und seinem Kind gehört. Doch sehr oft haben insbesondere Mütter ständig einen Fuß in der Tür des Eltern-Kind-Raums des Partners. Und das ist ein Urproblem: Wir übertreten jeden Tag die Grenzen unseres Partners, wollen aber, dass Kinder sich an unsere Grenzen oder die ihrer Geschwister halten. Jesper Juul war da sehr klar in seiner Haltung und betonte: Auch recht zu haben ist keine Legitimation für das Überschreiten von Grenzen.

Aber wann darf ich mich denn dann einmischen, fragen mich Eltern oft: So oft wie nötig? So selten wie möglich? Muss ich denn nicht mein Kind schützen? Also wenn es wirklich darum geht, Schaden abzuwenden und das Kind vor schlimmen Erfahrungen zu bewahren, dann schreiten wir natürlich ein. Aber nicht jede unangenehme Erfahrung ist schlimm oder schädlich. Hier verläuft die Grenze.

Was ich als Familientherapeutin allerdings ebenso wichtig finde wie die Unterschiede, sind Gemeinsamkeiten. Einen gemeinsamen Nenner. Wir sind Familie Oberknaller, und bei uns zählen folgende Werte. Diese Werte sind unser Leitstern. Sie sind das, was uns als Familie ausmacht. Und diese Werte werden von allen Familienmitgliedern gemeinsam festgelegt und gelebt. Hier fließen meine Vorstellungen ebenso mit ein wie die meines Partners und die meiner Kinder.

Impuls: Wertefabrik

Verabredet euch für ein ausgiebiges Gespräch über eure aktuellen Familienwerte. Was ist jedem von euch wichtig? Und wieso? Welche Werte waren in euren Herkunftsfamilien wichtig? Welche davon wollt ihr weitertragen? Welche nicht? Wo wünscht ihr euch mehr Unterstützung oder Nachsicht voneinander, und woran würdet ihr merken, dass ihr sie bekommt?

Schreibt die Top 10 eurer gemeinsamen Familienwerte (weniger geht auch) auf ein Stück Papier und hängt es gut sichtbar für alle irgendwo auf, wenn ihr wollt.

Wann Unterschiede wirklich kritisch werden können, ist, wenn Eltern ständig vor ihren Kindern über Erziehung streiten. Das führt nämlich dazu, dass Kinder früher oder später anfangen zu glauben, sie seien das eigentliche Problem. Sie bekommen Schuldgefühle, fühlen sich verantwortlich und ohnmächtig – ihr Selbstwert leidet.

Einige Menschen sind daher sogar der Meinung, Eltern sollte niemals vor ihren Kindern streiten – egal worüber. Ich finde, es kommt darauf an, worüber wir streiten und wie. Wer hässlich streitet, laut wird, an Beschimpfungen nicht spart oder sogar mit Suppentellern wirft, der sollte wenigstens darauf achten, dass die Kinder nicht dabei sind. Andernfalls gefährdet der Elternstreit ihr Bedürfnis nach Sicherheit und Loyalität. Aus demselben Grund sollten wir Kinder in einem Streit mit dem Partner auch niemals zu Parteilichkeit drängen oder versuchen, sie auf unsere Seite zu ziehen. Ich habe erst kürzlich bei einem Fall erlebt, zu welchen Schieflagen es in Familien dadurch kommen kann. Bei dieser Familie bildete sich eine derart feste Allianz zwischen Mutter und Tochter, dass der Vater sowohl aus der Rolle des Ehemannes als auch aus der Rolle des Vaters gedrängt wurde. Mutter und Tochter bezeichneten sich als beste Freundinnen, doch innerlich waren alle drei einsam, weil niemand bekam, was er wirklich gebraucht hätte. Besonders schlimm war das natürlich für die Tochter: Sie hat gewissermaßen sowohl ihre Mutter als auch ihren Vater verloren – plus die Unbeschwertheit der Kindheit.

Das bedeutet nicht, dass Eltern nicht vor ihren Kindern diskutieren dürfen. Meinungsverschiedenheiten sind völlig normal. Und das dürfen unsere Kinder gern lernen. Mama und Papa haben verschiedene Standpunkte. Aber sie lieben sich trotzdem. Und oft finden sie sogar einen gemeinsamen Konsens und vertragen sich wieder. Was für eine wertvolle Erfahrung! Über Erziehungsunterschiede, existenzielle Sorgen und das eigene Sexleben diskutiert man allerdings wirklich besser allein. Oder mit Menschen wie mir.

Mythos: Vater sein lernt man von Müttern

Das stimmt so nicht, obgleich Mütter gerade am Anfang meist eine bessere Landkarte von ihren Kindern haben. Das heißt aber nicht, dass man ein Land nicht auch ohne detaillierte Landkarte bereisen kann. Mit einem Kompass zum Beispiel. Sicher landet man das ein oder andere Mal in einer Sackgasse. Oder verläuft sich. Doch schlussendlich erweitern diese Umwege nur die Ortskenntnis – und kleckern sich zu einer ganz eigenen Landkarte zusammen.

Die meisten Mütter wünschen sich mehr Entlastung. Und mehr Engagement von den Vätern. Sicherlich zu Recht. Dennoch stehen wir uns hier manchmal selbst im Weg. »Du willst, dass ich die Dinge übernehme, aber wenn ich es tue, ist es nicht richtig. Ich soll es nicht nur machen. Ich soll es auf deine Weise machen«, sagte mein Mann vor vielen Jahren am Anfang unserer Elternreise mal zu mir. Und, verdammt, er hatte recht. Er hatte es satt, der zu sein, der entweder zu selten da oder zu inkompetent ist. So geht es vielen Vätern, die in die Beratung kommen. Auch Malte.

Malte und Juli

Malte ist Arzt. In eigener Praxis. Seine Frau Juli ist Laborantin in Teilzeit. Gemeinsam haben sie zwei kleine Kinder, fünf und drei Jahre alt. Malte und Juli sind ein sehr offenes, reflektiertes und gleichwürdiges

Paar. Doch mit der Zeit entpuppt sich der Elternraum als Quelle eines Ungleichgewichts.

»Wenn ich abends nach Hause komme, fühle ich mich manchmal in meine Zeit als Assistenzarzt zurückversetzt. Damals wurde ich auch kontrolliert, bewertet und verbessert. Und die Patienten wollten auch immer lieber von meiner Oberärztin behandelt werden. (Beide lachen.) Juli mischt sich nicht auf eine garstige Weise ein, aber sie wacht streng über uns. Und ich weiß auch, dass der Kleine mich nicht verschmäht, weil er mich doof findet. Er findet seine Mutter nur einfach besser. Er verbringt ja viel mehr Zeit mit ihr. Und sie ist so warm und weich. Ich würde wohl auch sie nehmen, wenn ich die Wahl hätte. Ich versuche, das daher nicht persönlich zu nehmen. Aber es zerrt trotzdem am Ego und meinem Selbstbewusstsein als Vater.«

»Und in welchen Situationen fühlst du dich sicher und kompetent als Vater?«, frage ich Malte. Er muss nur kurz überlegen, schaut seine Frau an, und sie antwortet: »Wenn ich nicht da bin?!« Er nickt.

Natürlich tut es weh, so disqualifiziert zu werden. Die Tücke ist aber, dass viele Männer – anders als Malte – über diesen Schmerz gehen und sich weigern, ihn zu fühlen. Weil der Glaube, dass echte Männer das so machen (müssen), leider noch immer existent ist. Dann staut sich all dieser Frust an, das Schuldenkonto wächst. Die Liebe zieht ins Dispo, und die Freude an der Vaterschaft zieht mit. Bis zur Insolvenz. In der Folge flüchten Männer sich in Lebensbereiche, wo sie sich kompetent fühlen und Anerkennung bekommen. Auch Malte bleibt gern länger in der Praxis.

»Er bringt sich hier nicht genügend ein«, heißt es dann oft aus der Perspektive der Frau. Ein typischer und oft auch zutreffender Vorwurf, der zu viel Frust und Spaltung führen kann. Manchmal führt er sogar zur Trennung. Alles zum Wohle des Kindes natürlich. Ein bisschen paradox ist das schon. Denn im Falle einer Trennung finden viele dieser Mütter es dann eben doch vertretbar, dass ein Elternteil maximal die Hälfte seiner Zeit mit seinem Kind verbringt. (Maximal deswegen, weil das Residenzmodell mit 70:30 wesentlich verbreiteter ist als das Wechselmodell mit 50:50.) Wir lassen eine Beziehung an dem Anspruch scheitern, dass ein Vater zu 100 Prozent für seine Kinder da zu sein hat, und erschaffen damit eine Realität, in der er es bestenfalls zu 50 Prozent kann und im Durchschnitt zu maximal 30 Prozent ist. Geht es hier also wirklich nur um das Kind? Oder doch um uns und unsere Ideale?

Die Antwort des Mannes auf den Vorwurf der Frau lautet übrigens oft: »Was ich einbringe, ist nie gut genug. Ich kann es dir gar nicht recht machen. (Also höre ich irgendwann auf, es zu versuchen.)« Es gibt aber zum Glück noch eine dritte, schuldärmere Perspektive, die in Einigkeit lauten könnte: »Wir haben es bisher einfach nicht geschafft, alle so in unsere Familie einzubeziehen, dass jeder glücklich ist.«

Ein Grund für dieses »Unglück« ist, dass Mütter im Konflikt zwischen Mann und Kind meist schon aus Prinzip oder aus mütterlicher Fürsorge und Behütung auf der Seite des Kindes stehen – und ihre Partner maßregeln. Das ist fast eine Art mütterlicher Reflex. So wie man versucht ist, immer das älteste Geschwisterkind zu rügen, wenn das jüngere weint.

Was dann passiert: Männer trotzen schon allein aus Selbstachtung und setzen die Kritik nicht um, selbst wenn sie wissen, dass sie berechtigt ist. Sie wollen das letzte bisschen Würde behalten, auch wenn ihnen klar ist, dass der Preis eigentlich zu hoch ist. Daran verzweifeln die Frauen natürlich erst recht. Und werden noch lauter, noch aggressiver, noch feindseliger. Eine Abwärtsspirale beginnt.

Dabei könnten Mütter und Väter tatsächlich so viel voneinander lernen. Man(n) kann aber nicht lernen, wenn man sich dumm fühlt. Das hat die Hirnforschung längst belegt. Außerdem bin ich mir ziemlich sicher: Der beste Lehrmeister ist nicht die Mutter. Es sind die Kinder selbst. Väter und Kinder brauchen nur Zeit zusammen. Und keinen Koordinator.

Und wollen oder müssen wir uns doch mal einmischen, dann tun wir es besser nicht als Mutter. Sondern als Partnerin. Denn vielleicht braucht der andere statt Kritik eher Unterstützung: Was war los? Wie ging es dir in dieser Situation? Was brauchst du, um nächstes Mal anders reagieren zu können? Selbst Empathie zu erfahren ist schließlich der verlässlichste Weg, sie selbst zu entwickeln: *Du bist ein toller Mensch. Ein toller Vater. Wie kann ich dich darin unterstützen, das auch zu leben?*

Astrid Lindgren sagte einst: »Man kann in Kinder nichts hineinprügeln, aber vieles herausstreicheln.« Und sie sagte auch: »Wenn Kinder ohne Liebe aufwachsen, darf man sich nicht wundern, wenn sie selber lieblos werden.« Aus beiden Zitaten können wir etwas für unsere Partnerschaft lernen, wenn wir auch hier »Kinder« durch »Menschen« ersetzen.

Herzmoment: Zusammen sind wir mehr

Nimm dir zehn Minuten Zeit und schreibe auf, welche Elternqualitäten jeder von euch in die Erziehung eurer Kinder einbringt. Tauscht euch anschließend darüber aus. Was war schön zu hören? Was war unerwartet? Was wollt ihr ergänzen?

»Und was machen wir nun?«, fragt mich Juli unsicher. »Das kann ich nicht für euch entscheiden. Aber ich kann euch sagen, wo ihr anfangen könntet: Du lädst Malte ein, genau der Vater zu sein, der er sein kann und will. Du machst ihm die Tür zu seinem Eltern-Kind-Raum auf und nimmst dann den Fuß aus der Tür, damit er sie von innen zumachen kann. Bevor du hineingehen möchtest, klopfst du zukünftig an und wartest auf sein *Herein*. Es sei denn, es ist Gefahr im Verzug. Dann dürfen auch Polizisten Türen eintreten. Aber das wird nicht passieren. Weil Malte auf Basis dieser Freiheit und Freiwilligkeit ein selbstbewussterer Vater ist und ein eigenständiges Interesse daran entwickeln wird, aus deinem Wissens- und Beziehungsvorsprung, was eure Kinder angeht, zu lernen. Zunächst musst du dich also fragen: Möchte ich alle Pflichten und somit auch alle Rechte in der Erziehung teilen, oder möchte ich die Hoheit behalten, indem ich darauf bestehe, dass es so gemacht wird, wie ich es will. Beides geht nicht. Und Malte, du musst dich entscheiden, ob du bereit bist, deinen Platz einzufordern – mit allen Rechten und Pflichten, die dazugehören. Ohne das Mama-Back-up. Dafür aber mit einer klaren Haltung: Ich mache die Dinge anders als eure Mama, weil ich nicht eure Mama bin. Ich bin euer Papa. Und ich habe euch genauso lieb.«

Papa macht die Dinge anders. Mama auch. Nicht alle. Und nicht immer. Aber oft. Das ist gelebte Authentizität.

Auch mein Mann und ich sind in Erziehungsfragen alles andere als Synchronschwimmer: Manchmal sagt er Nein, wo ich Ja sagen würde. Manchmal ist er nachgiebig, wo ich standhaft wäre. Wir sind uns nicht in allem einig. Aber darüber, dass wir uns nicht immer einig sein müssen. Mein Mann schafft viel mehr nebenbei, wenn er mit den Kindern allein ist, als ich. Er kocht andere Sachen für sie. Oder fährt zum Essen einfach zu Freunden. Er flicht keine Haare. Nicht weil er es nicht kann, sondern weil die Frisuren das gemeinsame Toben sowieso nicht überstehen. Er kann sich auf die Arbeit konzentrieren, auch wenn er »Kinderdienst« hat. Und manchmal engagiert er Findus und Petterson als Babysitter. Ganz ohne schlechtes Gewissen. Er spielt an verregneten Wochenenden mit den Kindern auf der Wii.

Die Geschichten, die er ihnen erzählt, sind meist wild und verrückt. Und die Moral von der Geschicht'? Die gibt es nicht. Doch dafür jede Menge Gekicher.

Er drückt sich vor den Elternabenden und Arztterminen. Doch dafür krault er alle Kinder geduldig in den Schlaf und erklärt Matheaufgaben viel besser als ich. Streit zwischen den Kindern bekommt er viel später mit, hält ihn dann aber schwerer aus. Am Strand sammelt er stundenlang mit ihnen Steine oder schiebt sie beim Surfen in die Wellen, wozu mir die Geduld fehlt. Dafür fehlt sie ihm an anderen Stellen.

Ja, ich mache die Dinge anders als er. Aber anders heißt nicht unbedingt besser.

Ich habe ein paar Jahre gebraucht, um den Gedanken loszulassen, dass es so laufen muss, wie ich es für richtig halte. Denn mein Weg mag ein guter sein. Aber er ist nicht der einzige. Und auch nicht der einzig gute. Denn was weiß ich schon vom Vatersein?

Halt mich fest

Sicher ist sicher? Für die Elternschaft gilt das anscheinend nicht. Ein bisschen Unsicherheit fährt immer mit. Das Loslassen ist wohl eine der schwersten Aufgaben, die wir als Eltern haben. Viel schwerer als das Festhalten. Der Schlüssel zu einem erfüllten Bedürfnis nach Sicherheit in der Elternschaft lautet Vertrauen. In mich. Mein Kind. Und meinen Partner. So gut ich es eben kann.

Auch die Paarbeziehung befindet sich stets in einem Prozess des Auslotens. Auch hier: Festhalten und Loslassen. Ein emotionaler Balanceakt, der auf gemeinsame Stabilität und Sicherheit abzielt.

Wir erinnern uns an die Leitgedanken emotionaler Sicherheit nach Erskine. In vielerlei Hinsicht ähneln sie dem AP-Manifest aus dem ersten Kapitel. Denn emotionale und strukturelle Sicherheit sind für Kinder und Erwachsene gleichermaßen unverzichtbar, wenn es darum geht, dass wir uns gesunde und konstruktive Beziehungskompetenzen aneignen. Wir können besser lernen und auf andere eingehen, wenn wir selbst nicht in Gefahr sind, also unsere eigenen psychischen Grundbedürfnisse erfüllt sind.

- Ich bin körperlich und emotional in der Beziehung sicher aufgehoben.
- Ich bin gleichzeitig verletzlich und in Verbindung mit dem anderen.
- Ich kann sein, wer ich bin.
- Ich kann mich öffnen, ohne zu befürchten, die Zuneigung und den Respekt des Partners zu verlieren.
- Ich weiß, woran ich bin.
- Mein Partner und ich haben verlässliche Absprachen und Regeln.
- Mein Partner kommuniziert wertschätzend mit mir.

Impuls: Auf der Suche nach Sicherheit

Geh die sieben Leitgedanken nach und nach durch und ordne dich hinsichtlich der Aussagen auf einer Skala von 1 (trifft gar nicht zu) bis 10 (trifft voll zu) ein. Im zweiten Schritt kannst du mutmaßen, wo dein Partner sich aktuell befindet. Tauscht euch anschließend darüber aus. Seid interessiert an der Wahrnehmung des anderen, ohne euch davon bedroht zu fühlen.

Aus welchen Gründen hast du dich und deinen Partner wo einsortiert? Welche Einschätzung des anderen hat euch überrascht? Welcher Punkt ist euch in der Partnerschaft am wichtigsten? Wovon wünscht ihr euch mehr oder weniger?

Hinweis: Wenn du glaubst, unter etwas zu leiden, was dein Partner bezüglich dieser Punkte tut oder nicht tut, versuche nur zu beschreiben, was du dabei erlebst, statt deinen Partner dafür zu kritisieren.

Wenn wir uns jetzt in all die Paare und ihre Geschichten einfühlen, die wir bis hierhin schon kennengelernt haben, und uns unsere eigene Geschichte aus neuen Perspektiven erzählen, dann erkennen wir, wie schwierig es sein kann, diese sieben Leitgedanken als Elternpaar im Alltag tatsächlich zu leben.

Aber ist es nicht auch beruhigend, zu verstehen, dass nicht unbedingt menschliche Schwäche oder partnerschaftliches Versagen die Ursache für das gelegentliche Scheitern sind? Scheitern wir überhaupt? Oder ist Scheitern, wie Friedemann Karig sagt, vielleicht nichts anderes, als vorwärtsfallen?

Wie wir uns verlieben. Wie wir Kinder machen. Das wissen wir. Wie wir Beziehung gestalten, wie wir lieben und miteinander leben, ohne auf der gemeinsamen Reise jemanden zu vergessen, das müssen wir lernen. Uns erarbeiten. Uns zurückerobern. Denn die Freiheit, unser Leben und unsere Liebe nach den Bedürfnissen aller ausrichten zu können, die ist einerseits (gesellschaftlich) genauso jung, wie sie (evolutionär) alt ist. Uralt sogar. Und artgerecht. Denn um unsere Bedürfnisse zu ergründen, wurden wir mit Gefühlen ausgestattet. Und um unsere Bedürfnisse zu kommunizieren, haben wir eine Stimme bekommen. Natürlich ist das aufwendiger, als seine Beziehung nach tradierten Rollenbildern, Normen und Werten auszurichten und frustriert in ihr zu verharren oder aus ihr zu flüchten. Aber es ist auch erfüllender.

Impuls: Wir sind mehr als die Summe unserer Probleme

Die letzten Seiten haben sich mit den Stolpersteinen, Belastungsfaktoren und Bedürfnisnöten der Elternliebe beschäftigt – doch jede Beziehungen steckt auch voller Potenzial und

Ressourcen, voller Schönheit und Hoffnung. Du kannst mit dieser Übung all das bewusst erinnern und einfangen, bevor wir in das nächste Kapitel starten.

Mit Blick auf deine Beziehung: Was soll genau so bleiben, wie es ist? Zwischen euch? An deinem Partner? An dir? Was tut euch gut? Was mögt ihr?

Das können Eigenschaften, Rituale, Gewohnheiten, Gesten oder Interessen sein – was immer dir einfällt. Viel Freude beim Sammeln und Austauschen.

Um Beziehung derart erfüllend und bedürfnisorientiert gestalten zu können, brauchen wir gewisse Kompetenzen und Fähigkeiten. Viele davon trägst du längst in dir. Einige sind einfach da, andere musst du nur wieder freilegen, und wieder andere gilt es, gänzlich neu zu entwickeln. In den folgenden Kapiteln werden wir uns daher den Basics des Bedürfnis- und Beziehungsmanagements widmen:

Wie bekommen wir Zugang zu unseren Bedürfnissen?

Wer ist verantwortlich für die Erfüllung unserer Bedürfnisse?

Wie kommunizieren wir unsere Bedürfnisse?

Und was können wir tun, wenn unsere Bedürfnisse anscheinend kollidieren?

Bedürfnismanagement

Verhalten, Gefühle und Bedürfnisse – drei, die zusammengehören

Wer nicht macht, was alle machen oder was andere ihm sagen, der wird bestraft oder manipuliert, bis er sich fügt oder anpasst. So oder so ähnlich, ganz grob zusammengefasst, funktionierte Erziehung über lange Zeit. Und obgleich heute – der Wissenschaft und Menschlichkeit sei Dank – viele andere Erziehungs- und Pädagogiktheorien (wie bindungs- und bedürfnisorientierte Ansätze) auf dem Vormarsch sind, ist diese symptomorientierte, eindimensionale Wenn-dann-Pädagogik noch immer en vogue. Die meisten von uns sind mit ihr aufgewachsen. Da ist es wenig verwunderlich, dass diese Form der Verhaltenssanktionierung auch auf der Paarebene zu beobachten ist.

Unser Verhalten

Dein Verhalten ärgert mich, also solltest du dein Verhalten ändern, damit ich mich besser fühle. Das haben wir wohl alle schon mal so gedacht und gefühlt – ob nun bei unseren Kindern oder unserem Partner. Das Problem an dieser Art von Verhaltenstherapie ist allerdings: Wir glauben, störendes Verhalten ausschließlich auf der Verhaltensebene regeln zu können, ohne nach dem wahren Grund und unserem Anteil zu fragen, und bringen uns so um die Reflexionschance und Selbsterkenntnis, die in der Situation steckt.

Die Ursache für das Verhalten ist aber entscheidend, damit eine langfristige und authentische Veränderung möglich ist. Egal ob diese Veränderung nur uns oder unsere Paarbeziehung betrifft. Dummerweise hinterfragen wir viel seltener die Reaktion als den Reiz, der sie ausgelöst hat. Wenn mein Partner mich durch das Vergessen des Hochzeitstages (Reiz) so wütend gemacht hat, dass ich ihn im Anschluss fünf Tage ignoriere (Reaktion), ist es schließlich viel einfacher, sein Verhalten dafür verantwortlich zu machen, als meine Reaktion und die Ursachen für diesen Rückzug selbstkritisch zu ergründen.

Denn so haben es viele von uns gelernt. Es mag uns nicht bewusst sein, aber unsere Beziehungen stecken voller Verhaltensweisen, die wir aus unserer Kindheit mitgebracht haben und die wir nun in neuer Besetzung mit upgedateten Rollen und ein paar mehr Falten im Gesicht nachspielen: Ausschluss und Trennung statt Zuwendung und Verbindung, Liebesentzug als Antwort auf Verärgerung.

Wir brauchen jedoch einen Zugang zu unserem Verhalten und unserer Verhaltensmotivation, um die tiefer liegende Bedeutung unserer Handlungen als Mensch und als Paar zu verstehen und gegebenenfalls zu verändern. Unser Verhalten ist ein wertvolles Signal dafür, was in unserem Inneren vorgeht. Das gilt ebenso für unseren Partner.

Das Verhalten, welches wir sehen – und von dem wir glauben, dass es der Anfang sei –, ist bereits das sichtbare Ende einer inneren Reiz-Reaktions-Kette. Das haben wir deutlich an der Geschichte von Marie und Jonas gesehen. Wenn wir nur auf der Verhaltensebene geschaut hätten, was bei den beiden los ist, ohne zu fragen, welche unerfüllten Bedürfnisse diesem Handeln vorausgehen und wie die beiden sich tief im Inneren damit fühlen, würden wir Marie wohl für eine moderne Xanthippe und Jonas für einen familiären Drückeberger halten.

Und darin liegt die Schwierigkeit: Verhalten können wir beobachten. Auch Emotionen lassen sich teilweise von außen erkennen, obgleich nicht alle Gefühle immer sichtbar sind und auch nicht immer richtig gedeutet werden. Was wir aber nicht sehen können, sind die Bedürfnisse.

Da geht es uns wie der Besatzung der Titanic damals. Mit aller Kraft versuchte sie, den Teil des Eisbergs zu umschiffen, den sie sah, und dachte sogar kurz, sie hätte es geschafft. Doch die Kollision passierte unter der Wasseroberfläche. Am unsichtbaren Teil des Eisbergs. Das Schiff lief voll und sank. Stochern wir in unserer Beziehung nun ebenfalls nur an der Oberfläche herum, ohne unter die Wasseroberfläche zu tauchen, droht uns schlimmstenfalls dasselbe Schicksal.

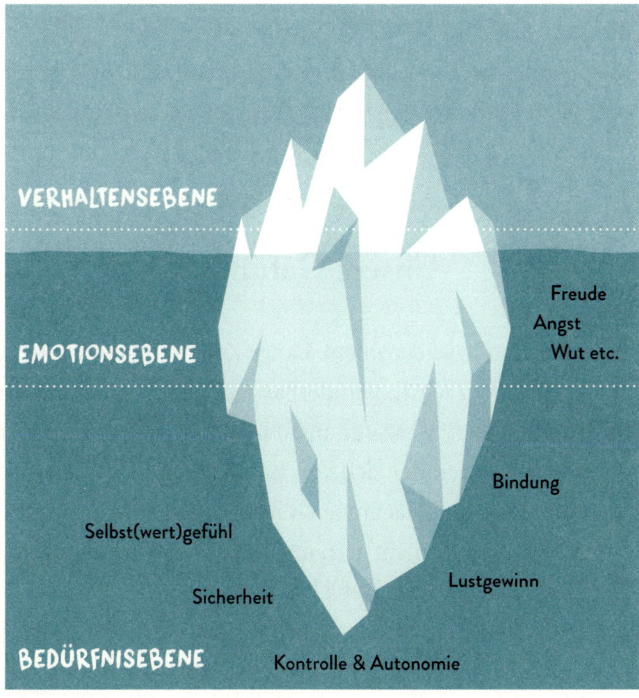

Eisbergmodell Verhalten – Gefühle – Bedürfnisse

Impuls: Eisbergexpedition

Wieso verhalte ich mich, wie ich mich verhalte?
Welche Gefühle liegen meinem Verhalten zugrunde?
Welche (un)erfüllten Bedürfnisse könnten die Ursache sein?

Du kannst dir diese Fragen auch aus der Perspektive deines Partners stellen, um irritierendes Verhalten besser verstehen zu können: Wieso verhält er sich vermutlich, wie er sich verhält ... etc.

Für die Verbesserung eurer Paarbeziehung reicht es also nicht aus, sich mehr oder weniger wahllos neue Verhaltensweisen auszudenken und zu verschreiben. Wir müssen durch den ganzen Prozess gehen:
Verhalten beobachten → Gefühle wahrnehmen, fühlen und verstehen → Bedürfnisse erkennen → Handlung/Verhalten/Strategie wählen.

Unsere Gefühle

Gefühle haben ein Imageproblem. Lange Zeit huldigten wir unserer eigenen Spezies, weil wir so wunderbar rationale Wesen sind. Ratio schlägt Emotion. Gefühle waren nicht mehr als unvernünftiges Gedöns, schwach war der, der sich von ihnen leiten ließ. Vielen Menschen sind ihre Gefühle darum auch heute noch ein Dorn im Auge der Ratio. Sie fühlen sie nicht gern und reden noch weniger gern darüber. Aus Scham, aus Angst, aus Unerfahrenheit.

Was den Menschen früher nicht bewusst war: Unsere Gefühle steuern uns, als wären wir Marionetten, selbst wenn wir glauben, dass wir uns ihnen entzogen haben. Im Grunde argumentieren wir nur unseren Gefühlen hinterher, so beschreibt es die Emotionsforscherin Dr. Carlotta Welding. Sie möchte damit keinesfalls leugnen, dass wir Einfluss darauf haben, ob wir uns eher emotional oder rational leiten lassen. Aber sie sagt ganz klar, dass der Mensch als fühlendes Wesen einfach nicht völlig frei von emotionaler Beeinflussung agieren kann. Sei es auch unbewusst. Insbesondere wenn wir komplizierte Probleme lösen wollen oder große Wissensmengen abrufen und verarbeiten müssen, sind unsere Gefühle unabdingbar.[1] Jeder von uns hat es schon einmal erlebt: Obwohl auf der Ebene des Verstandes alles passt, streikt der Bauch. Und selbst wenn wir dann unserem Verstand folgen, behält dieses Bauchgefühl am Ende oft recht: »Hätte ich mal auf mein Bauchgefühl gehört!« oder »Ich hatte von Anfang an ein ungutes Gefühl!« heißt es dann oft.

Und dennoch hält sich das schlechte, gefühlsduselige Image unserer Emotionen wacker. Das fällt vor allem Männern auf die Füße, die in ihrer Kindheit zu Tapferkeit und Stärke erzogen wurden. »Ein Junge weint nicht« hat sicher jeder heute erwachsene Mann schon mal zu hören bekommen. Wer Gefühle zeigte, galt als weich, war kein richtiger Kerl und schon gar kein richtiger Mann. So etwas sitzt tief. Und ist fatal. Nicht nur, dass Frauen in ihren Beziehungen oft an dieser »maskulinen« Unbeholfenheit im Umgang mit Gefühlen verzweifeln – am meisten leiden die Männer selbst. Ihre Suizidrate ist deutlich höher als die der Frauen. Psychologen vermuten einen Zusammenhang mit der Unterdrückung der Emotionen bei Männern.

Unabhängig vom Geschlecht fanden Forscher auch heraus, dass Menschen, die Gefühle ganz allgemein für etwas Negatives halten, in einer schlechteren psychischen Verfassung sind als Menschen, die ihre Gefühle nicht ablehnen und deren Existenz eher für gut befinden. »Gefühlsgegner« weisen ein weniger ausgeprägtes Wohlbefinden auf und zeigten mehr Symptome von Angst und Depression.

Das negative Gefühlsimage bekommt glücklicherweise gerade ein Upgrade. Längst ist empirisch belegt, dass Emotionen und

Gefühle von existenzieller Bedeutung sind. Mit jedem bunten Bild, das die Computertomografen in den Hirnlabors in den letzten Jahrzehnten weltweit produzierten, zeigte sich deutlicher, wie sehr die lange geschmähte emotionale Welt in uns unser Handeln bestimmt.[2] Ohne Gefühle sind wir nichts. Vor allem in der Liebe. Das komplexe Zusammenspiel, das bei der Verarbeitung von Emotionen gefragt ist, hilft uns nämlich dabei, feinfühlig zu sein, soziale Interaktionen zu meistern und erfüllte Partnerschaften zu führen, so Welding.

Gut zu wissen: Der Unterschied zwischen Emotionen und Gefühlen

Auch wenn beide Begriffe in unserem Sprachgebrauch nahezu synonym verwendet werden, ist das fachlich nicht ganz korrekt. Häufig meint Gefühl nämlich die subjektive und bewusste Erlebnisweise dessen, was sich körperlich und im Verhalten zeigt und im engeren Sinne als »Emotion« bezeichnet wird.[3]

Als Emotionen werden alle Vorgänge in unserem Körper bezeichnet, die uns dabei helfen, uns in unserer Umwelt und in unserem Alltag zurechtzufinden. Durch sie wird unser Organismus zu einer Reaktion auf einen Reiz befähigt. Emotionen haben verschiedene Bestandteile: Gefühle, körperliche Reaktionen und kognitive Prozesse.

Gefühle sind das, was wir in einer Situation empfinden: Trauer, Wut, Eifersucht, Neugier, Interesse, Freude, Ekel, Angst, Überraschung etc. Sie sind also das individuelle innere Erleben einer Emotion.

Unsere Emotionen lösen zudem eine körperliche Reaktion aus, die sich zum Beispiel in Lachen, Weinen, Herzrasen oder auch Übelkeit äußern kann.

Der dritte Bestandteil unserer Emotionen ist der Denkprozess. Dieser dient dazu, das Geschehen einzuordnen. Wir vergleichen, interpretieren, bewerten, erklären, entscheiden. Größtenteils mithilfe unseres Unterbewusstseins. Die Gefühle, die unser emotionales Erleben nach sich ziehen, führen dann wieder zu Handlungen. Hier schließt sich der Kreis.

Gefühle füttern zudem unser emotionales Bewertungssystem: Jede Erfahrung, die wir machen, alles, was wir lernen, wird im Gehirn mit dem entsprechenden Gefühl, das wir in dieser Situation empfinden, abgespeichert. So können wir äußere und innere Reize im Laufe unserer wachsenden Lebenserfahrung noch besser einsortieren und auf sie reagieren. Sie helfen uns dabei, Erfahrungen schnell in gut oder schlecht einzuordnen und sind wie eine Kompassnadel für unsere Bedürfnisse. Je mehr Erfahrungen wir sammeln, desto größer ist unser Erfahrungsschatz, und umso besser werden wir darin, Entscheidungen zu treffen – weil wir Situationen, Informationen und Menschen besser einschätzen können

Das Fühlen wiederum wird durch mentale Vorgänge wie Gedanken, Erwartungen, Einstellungen, Vorstellungen, Wünsche und Absichten beeinflusst. Unsere Emotionen unterliegen damit, wie alle mentalen Vorgänge, einer gewissen Relativität. Unsere Wahrnehmung, Wertung und Interpretation kann durchaus Täuschungen unterliegen. Dennoch sind Gefühle niemals falsch, denn sie entsprechen der Wahrnehmung in genau dieser Situation auf Grundlage der Informationen und Vorerfahrungen, die wir im Laufe unseres Lebens gesammelt haben. Unveränderbar sind sie aber nicht! Ändern wir unsere Gedanken, ändern wir auch unsere Gefühle und Emotionen. Gefühle sind also immer valide, aber nicht immer adäquat. Was bedeutet, dass sie zunächst eben da und gültig sind und gefühlt werden wollen. Das muss aber nicht heißen, dass sie immer angemessen sind oder im Verhältnis zum Auslöser stehen.

Die schier endlose Palette von Stimmungen und Emotionen und all ihren möglichen Mischungen und Schattierungen gibt unserem Leben erst Farbe und Gestalt, sagt der Hirnforscher Professor António Damásio. Emotionen durchfließen und leiten uns in jeder Sekunde. Und erst wenn wir ihre abenteuerliche Welt in uns nicht mehr zu unterdrücken oder zu verstecken versuchen, sondern uns für sie öffnen, für ihre Botschaften wach werden und begreifen, wie sie mit unseren Gedanken und Gefühlen verschmelzen, sie formen und führen, kann unser Leben und Lieben wirklich gelingen. Denn dann haben wir Zugang zu unseren Bedürfnissen.

Eine bedürfnisorientierte Partnerschaft beginnt also, genau wie bedürfnisorientierte Erziehung, immer bei uns selbst: in unserer eigenen Gefühlswelt und Bedürfnislandschaft.

Wie wir alle wissen, entspricht die Karte niemals exakt dem Gebiet, das sie abzubilden versucht. Und so sind jedes Innenleben, jede Gefühlswelt und jede Bedürfnislandschaft extrem individuell und persönlich. Dennoch ähneln sie sich. Wir alle sind grundsätzlich mit denselben Bedürfnissen und auch mit denselben Emotionen ausgestattet.

Ich kann dir nicht sagen, was du fühlst. Aber ich möchte dir gern zeigen, zu welchen Emotionen du grundsätzlich fähig bist. Denn alles beginnt bei dir. Wenn wir verstehen, was in uns vorgeht, können wir besser damit umgehen und sind dafür gewappnet, unsere Gefühle mit Hirn und Herz angemessen zu verarbeiten.

Das ist zum einen wichtig, weil unsere Gefühle das Tor zu unserer Bedürfnislandschaft sind, und zum anderen, weil die fehlende oder hinkende Emotionsregulation der Auslöser für viele Beziehungskonflikte ist. Doch das ist gar nicht so einfach. Viele von uns haben sich von ihren Gefühlen abgespalten und verlernt, sie zu fühlen – jeder Zehnte von uns bis zur absoluten Gefühlsblindheit (Alexithymie).[4]

Aber welche Gefühle gibt es denn nun überhaupt?

In der Emotionsforschung werden Basisemotionen und komplexe Emotionen unterschieden. Die Basisemotionen sind all jene, die universell sind. Jeder Mensch, ungeachtet seines sozialen, kulturellen und demografischen Hintergrundes, verfügt über diese sechs Emotionen und gibt sie mimisch auf dieselbe Weise wieder:[5]

Freude (inklusive Glück, Vergnügen, Behagen, Zufriedenheit, Seligkeit, Entzücken, Erheiterung, Fröhlichkeit, Stolz, Erregung, Verzückung, Befriedigung, Euphorie, Ekstase, Manie)

Traurigkeit (inklusive Leid, Kummer, Freudlosigkeit, Trübsal, Melancholie, Selbstmitleid, Einsamkeit, Niedergeschlagenheit, Verzweiflung)

Überraschung (inklusive Erstaunen, Verwunderung, Verblüffung)

Wut (inklusive Zorn, Empörung, Groll, Aufgebrachtheit, Entrüstung, Verärgerung, Erbitterung, Verletztheit, Verdrossenheit, Reizbarkeit, Feindseligkeit, Hass)

Ekel (inklusive Verachtung, Geringschätzung, Verschmähen, Widerwille, Abneigung, Aversion, Überdruss)

Angst (inklusive Furcht, Besorgnis, Nervosität, Bestürzung, Zaghaftigkeit, Bedenklichkeit, Grauen, Entsetzen, Schrecken, Phobie, Panik)

Diese Emotionen sind die Grundfarben unserer Gefühlswelt. Neben diesen primären Emotionen lässt sich eine Gruppe von Emotionen ausmachen, die einige Forscher als komplex, andere als sozial oder reaktiv bezeichnen. Zu diesen Emotionen gehören laut dem bekannten Neurowissenschaftler António Damásio: Mitgefühl, Verlegenheit, Scham, Schuld, Stolz, Eifersucht, Neid, Dankbarkeit, Bewunderung, Entrüstung und Verachtung.

Diese Emotionen entstammen unter anderem der Mischpalette der Basisemotionen oder sind anderweitig aus ihnen abgeleitet. Sie können mitunter als Variation und Mischform, aber auch als Abstufung verstanden werden.

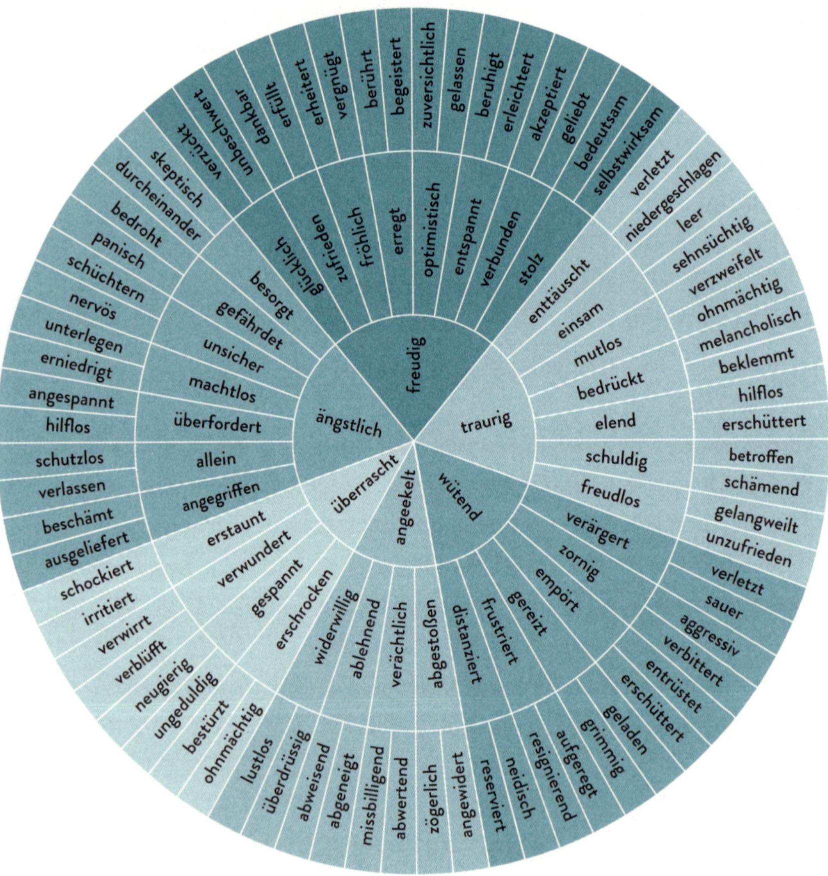

Das Emotionsrad

Impuls: Emotionstagebuch

Ich möchte dich einladen, dich regelmäßig in dich selbst zurückzuziehen. Mach möglichst mehrmals täglich eine kurze Pause, um einen Blick in deine Gefühlswelt zu werfen, und spüre in dich. Probiere es mal aus: Wie fühlst du dich gerade?

Sollte es dir schwerfallen, deine Gefühle zu differenzieren, kannst du das Emotionsrad zu Hilfe nehmen.

Nicht alle diese Gefühle tun uns gut. Einige können uns sogar krank machen, wobei auch hier die Dosis das Gift macht. Es gibt Gefühle, die wollen wir einfach nicht haben. Weil es unangenehm ist, sie zu fühlen, – aber auch weil sie unser Selbstbild erschüttern. Denn nicht selten sind uns unsere Gefühle peinlich, oder wir schämen uns für sie. Das sind die »hässlichen Gefühle«, die jeder kennt, aber niemand mag. Der Nacktmull unter den Emotionen. Wir alle beherbergen einen ganzen Zoo solcher Regungen in uns.

Die Eifersucht, die Jonas gegenüber seinem eigenen Sohn fühlt, zum Beispiel. Die Wut, die Marie manchmal auf Milan hat, wenn er sie nachts im Stundentakt weckt. Das Misstrauen, das Birte gegenüber Jo empfindet. Der Neid einer kinderlosen Frau auf ihre schwangere Freundin. So etwas fühlt niemand gern.

Deshalb ist es ein nachvollziehbarer Impuls, solche Gefühle zu verdrängen, zu vermeiden oder uns von ihnen abzulenken – einfach, um sie loszuwerden. Loswerden funktioniert aber nicht über diese dysfunktionalen Strategien, sondern über Wahrnehmen, Verstehen und Umformen.

Indem wir unsere Gefühle übergehen, sorgen wir allenfalls dafür, dass sie sich anderweitig manifestieren. Sie verschwinden nicht einfach. Genau wie ein kleines Kind nicht wirklich verschwindet oder unsichtbar wird, nur weil es sich die Hand vor die Augen hält.

Wenn ich dich nicht sehe, kannst du mich auch nicht sehen! Mit Gefühlen klappt das nicht.

Die beliebtesten Ablenkungsstrategien sind übrigens:

- viel essen & naschen
- Drogen- und/oder Alkoholkonsum
- viel Arbeit und viele Projekte (beruflich & privat)
- viel Konsum
- viel Sport
- viel Sex (auch Pornografie)
- viel Putzen und Aufräumen
- viel Reisen und Abenteuerlust (Adrenalinjunkie)
- viele soziale Kontakte und Verabredungen
- viel medialer Konsum und digitale Beschallung

Verdrängung, Vermeidung und Ablenkung sind unangemessene Formen der Emotionsregulation, denn durch die Dissoziation und Überregulation kommen unsere Gefühle nicht zum Ausdruck. Wer seine Gefühle nicht wahrnehmen kann, der kann sie folglich auch nicht verstehen. So bleibt ihre Botschaft verborgen und das Tor zu den eigenen Bedürfnissen verschlossen. Wir stehen davor wie ein Schulkind, das seinen Schlüssel verloren hat.

Es gibt aber auch Menschen, die genau das Gegenteil tun: Sie unterregulieren ihre Gefühle und sind ihnen hilflos ausgeliefert. Vermutlich hat jeder von uns schon einmal einen emotionalen Ausbruch erlebt oder erlitten und sich hinterher über sich selbst gewundert. Das ist nicht ungewöhnlich. Es sei denn, es passiert ständig. Dann stehen wir nicht wie ein kleiner Schuljunge vor verschlossenen Toren, sondern preschen wie ein wild gewordener Stier hindurch. Allerdings laufen wir im Anschluss derart berauscht durch unsere Bedürfnislandschaft, dass wir vor lauter Wut, Hass oder Verzweiflung nichts von ihr registrieren, außer vage Umrisse. Das Ergebnis ist also ähnlich: Unsere Gefühle kontrollieren uns, nicht wir sie.

Bei der Überregulation leugnen wir unsere Gefühle und lassen zu, dass sie ihr Unwesen in unserem Unterbewusstsein treiben. Bei der Unterregulation lassen wir uns von unseren Gefühlen vollends überwältigen und verlieren jegliche Handlungsfähigkeit. Beide Fehlregulationen resultieren meist daraus, dass kein Raum zur Verfügung gestellt wird, in dem Gefühle bewusst wahrgenommen und verarbeitet werden können. In beiden Fällen berauben wir uns dadurch unseres Einflusses auf uns selbst.

Fühlen lernen

Viele Menschen glauben, dass sie ihren Gefühlen hilflos ausgeliefert sind, sobald sie diese zulassen. Als reichte man ihnen den kleinen Finger, aber sie nehmen gleich die ganze Hand. Ja, sogar den ganzen Körper. Und unsere Seele noch dazu. So funktioniert das mit dem Fühlen aber nicht. Wir können uns unsere Gefühlswelt wie einen Fluss vorstellen. Gefühle, die im Fluss sind, plätschern dahin. Natürlich fließt das Wasser mal schneller, mal langsamer. Natürlich ist der Wasserstand mal höher, mal niedriger. Vielleicht tritt nach einem starken Regenschauer das Wasser auch mal seicht über die Ufer, aber alles in allem findet der Fluss stets ganz allein in sein Gleichgewicht zurück. Doch nun beginnen wir, einen Damm zu bauen. Je undurchdringlicher der Damm wird, desto stärker wird der Druck auf ihn. Das Wasser staut sich auf. Entweder fängt es nun an, unkontrolliert die Landschaft vor dem Damm zu fluten, indem es sich Wege sucht, die eigentlich keine sind, oder der Damm bricht unter der Last der Wassermassen zusammen. Ein reißender Fluss mit zerstörerischer Kraft ist die Folge. Eine Naturkatastrophe.

Auf lange Sicht machen unterdrückte Gefühle krank. Unser Immunsystem wird schwächer, und wir werden anfälliger für Infekte.

Darüber hinaus können unterdrückte Gefühle körperliche Stressreaktionen aller Art auslösen: erhöhten Blutdruck, Diabetes, Herzerkrankungen, Nierenschäden, Magenprobleme. Auf psychischer Ebene drohen Erkrankungen wie Depressionen, Angstzustände und Suchterkrankungen. Auch Einflüsse auf Partnerschaft und Sexualität sind nachgewiesen. Das ist wenig überraschend, wenn wir bedenken, dass unsere Gefühle die Basis menschlicher Interaktion und jeglicher Empathie sind. Ein weiteres Problem: Gefühle zu unterdrücken kostet Kraft. Viel Kraft. Und die fehlt uns an anderen Stellen. Es ist, als würden wir versuchen, einen aufgeblasenen Luftballon unter Wasser zu halten. Das ist natürlich möglich, fordert aber unsere ständige Aktivität. Und mit der Zeit ist es sehr anstrengend. Der Kampf gegen das schlechte Gefühl ist mitunter zermürbender als das schlechte Gefühl an sich.

Gefühle kommen in Wellen. Und sie verhalten sich auch wie solche. Sie bauen sich auf, erlangen einen Höhepunkt und ebben dann wieder ab. Wir dürfen Vertrauen haben, dass alles, was kommt, auch wieder geht. Vorausgesetzt, wir lassen es zu. Denn was nicht da sein darf, kann auch nicht wieder gehen.

Wie gehen wir nun am besten mit unseren Gefühlen um?

Gefühle zu spüren, das können wir lernen, selbst wenn wir es uns abtrainiert haben. Solltest du den Eindruck haben, dass du größere Schwierigkeiten damit hast, dann ist es ratsam, dir professionelle Unterstützung zu gönnen. Die meisten Menschen sind jedoch nicht unfähig, sondern nur untrainiert.

Du kannst das Fühlen üben, indem du dir regelmäßig Zeit nimmst, um bewusst in dich hineinzuspüren. Zum Beispiel, indem du deinen Körper von oben bis unten scannst und das, was du wahrnimmst, in Sprache bringst. Und sei es nur im Stillen. Du kannst dich auch auf deine Sinne konzentrieren und jeweils fünf Dinge benennen, die du gerade hörst, siehst, riechst und fühlst. Im

Grunde hilft dir jede Art Atemtechnik und Achtsamkeitsübung, dich zu spüren.

Hier muss jede*r selbst die richtige Methode für sich finden. Meditation kann eine davon sein. Denn Meditieren hilft nachweislich, die eigenen Gefühle besser spüren und verarbeiten zu können. Wer häufig meditiert, bekommt feinere Antennen für seine körperlichen Empfindungen und Emotionen. Das fördert unsere Selbstwahrnehmung, Selbststeuerung und Empathiefähigkeit. Zudem üben wir auf diese Weise in entspannten Momenten und in geborgener Atmosphäre den Umgang mit unseren Gefühlen, was uns auch bei hoher Erregung, also im Beziehungsstreit, weiterhilft.

Die folgenden Schritte helfen dir beim Fühlen:

1. Gefühlsbereitschaft: »Ja, ich will fühlen.«
2. Wahrnehmen: »Was spüre ich? Und wo?«
3. Annehmen: »Es ist, wie es ist.«
4. Fühlen: »Ich lasse es zu.«
5. Verstehen: »Dieses Gefühl möchte mir mitteilen, dass …«
6. Loslassen/Handeln: »Es wird gehen, wenn ich so weit bin.«

Regulieren lernen

Das Wort Emotionsregulation hören wir im Zusammenhang mit der Entwicklung unserer Kinder immer wieder. Wie gut oder schlecht wir gelernt haben, uns zu regulieren, entscheidet maßgeblich über unsere Resilienz. Und über unsere Beziehungsfähigkeit. Wir haben im Zusammenhang mit unserem Selbstgefühl ja bereits über die inneren Anteile eines jeden Menschen gesprochen und auch unser eigenes inneres Team kennengelernt. In jedem von uns gibt es auch einen inneren Beobachter. Um sehr mächtige Gefühle zu regulieren, ist die Distanzzunahme ein zentraler Schritt. »Ich bin nicht mein Gefühl. Sondern nur Zuschauer.«

Hast du es geschafft, eine gewisse Distanz zu deinem Gefühl aufzubauen, kannst du versuchen, mit den folgenden Fragen das Gefühl zu analysieren und zu verstehen.[6] (Frage 7 und 8 sind bei wiederkehrenden Konflikten relevant.)

1. Wie intensiv spüre ich das Gefühl?
2. Wie benenne ich das Gefühl, wenn ich es so gut differenziere, wie ich kann?
3. Was war der Auslöser dieses Gefühls? (Wer, was, wann, wo?)
4. Welche Gedanken sind dem Gefühl vorausgegangen?
5. Welche körperlichen Reaktionen habe ich wahrgenommen?
6. Wie habe ich auf dieses Gefühl reagiert? Was war mein Handlungsimpuls?
7. Woher kenne ich dieses Muster/Erlebnis möglicherweise schon? Gibt es biografische Bezüge?
8. Welche tiefe Kernemotion könnte hinter meinem ersten reaktiven Gefühl stecken?
9. Auf welches (unerfüllte) Bedürfnis weist mich das Gefühl hin?
10. Was wäre ein angemessener Umgang mit dieser Emotion?

Welches Gefühl zeigt welches Bedürfnis an?

Jeder Mensch wird mit ein bisschen Selbststudium herausfinden können, wie es aktuell um seine Bedürfnisse steht. Mit der Zeit wird er die Signale seines Körpers richtig deuten lernen und recht schnell herausfinden, welches Bedürfnis gerade auf Abwegen ist. Dazu ist es wichtig, dass wir unsere reaktive Emotion, also das, was die Situation unmittelbar in uns auslöst, wahrnehmen, um so zur darunterliegenden Kern- beziehungsweise Basisemotion durchzudringen.

Chris, der Regenbogenpapa, den du im Kapitel über das Bindungsbedürfnis kurz kennengelernt hast, war manchmal voller Groll auf Helge, wenn dieser zur Arbeit fuhr oder sich zum Surfen mit Freunden traf. Chris war wichtig, dass jeder seine Freiheiten hat – doch gegen diese wiederkehrenden Gefühle konnte er trotz dieser Haltung nichts tun. Er schob sie aber jedes Mal beiseite, weil er sie nicht zum Problem werden lassen wollte. Dabei waren sie das längst. Erst als er bereit war, diesen Groll zu spüren, statt ihn wie üblich zu verdrängen, erkannte er, dass er verletzt und verärgert war. Manchmal jedoch ist Wut nichts anderes als verkleidete Traurigkeit. Chris war traurig über seine Einsamkeit. Zudem war er mit seiner Verlustangst konfrontiert, was sich ebenfalls in einem Gefühl von Ohnmacht und Wut zeigte. Hier meldeten sich sein Bedürfnis nach

GEFÜHL	MÖGLICHE UNERFÜLLTE BEDÜRFNISSE
Wut	Bindung Autonomie Sicherheit
Angst	Sicherheit Bindung
Scham	Bindung Selbst(wert)gefühl
Trauer	Bindung Autonomie
Einsamkeit	Bindung
Schuld	Kontrolle Selbst(wert)gefühl Bindung
Ohnmacht	Kontrolle & Autonomie Sicherheit
Unzufriedenheit	Lustgewinn Selbst(wert)gefühl

Gefühle als Hinweis auf unerfüllte Bedürfnisse

Bindung und das nach Sicherheit. Helges Abwesenheit war der Auslöser für Chris' Wut – die Ursache für dieses Gefühl lag aber nicht in Helges Person begründet, sondern viel tiefer in Chris' Kindheit. Als Chris und Helge das verstanden, eröffnete es ihnen ganz andere Möglichkeiten im Umgang miteinander.

Die Abbildung auf Seite 205 ist nur als kleine Verständnishilfe zu sehen. Viel mehr als so einer Grafik bedarf es eines gewissen Selbstverständnisses, um herauszufinden, wann sich welches Gefühl zeigt und was es uns mitteilen möchte.

Wie du siehst, geht es beim Erforschen unserer Gefühle und Bedürfnisse viel weniger um die Frage »Was tut mein Partner?« oder »Was tut er nicht?« als darum, sich der Antwort auf »Was löst es in mir aus?« bewusst zu werden. Im Umgang mit unserem Partner hilft uns diese Herangehensweise, von der Verhaltensebene zur Gefühlsebene bis hin zur Bedürfnisebene zu kommen.

Herzmoment: Was ich brauche

Wann immer du heute denkst »Er/sie hätte, müsste, sollte …«, versuche, deine Gedanken umzulenken, und formuliere stattdessen wie folgt: »Ich brauche, wünsche mir, möchte …«. Spürst du, wie selbstermächtigend das ist?

Unsere Bedürfnislandschaft

Wie wir direkt am Anfang dieses Buches festgestellt haben, gibt es keine guten oder schlechten Bedürfnisse. Alle Bedürfnisse sind okay. Es gibt sicherlich gutes und schlechtes Verhalten, wenn man es denn unbedingt einteilen will. Aber schlechte Bedürfnisse? Nein. Gegenüber unseren Kindern würden wir ja auch nicht auf die Idee kommen, dass in ihnen falsche Bedürfnisse schlummern – wieso also sollten wir das unserem Partner unterstellen? Die menschlichen Bedürfnisse von Erwachsenen und Kindern gleichen sich, und es ist ein Menschenrecht, dass jedem Einzelnen dieser Bedürfnisse auf würdige Art und Weise begegnet wird, postuliert Jesper Juul in seinem Buch *Das Kind in mir ist immer da*. Wie gut das gelingt, entscheidet immens über die Qualität einer Beziehung. Unabhängig davon, ob sie horizontaler oder vertikaler Natur ist.

»Wahre Liebe besteht vor allem aus Vergeben und darin, schlechtes Verhalten gut zu interpretieren …«, sagt der Schriftsteller Alain de Botton in einem Interview mit der *Süddeutschen Zeitung*. »Wir Erwachsenen sollten so miteinander umgehen wie mit unseren Kindern. Wir sind sehr großzügig, wenn wir deren schlechtes Verhalten interpretieren. Wir sagen zu unserem Kind ja nicht, du willst mich fertigmachen, nein, wir suchen nach weichen, mitfühlenden Erklärungen. Wir sagen unserem Kind nicht, du bist garstig oder intrigant, sondern: Es hat Angst vor etwas, es ist müde. In diesen Erklärungen steckt Liebe.«[7]

So könnte Marie einen Annährungsversuch von Jonas gewiss als rücksichtsloses, triebhaftes Verhalten abstempeln, bei dem sie herhalten soll, damit er mal wieder Druck ablassen kann – oder sie erkennt darin Jonas' Bedürfnis, sich ihr nah und verbunden zu fühlen. Vielleicht freut sie sich sogar darüber, dass er sie so leidenschaftlich begehrt. In der ersten Variante würde Maries Interpretation womöglich ihr Bedürfnis nach Autonomie beschneiden, bei der zweiten Variante hingegen könnte sie in ihrem Bedürfnis nach Selbstwerterhöhung und Bindung sogar profitieren.

Wenn wir aufhören, das Verhalten zu beklagen und zu kritisieren, und dazu übergehen, uns für die Vorgänge zu interessieren, die zu dem für uns kritischen Verhalten führen, dann finden wir auf einer ganz anderen und viel tieferen Ebene zusammen. Denn in der Regel handelt der Partner nicht gegen uns, sondern für sich. Ein Elternmantra, welches auch in der Paarbeziehung hilfreich ist.

Dass er dabei an unsere Grenzen stößt und wir im Umkehrschluss an seine, ist nur menschlich und lösbar, wenn wir Konflikte nicht nur auf der Verhaltensebene denken und lösen, sondern nach den zugrunde liegenden Gefühlen und Bedürfnissen fragen. Wenn wir dies tun, werden wir erkennen, dass in der Regel jedes Verhalten (für genau diesen Menschen in genau dieser Situation) Sinn ergibt. Das gilt für große und kleine Menschen gleichermaßen. Unser Verhalten hat immer eine Ursache und eine Funktion.

Bedürfnis- und beziehungsorientierte Partnerschaften legen den Schwerpunkt auf die Verbindung zu sich und zueinander, einschließlich der Bedürfnisse aller Beteiligten. Egal, ob wir nun mit unseren Kindern agieren oder mit unserem Partner, wir profitieren von einem Miteinander, welches neben der Verhaltensebene wertschätzend auch weitere Dimensionen einbezieht und zueinander in Verbindung setzt. Ein Miteinander, welches die Erfahrungen mit den eigenen Gefühlen zulässt, alle Emotionen wertfrei beachtet und emotionale Bedürfnisse in den Prozess mit einschließen lässt.

Wir müssen uns mit den Gefühlen, die die Beziehung in uns auslöst, auseinandersetzen, um herauszufinden, wie es uns mit unserem Partner geht. Sie können uns zeigen, was wir uns von der Partnerschaft wünschen und inwieweit wir es bekommen – oder nicht bekommen. Und wir müssen bereit sein, uns mit den Gefühlen, Wünschen und Bedürfnissen des anderen in mindestens genauso intensiver Weise auseinanderzusetzen. Nur wer diese versteht und akzeptiert, kann sich bewusst für einen Menschen und die Beziehung zu ihm entscheiden – oder dagegen.

Doch es braucht Übung, die eigenen Bedürfnisse wahrzunehmen. Und noch mehr Übung, die Bedürfnisse des anderen zu akzeptieren – weil das eigene Ego wie ein vorlautes Kind immer dazwischenruft: Ich. Ich. Ich. Meins. Meins. Meins. Wie die Möwen bei *Findet Nemo*.

Aber gelingt es uns, uns mit dem Innenleben des anderen auseinanderzusetzen, statt nur über die Außenwirkung seines Inneren zu klagen, erreichen wir so etwas wie das nächste Level der Liebe.

Wir sollten allerdings der Verlockung widerstehen, unser eigenes Empfinden als Maßstab für das Gefühlsleben des Partners anzulegen. Menschen unterscheiden sich sehr stark im Wahrnehmen und im Ausdrücken ihrer Gefühle. Denn wir kommen nicht als weiße, unbeschriebene Blätter auf die Welt und auch nicht in unsere Beziehungen. Wir werden mit einer genetischen Disposition und bestimmten Temperamentsdimensionen geboren. Auf Grundlage dieses extrem individuellen Ausstattungspakets sammeln wir im Laufe unseres Lebens unzählige Erfahrungen, die wiederum die Entwicklung unseres Gehirns und somit unseren Umgang mit Reizen und Emotionen beeinflussen. Meine Wahrnehmung ist nicht deine Wahrnehmung. Du kannst dir das vorstellen, als wäre jeder von uns ein farbiges Blatt Papier. So sind wir bereits zur Welt gekommen. Sagen wir, ich bin ein senfgelbes Blatt, du ein taubenblaues. Trifft nun ein neutraler Reiz auf uns, beispielsweise in Form eines Tropfens roter Farbe, wirkt dieser Tropfen auf mir ganz anders als auf dir. Auf mir wird Rot zu Orange. Auf dir zu Violett. Das ist natürlich sehr vereinfacht dargestellt. Denn wären wir Blätter, wären wir ja auch noch unterschiedlich groß, unterschiedlich dick, unterschiedlich fest sowie unterschiedlich koloriert und gemustert etc. Denn jeder Farbklecks bleibt und entscheidet darüber, wie der nächste Reiz farblich auf uns wirkt.

Dieses Farbenspiel prägt natürlich auch unsere Bedürfnislandschaft. Und zwar insofern, als unsere angeborenen Dispositionen und unsere Erfahrungen die Intensität unserer Bedürfnisse beeinflussen. Und natürlich auch die Strategien, die wir zur Erfüllung wählen. Menschen mit einem extrem hohen Bindungsbedürfnis im Erwachsenenalter beispielsweise fehlte es im Kindesalter oder der Jugendzeit höchstwahrscheinlich an sicheren Bindungserfahrungen. Wer heute viel Bestätigung in seiner Partnerschaft sucht, um seinen Selbstwert zu erhöhen, hat in früheren Beziehungen vielleicht die Erfahrung gemacht, ungenügend zu sein – oder wurde in der Schule gemobbt. Auch im Erwachsenenalter können einige unserer Erfahrungen so einschlägig sein, dass sie zum Architekten unserer Bedürfnislandschaft werden. Wie beispielsweise bei Birte: Ihr Bedürfnis nach Sicherheit und Selbstwertschutz intensivierte sich durch Jos Affäre schlagartig.

Wir mögen also alle dieselben Bedürfnisse haben, aber wir unterscheiden uns stark in deren Gewichtung, Intensität und den gewählten Strategien zur Erfüllung. Ursächlich dafür ist unser Wesen, aber auch unsere Biografie. Völlig ausgeliefert sind wir ihnen dennoch nicht.

Es ist legitim und sinnvoll, die wahre Bedürftigkeit hinter seinen Bedürfnissen zu hinterfragen, damit das innere Kind endlich zur Ruhe kommen und an den erwachsenen Teil in uns abgeben kann. Denn auf das Ausmaß und die Art und Weise, wie wir unsere Bedürfnisse erfüllen, haben wir durchaus Einfluss. Bedürfnisorientiert zu leben bedeutet nicht, alle Bedürfnisse immer völlig unreflektiert zu erfüllen. Es bedeutet auch, mit einigen ausgewählten (zumindest teilweise) unerfüllten Bedürfnissen leben zu lernen. Vielleicht fragst du dich jetzt, wie das zu unserer Grundannahme passt, dass es keine falschen Bedürfnisse gibt. Daher möchte ich das an einem Beispiel erklären:

Paula und Alexander

Sofie ist fünf Jahre alt, als sich ihre Eltern, Paula (42) und Alexander (45) beinahe trennen. Mit der Elternschaft kam der Streit. Meistens ging es dabei um Sofie. Alexander versucht, Sofie ein guter Vater zu sein, doch er bekommt keinen eigenen Eltern-Kind-Raum und somit kaum Gelegenheit dazu. Paula weicht nicht von Sofies Seite. Maternal Gatekeeping: Alexander durfte sie nicht füttern, denn Paula hatte Angst, dass er es falsch macht und Sofie sich verschluckt. Alexander durfte sie nicht ins Bett bringen, denn Paula fürchtete, dass Sofie sich von ihr verlassen fühlen könnte. Alexander durfte auch nicht mit Sofie toben, denn Paula hatte Sorge, dass Sofie sich verletzt. Mit der Zeit übertrug sich diese Angst auf Sofie, und nun war es Alexander, der sich besorgt fragte, inwiefern das ihre Entwicklung beeinträchtigen könnte. Und so stritten sie. Immer mehr. Darüber, wie viel Nähe und wie viel Freiheit Kinder brauchen, wie viel Mutter und wie viel Vater. Bis Alexander in einer Trennung mit Wechselmodell die einzige Lösung sah, endlich ein richtiger Vater sein zu dürfen. Paula wiederum beunruhigte diese Vorstellung zutiefst. Denn sie würde die Kontrolle über Sofies Erziehung verlieren. Und sie war sicher: Das würde ihr schaden.

Paula hat offensichtlich ein großes Bedürfnis nach Sicherheit und Kontrolle. Das ist zunächst, wie es ist. Aber die Intensität dieses Bedürfnisses und die gewählten Strategien zu seiner Erfüllung haben destruktive Formen angenommen und gefährden sowohl die Entwicklung ihrer Tochter als auch ihre Partnerschaft. In diesem Fall war es also unabdingbar, Paulas extremes Sicherheitsbedürfnis zu hinterfragen und seinen Ursprung zu erforschen, um die Situation für alle Beteiligten zu verbessern.

Paula gehört nicht zu den Frauen, die auf eine Traumgeburt zurückblicken können. Ihre Tochter Sofie kam per Notkaiserschnitt zur Welt. Sie atmete anfangs nicht. Die erste Emotionswelle nach Sofies Geburt bestand aus purer Angst. Dieses Erlebnis hat Paula und ihre Mutterschaft nachhaltig geprägt. Die Angst ist seitdem ihre ständige Begleiterin. Manchmal schleicht sie nur auf Zehenspitzen leise hinter ihr her, manchmal stapft sie mit großen Schritten voran. Jede Entscheidung, die Paula trifft, muss zuerst an ihrer Angst vorbei. Das führt dazu, dass Paula Sofie überbehütet. Sie ist das, was wir heute als Helikoptermutter bezeichnen würden. Die Sorge um Sofie wird so groß, dass jede Abgabe von Kontrolle zu einer gefühlten Bedrohung wird, was zur Folge hat, dass Paula Sofie von der Außenwelt und sogar von ihrem Vater abschirmt, nur um sie zu beschützen. Die Krux daran: Genau dieses Schutzverhalten wurde zur eigentlichen Bedrohung. Paula hatte die traumatische Geburt von Sofie niemals wirklich aufgearbeitet und steckte in einem Zustand der Angst fest. Sie machte parallel zur Familientherapie eine Traumatherapie, wodurch sie Teile ihrer Angst auflösen konnte. Das wirkte sich lindernd auf ihr Sicherheitsbedürfnis aus, wodurch es für sie viel leichter war, dieses zu erfüllen.

Hätten Paula und Alexander ihr Problem nur auf der Verhaltensebene gelöst – entweder durch Trennung oder dadurch, dass Paula bewusst »geduldiger« mit Alexander umgeht –, wäre die Lösung wenig nachhaltig gewesen. Denn so hätten sich die Intervention und Veränderung nur auf die reaktive Emotion (Paulas Gereiztheit und Aversion gegenüber ihrem Mann) gerichtet. Die Kernemotion der Angst wäre verborgen geblieben, und somit wäre auch das Sicherheitsbedürfnis unberücksichtigt geblieben.

Setzen wir uns gar nicht oder nur unkritisch mit unseren eigenen Bedürfnissen auseinander, wird es schwer, eine glückliche Beziehung zu gestalten. Nicht selten kommt es dann beispielsweise zu dysfunktionalen Strategien und Mustern oder selbsterfüllenden Biografien.

Hätte Regenbogenpapa Chris beispielsweise nicht begonnen, sein hohes Bindungsbedürfnis kritisch zu hinterfragen, hätte er nicht dessen Wurzeln ausgegraben und die Gefühle und Handlungen, die es in ihm hervorruft, reflektiert, er hätte sich womöglich selbst in der Befürchtung bestätigt, wieder eines Tages verlassen zu werden, wie einst von seinem Vater.

Insofern ist es richtig, dass alle Bedürfnisse gültig sind und wir weder über unsere eigenen noch über die unseres Partners richten sollten. Das bedeutet aber nicht, dass wir ihnen ausgeliefert sind.

Ähnlich wie sich Gefühle durch unsere Gedankenkraft verändern lassen, können wir auch Bedürfnisse durch Umdeutung, Neuinterpretation und Strategieveränderung erfüllen. Doch dazu müssen wir in einem ersten Schritt unsere eigene Bedürfnislandschaft neugierig erkunden und in einem zweiten die des Partners.

 **Gut zu wissen**

Was ist der Unterschied zwischen Wunsch und Bedürfnis?

Wir haben viele Wünsche, aber umgangssprachlich werden diese häufig als Bedürfnis deklariert: »Ich habe das dringende Bedürfnis, mal wieder zum Yoga zu gehen.« Tatsächlich ist der Wunsch nach einer Yogastunde nicht das Bedürfnis, sondern lediglich eine mögliche Strategie zu dessen Erfüllung. Das Bedürfnis dahinter könnten Autonomie, Selbstgefühl oder auch Lustgewinn sein. Wünsche sind also Strategien, keine Bedürfnisse.

Das eigentliche Problem entsteht nicht dadurch, dass unsere Bedürfnisse kollidieren, sondern unsere gewählten Strategien. Jeder Mensch hat übrigens so seine Lieblingsstrategien – denn wir sind Gewohnheitstiere. Haben wir das dahinterliegende Bedürfnis freigelegt, stehen uns aber immer auch andere Strategien zur Verfügung. Statt Yoga könnte ich beispielsweise auch joggen gehen, einen Waldspaziergang machen oder mich mit einem Buch an den Strand setzen.

Die Lösung oder Strategie findet uns von ganz allein, wenn wir erst klar und kraftvoll unsere Bedürfnisse definiert haben, sagte Marshall Rosenberg.

> **Impuls: Umgedacht**
>
> Sortiere die Wünsche, die du aktuell hast, doch auch mal in die fünf Bedürfnisschubladen ein, und überlege dir alternative Strategien zur Erfüllung.

Ich bin okay, du bist okay

Der häufigste unausgesprochene Wunsch, der in Paarberatungen mitschwingt, ist wohl »Kannst du nicht ein klein bisschen mehr so sein wie ich?«. Diese Erkenntnis schmerzt ein wenig, halten wir uns doch alle für tolerante Menschen. Und dennoch bemängeln wir meist die Andersartigkeit des Partners, nicht das, was er mit uns gemeinsam hat. Zumindest lehnen wir aus tiefenpsychologischer Sicht an anderen Menschen vor allem die Eigenschaften ab, die wir auch an uns ablehnen oder unterdrücken. Die Macken des Partners zu akzeptieren hat also viel damit zu, sich selbst mit allen Schattenseiten annehmen zu können.

Grundsätzlich gilt: Unterschiede sind gesund. Sie sind das, was uns zu mehr macht. Denn andernfalls wären wir ja zusammen nur zweimal ich. Als Paar ergänzen wir uns in unserem Wesen und in unseren Bedürfnissen. Finden gemeinsam zu einer Balance. In der Anfangszeit einer Beziehung schwingen wir trotz oder gerade wegen dieser Unterschiede richtig gut miteinander. Auch deswegen, weil wir kompromissbereiter sind und, vom anderen inspiriert, neue Facetten an uns entdecken. Wir lassen uns neugierig auf die Welt des anderen ein, um ihm so nah wie möglich zu kommen.

Wir können uns das vorstellen, als würden wir gemeinsam auf einer Wippe sitzen. Anfangs so mittig und dicht wie möglich. In dieser Position fällt es uns leicht, die Balance miteinander zu halten. Mit der Zeit werden wir aber immer mehr wieder »zu uns selbst«. Wir sehen nicht mehr alles rosarot. Und werden selbst nicht mehr rosarot gesehen. Die Distanz zueinander wird wieder größer. Wir wandern auf der Wippe weiter nach hinten. Um wieder in Balance zu kommen, rückt der andere auf seinem Teil der Wippe nun auch weiter nach hinten. Das gefällt uns beim anderen dann meist nicht, dabei sind wir uns unserer eigenen Rückwärtsbewegung oft gar nicht bewusst. Wir sehen nur, wie der andere in seinem Verhalten und in seinen Bedürfnissen immer extremer wird. Schlimmstenfalls geht diese Dynamik so lange, bis einer auf der Wippe hinten runterfällt. Die Wippe verkörpert dann oft zwei Pole: zum Beispiel Nähe und Distanz oder Ordnung und Chaos.

Kommt bei einem der Partner nach der ersten Verliebtheit der Wunsch nach Autonomie auf, irritiert das den anderen Partner oft. Aus Angst vor Bindungsabbruch sucht dieser nun noch mehr Nähe. Auf der Nähe-Distanz-Wippe landen beide beim Versuch, eine Balance herzustellen, bald am äußeren Ende. Ähnliches würde passieren, wenn es in der Beziehung einen Hedonisten und einen pflichtbewussten Part gibt. Anfangs macht es noch Spaß, die Hausarbeit liegen zu lassen, um gemeinsam im Bett zu verschwinden, doch mit der Zeit wird vermutlich einer zur moralisch überlegenen Instanz, der andere zum Rebellen. Je fester die eine Position, umso krasser die Gegenposition. Denn Systeme streben immer nach Balance. Am Ende trennt Paare dann oft das, was sie anfangs zusammenführte.

Paare neigen also zu ausgleichenden Extremen, um ihre Position zu verteidigen. Das wäre aber gar nicht nötig, wenn wir nicht so sehr auf unserer eigenen Position beharren, sondern den anderen bedingungslos akzeptieren und lieben würden. Du bist nicht besser oder schlechter. Nur anders. Deine Bedürfnisse sind nicht besser oder schlechter. Nicht mal anders. Nur unterschiedlich stark.

- So kann sich das Bindungsbedürfnis von einem tief menschlichen Wunsch nach Nähe, Geborgenheit und Zuneigung über ein ausgeprägtes Harmoniebedürfnis (Konfliktunfähigkeit), Verlustangst, Probleme mit dem Alleinsein bis hin zum Klammern oder Stalken erstrecken. Hier wird aus Bindung Besitzanspruch.

- Das Bedürfnis nach Kontrolle und Autonomie kann sich in einfachen Distanzwünschen (nach Ruhe und Me-Time) ausdrücken oder sich in Richtung Freiheitsdrang und Unabhängigkeit bewegen bis hin zur totalen Abgrenzung, Bindungsunfähigkeit oder sogar Ekel anderen gegenüber. Hier wird aus Autonomie Abneigung.
- Das Bedürfnis nach Selbst(wert)gefühl kann sich in einem Individualisierungs- und Selbstverwirklichungsdrang zeigen oder in einem starken Wunsch nach Anerkennung und Wertschätzung von außen. In der extremsten Form mündet das in einem so hohen Geltungsbedürfnis, dass emotionale Abhängigkeit droht. Auch bei Narzissten ist dieses Bedürfnis stark ausgeprägt.
- Auch das Bedürfnis nach Lustgewinn kann unterschiedliche Extreme annehmen und hängt stark davon ab, was positive Gefühle in uns auslöst: Prokrastination, Abwechslung, Genuss, Fantasie, Verspieltheit, Begehren und Begehrtwerden bis hin zu Manie, Ekstase und Sucht. Wer ausschließlich nach dem Lustprinzip handelt, wird immer intensivere Reize benötigen, um sein Lustlevel zu halten.
- Das Sicherheitsbedürfnis kann von einem Wunsch nach Vorhersehbarkeit, Beständigkeit und Schutz, Planungsdrang, Putzzwang und Geiz bis hin zum Streben nach absoluter Kontrolle und Macht reichen.

Hier sind natürlich nicht nur Intensitäten beschrieben, sondern auch extreme Strategien, die aber zeigen, dass diese auch extremen Bedürfnissen zugrunde liegen.

Zeit, um deinen Bedürfnissen auf den Zahn zu fühlen. Hab keine Angst vor deiner eigenen Wahrheit, und blicke deinen Bedürfnissen unerschrocken ins Gesicht. Sie werden es dir danken.

Reflexionsaufgabe
Meine Bedürfnislandschaft

Schritt 1

Male einen Kreis, wie du ihn in der Abbildung siehst, und teile ihn so, dass du fünf Stücke erhältst. Wenn du dir deiner Bedürfnisse schon sehr bewusst bist, dann kannst du die Stücke unterschiedlich groß gestalten, so wie es deinem Bedürfnis entspricht (Variante 1). Alternativ kannst du auch alle Stücke gleich groß machen (Variante 2).

Weiter mit Variante 1:

Die Größe des Tortenstücks spiegelt die Intensität deines Bedürfnisses wider. Je freiheitsliebender du bist, umso größer muss das Stück für Autonomie und Kontrolle sein. Brauchst du viel oder wenig Sicherheit? Wähle dein Stück entsprechend groß oder klein usw. Natürlich soll am Ende die Verhältnismäßigkeit stimmen, also lass dich nicht davon abschrecken, wenn du für dein Bedürfnisrad ein paar Anläufe brauchst. Nimm dir nun eine Farbe deiner Wahl, und male die Stücke nacheinander so aus, wie es deiner aktuellen Bedürfnislage entspricht. In unserem Beispiel haben wir also ein großes Tortenstück Autonomie, weil wir ein hohes Freiheitsbedürfnis in uns tragen – allerdings ist dieses Bedürfnis gerade chronisch unterversorgt, weil wir sieben Kinder und einen anhänglichen Partner haben, der jedes Mal mit Scheidung droht, wenn wir mit dem Hamster vom Nachbarn mal einen trinken gehen wollen. Unser Sicherheitsbedürfnis wiederum ist nicht besonders groß und vielleicht gerade deswegen auch leicht zu erfüllen. Wir haben einen sicheren Job, ein Haus und außerdem gerade geerbt. Alles paletti. Auf diese Weise gehst du nun jedes Bedürfnis durch.

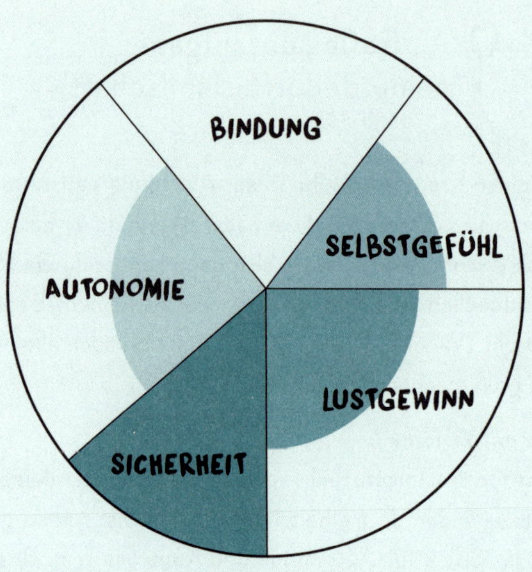

Bedürfnisrad Variante 1

Weiter mit Variante 2:
Hier repräsentiert nicht das Tortenstück ein Bedürfnis, sondern der Strich zwischen zwei Stücken. Du markierst die Intensität deines Bedürfnisses daher direkt auf der Linie, einer Skala von 1 bis 10. Je größer dein Bedürfnis, desto größer der Skalenwert. Nun verbindest du die Punkte der Skalen, sodass ein Spinnennetz entsteht. Das ist quasi der Soll-Zustand deiner Bedürfnislandschaft. Im Anschluss trägst du in einer weiteren Farbe auf jeder Linie einen Punkt ein, der dem aktuellen Zustand der Bedürfniserfüllung gerecht wird. Auch hier verbindest du alle Punkte miteinander, ein zweites Spinnennetz entsteht, der Ist-Zustand. Du kannst beide Netze nun mit zwei unterschiedlichen Farben ausmalen.

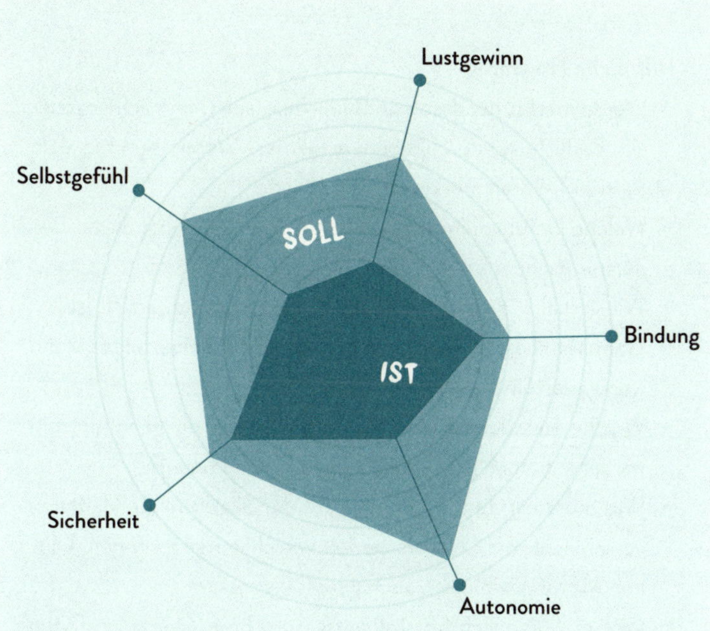

Bedürfnisrad Variante 2

Schritt 2

- Welche Gedanken gehen dir beim Anblick deiner Bedürfnislandschaft durch den Kopf?
- Bei welchem Bedürfnis liegen Soll- und Ist-Zustand am weitesten auseinander?
- Wie geht es dir damit?

Wenn du mit deiner Selbstreflexion fertig bist, möchte ich dich einladen, eine ähnliche Landschaft auch für deinen Partner zu gestalten. Wie schätzt du die Intensität seiner fünf Grundbedürfnisse ein, und wie erfüllt sind sie aktuell in deiner Wahrnehmung. Kommt anschließend zusammen und sprecht über eure Ergebnisse und Gedanken. Wo gibt es Übereinstimmungen? Wo Unterschiede? Tauscht euch friedlich und neugierig über eure Wahrnehmung aus.

Hilfreiche Fragen:

- Woran merkst du, dass dein Bedürfnis nach (hier nacheinander alle Bedürfnisse durchgehen) erfüllt ist? Woran merkt es dein Partner? Woran merken es deine Kinder?
- Welche Gefühle nimmst du wahr, während du über dieses Bedürfnis nachdenkst?
- Wie verhältst du dich, wenn dieses Bedürfnis (un)erfüllt ist?
- Wann war dieses Bedürfnis in der Vergangenheit erfüllter, wann weniger erfüllt?
- Welche Ressourcen und Strategien haben dir geholfen, um wieder auf einen höheren Skalenwert zu kommen?
- Was müsstest du tun, um dich auf der Skala um die Hälfte zu verschlechtern? (Was wir gezielt verschlimmern können, können wir für gewöhnlich auch gezielt verbessern.)
- Gibt es womöglich Entstehungsgeschichten oder biografische Ereignisse, mit denen du dir deine Bedürfnisse erklärst?

Schritt 3

Überlege zunächst allein, wo eure Bedürfnisse und Strategien kollidieren (zum Beispiel Autonomie und Bindung oder Kontrolle und Sicherheit), und tauscht euch im Anschluss offen und wertschätzend darüber aus, wo ihr die Bedürfnisse des anderen als hinderlich für eure eigenen Bedürfnisse wahrnehmt. Hier dürft ihr sozusagen eure eigenen Bedürfnis-Crashs entlarven, ohne direkt in die Lösungsfindung zu gehen.

Schritt 4

In Vorbereitung auf die Frage, wer eigentlich für deine Bedürfniserfüllung verantwortlich ist, möchte ich dich einladen, in deinem Bedürfnisrad einen dritten Bereich zu kennzeichnen. Dieser Bereich zeigt an, inwieweit ein Bedürfnis seine Erfüllung aktuell in deiner Partnerschaft findet. Überlege dir auch, ob dir das so reicht oder ob du dir hier Veränderung wünschst. Diese Übung soll den Zusammenhang zwischen deiner Partnerschaft und deinen Bedürfnissen sowie die Bedürfnislast eurer Partnerschaft verdeutlichen. Wenn es dir leichter fällt, kannst du es auch prozentual ausdrücken, beispielsweise: 80 Prozent meines Bindungsbedürfnisses möchte ich über meine Partnerschaft stillen. Soll es zukünftig mehr oder weniger sein? Und wie realistisch ist das?

Damit sind wir bei der Leitfrage des nächsten Kapitels: Wer trägt eigentlich die Verantwortung für unsere Bedürfnisse?

Über Verantwortung und wer sie trägt

Erst wer Verantwortung für sich selbst übernimmt, macht sich auf den Weg zu persönlicher Freiheit, sagte der Nobelpreisträger Konrad Lorenz. Freiheit bedeutet also Verantwortung. Das ist der Grund, warum sich die meisten Menschen vor ihr fürchten, behauptete wiederum Georg Bernard Shaw, ebenfalls Nobelpreisträger. Auch ohne philosophisch jetzt noch tiefer eintauchen zu müssen, dürfte es uns gelingen, uns in diesen Worten wiederzuerkennen. Die unliebsame Stiefschwester der Verantwortung ist nämlich die Schuld. Und die geben wir lieber anderen als uns selbst. Bei Kindern ist dieser reflexartige Impuls noch viel stärker ausgeprägt als bei uns Eltern, weil sich die Reflexionsfähigkeit eines Menschen erst entwickeln muss. Aber auch erwachsene Menschen suchen und finden gern einen Schuldigen für ihre Probleme. Vorrangig geht es dabei um Verstehbarkeit und Vorhersehbarkeit, denn unser Gehirn ist darauf programmiert, permanent die Ursachen für die gegenwärtigen Umstände zu suchen, um daraus noch bessere Vorhersagen für die Zukunft zu berechnen. Schuld ist zunächst besser als Ungewissheit. Wir Menschen müssen wissen was, wo, wie und warum etwas passiert. Nur so können wir (gefühlt) die Kontrolle bewahren und sicher sein, dass sich das Problem irgendwie lösen lässt. Wobei »irgendwie« meist bedeutet, dass wir fein raus sind. Denn die Verantwortung für die Lösung trägt ja der Schuldige, zum Beispiel der Partner.

Ein zweiter zu berücksichtigender Punkt bei der Schuldvergabe ist das angeborene menschliche Bedürfnis nach Selbstwertschutz. Insbesondere Kinder verteilen die Schuld gern auf Geschwister, Eltern, Freunde, Haustiere, Lehrer, Zimmerpflanzen, Möbel, Trolle, Feen und Steine, um sich selbst zu schützen. Mit der Fähigkeit zu Empathie, Reflexion und Perspektivübernahme entwickelt sich mit der Zeit jedoch auch die Kompetenz zur »gesunden Schuldübernahme«. Was natürlich nicht ausschließt, dass wir für unsere eigenen Anteile manchmal blind sind. Insbesondere in unserer Partnerschaft.

Die Verantwortung für Gefühle, Gedanken, Verhalten und Bedürfnisse dem zurückzugeben, dem sie gehört, ist daher Dreh- und Angelpunkt nahezu jeder Paartherapie. Das bedeutet auch, die beliebten Irrtümer und unrealistischen Vorstellungen zu entlarven, mit denen Menschen auf die Liebe, den Partner und die Beziehungsarbeit blicken. Vielleicht findest du dich in einigen dieser typischen Gedanken wieder. Beobachte ganz achtsam, was sie in dir auslösen.

- Es ist möglich, eine Beziehung zu retten oder zu verbessern, ohne Zeit und Energie zu investieren.
- Es ist möglich, eine Beziehung zu retten und recht behalten zu wollen.
- Es ist möglich, einen Konflikt zu bewältigen, ohne Kompromisse einzugehen.
- Es ist möglich, einen Konflikt zu bewältigen, indem nur einer Kompromisse eingeht.
- Es ist möglich, mehr Paar zu sein, ohne dass Kinder auch mal zurückstecken müssen.
- Es ist möglich, unsere Situation zu verbessern, ohne aktiv etwas zu verändern.
- Mein Partner muss sich verändern, dann wird alles besser.
- Nur einer hat Schuld.
- Irgendjemand hat Schuld.
- Die Lösungen für unsere Probleme müssen innerhalb unserer Komfortzone liegen.
- Wir können an unseren Problemen wachsen, ohne Wachstumsschmerzen zu erleiden.
- Wünsche müssen von den Augen abgelesen und erfüllt werden.

- Der Partner muss all meine Bedürfnisse erfüllen können, sonst habe ich den falschen.
- Eine Trennung löst all unsere Probleme, auch die auf der Elternebene.
- In der nächsten Beziehung wird alles besser.
- Veränderungen passieren über Nacht.
- Bücher oder Therapien können unsere Probleme für uns lösen.

Wenn du alle diese Punkte innerlich bejahst, hast du hier die perfekte Anleitung zum Scheitern. Aber ich kann mir vorstellen, dass sich bei einigen Punkten doch Widerstand regt. Wer glaubt, dass er eine Verbesserung erzielen kann, ohne etwas zu verändern, der irrt sich erfahrungsgemäß.

Ob es am Ende »nur« unsere Einstellungen und Gedanken sind, die wir verändern, oder unsere Gewohnheiten und Muster, ist dabei zweitrangig. Erstrangig ist die Akzeptanz der Veränderung. Dazu gehört auch die Erkenntnis, dass Veränderungen immer einen Preis haben. Manchmal für uns, manchmal für unseren Partner, und ja, manchmal auch für unsere Kinder. Betrachtet man das Gesamtkunstwerk, ist es den Preis aber meist wert. Wann es eventuell doch zu teuer wird, darauf kommen wir später noch einmal zu sprechen.

Jesper Juul sagte einmal, dass es einer ganz hohen Moral bedarf, um die Verantwortung für sich selbst zu übernehmen. Wir wollen, dass es besser wird. Wir wollen, dass sich etwas ändert, wollen uns aber nicht selbst verändern und suchen deshalb die Verantwortung für die Veränderung beim anderen. Und so erhoffen sich viele der Paare, die eine Paarberatung aufsuchen, dass der Berater oder Therapeut zum Richter wird – und Recht spricht. Doch Recht und Unrecht haben noch keine Liebe glücklich gemacht, weil die eigentlichen Bedürfnisse unberücksichtigt bleiben und wir so gegeneinander arbeiten, nicht miteinander. Sobald es darum geht, recht zu haben, gilt unser Interesse ausschließlich unserer eigenen Position, nicht unserer Beziehung und schon gar nicht unserem Partner. Die Frage ist also: Wollen wir recht haben oder in Beziehung sein? Beides geht nicht, wenn einer zum Verlierer erklärt werden soll. Objektive Wahrheiten bringen uns in einer bedürfnisorientierten Beziehung nicht weiter. Wir müssen uns für subjektive Wahrheiten öffnen, obgleich das natürlich viel arbeitsintensiver ist, als sich an tradierten Rollen, Normen, Werten und Erwartungen festzuklammern – aber auch beglückender.

Kenne dich selbst

Liebe dich selbst, und es ist egal, wen du heiratest. Als ich diesen Buchtitel das erste Mal hörte, sträubte sich so ziemlich alles in mir gegen den Gedanken, dass ich allein der Schlüssel zu meinem Glück sein soll. Das widersprach so ziemlich allem, was ich, frisch verliebt mit Anfang zwanzig über die romantische Liebe zu wissen glaubte. Und weiter glauben wollte. Vielleicht brauchte es eine gewisse Lebenserfahrung oder Reife, vielleicht auch die eine oder andere Ent-Täuschung, um die Botschaft des Buches von Eva-Maria Zurhorst zu verstehen. Denn eigentlich geht es darin um die wahrhaftigste und reinste Form der Liebe: die Liebe zu uns selbst und die bedingungslose Liebe zueinander. Die Geschichte, die das Buch erzählt, ist eine über Verantwortung. Eigenverantwortung. Und sie steckt voller romantischer Liebe und Respekt. Denn die Verantwortung für die eigenen Bedürfnisse dem Partner überzustülpen, das entmündigt nicht nur mich, sondern auch ihn – oder sie.

Was keinesfalls bedeutet, dass wir all unsere Bedürfnisse allein erfüllen müssen. Das ist unmöglich. Aber das Sorgerecht für unsere Bedürfnisse, um es mal in Elternsprache zu bringen, das liegt bei uns. Ähnlich verhält es sich mit unseren Gefühlen. Denn Gefühle sind nicht willkürlich und auch nicht logisch kausal oder unveränderbar. Sie folgen unseren Gedanken, und somit sind wir weitestgehend selbst für sie verantwortlich. Nicht unser Partner.

Oft sind wir blind für unsere Bedürfnisse, wünschen uns aber trotzdem, oder gerade deswegen, von unserem Partner, dass er sie uns von den Augen abliest. Anstatt uns mit uns selbst zu beschäftigen, um herauszufinden, was wir brauchen, wählen wir die Konfrontation oder Resignation. Kampf oder Flucht. Wir reagieren mit Vorwürfen und Schuldzuweisungen – auch deswegen, weil es ja nicht immer so war, oder? Schließlich haben wir uns füreinander entschieden, weil wir im anderen jemanden fanden, der unsere Bedürfnisse tatsächlich nahezu unaufgefordert erfüllte: Aufmerksamkeit, Austausch, Abwechslung, Anerkennung, Wertschätzung, Bestätigung, Begierde, Zuneigung, Zärtlichkeit, Leidenschaft etc. Das passierte im Grunde automatisch, weil es leicht ist, wenn man verliebt ist. Doch nach allerspätestens vier Jahren, hormonell betrachtet sogar wesentlich schneller, endet der Liebesrausch. Die erwachsene Liebe, wie der Paartherapeut Martin Koschorke sie nennt, beginnt sich zu entwickeln. Dass nun einiges anders ist, dessen sind wir uns bewusst. Leider merken wir aber nicht, dass wir die Idee der perfektionierten und unaufgeforderten Bedürfnisbefriedung noch immer an uns kleben haben, wie ein Stück Klopapier unter dem Schuh nach dem Besuch einer Bahnhofstoilette.

Der Wunsch, der andere möge doch bitte wortlos wissen, was wir brauchen, katapultiert eine Beziehung aus der Erwachsenensphäre heraus zurück in eine Lebensphase, in der ein sehr kleines, abhängiges und bedürftiges Kind noch nicht der Sprache mächtig und somit darauf angewiesen war, dass seine Bedürfnisse erahnt werden. Wobei wir nicht vergessen sollten, dass selbst Babys ihre Bedürfnisse sehr wohl lautstark mitteilen, sie können sie nur nicht differenziert in Worte bringen. »Im Stadium erwachsener Partnerschaft erwarte ich nicht mehr selbstverständlich, dass mein Partner mir meine Bedürfnisse befriedigt, ohne dass ich sie benenne. Denn ich bin kein Säugling mehr, und mein Partner ist nicht meine Mama oder mein Papa«, so fasst Martin Koschorke es zusammen.[8] Heimliche Wünsche werden selten erfüllt. Deshalb bleibt es in unserer eigenen Verantwortung, die eigenen Bedürfnisse dem anderen mitzuteilen, statt auf Telepathie zu vertrauen. Es ist nicht deine Aufgabe, die Bedürfnisse deines Partners wie ein Trüffelschweinchen zu erschnüffeln. Das gilt selbstverständlich auch andersherum und bedeutet, Gedanken wie den folgenden zu wiederstehen: »Er könnte doch ruhig mal von sich aus …« oder »Sie sieht doch, dass …« oder »Ob ich es nun sage oder nicht …«.

»Die Romantik lehrt uns, dass wahre Liebe ohne Worte auskommt und eine perfekte Beziehung aus einer mystischen Vereinigung zweier Seelen besteht. Das ist wenig hilfreich. Solch ein Denken führt zu einer Epidemie des Schmollens«, sagt auch Alain de Botton.[9]

Wir alle beklagen den parentalen Mental Load in unserem Kopf. Vielleicht können wir uns gegenseitig etwas Last nehmen, indem wir aufhören zu erwarten, dass der andere für uns denkt und schlussfolgert.

»Ich krieg von dir nicht, was ich will«

Wer vom Partner nicht bekommt, was er will – egal ob er es ausgesprochen oder auf die Stille Post vertraut hat –, richtet seinen Frust und Ärger meist reflexartig gegen ihn. Dabei vergessen wir nicht selten, dass insbesondere in den Schwellenzeiten der Elternschaft niemand alles bekommt, was er will und braucht. Dennoch lassen sich viele Paare zu einer Art »Blame-Shifting« verführen. Einer muss ja schuld sein. Dem anderen wird dann oft Gleichgültigkeit, Bösartigkeit oder Ignoranz unterstellt. Dabei gehen Psychologen und Soziologen davon aus, dass Menschen, die sich nahestehen, einander eigentlich sogar sehr gern Wünsche erfüllen, um von gegenseitigem Wert zu sein. Und so liegt es eben auch in unserer persönlichen Verantwortung, sehr genau hinzuschauen, ob wir nicht vielleicht selbst etwas dazu beitragen, dass unsere Bedürfnisse unbefriedigt bleiben. Sei es auch unbewusst.

Eigenverantwortung bedeutet folglich …

… zunächst selbst zu wissen, was wir wollen und warum wir es wollen

Was heißt das? Marie wünscht sich, dass Jonas sich mehr um Milan kümmert. Als ich beharrlich weiterfrage, wofür dieser Wunsch steht, brauchte sie einen Moment, bis sie sich über die Antwort im Klaren war. Ganz offensichtlich ging es natürlich um Entlastung und ihre eigene Autonomie. Marie will Zeit für sich. Viel schwerer zu greifen aber war der verborgene Wunsch, dass Jonas' Kümmern um Milan Maries in der Kindheit selbst erlittenen Mangel an väterlicher Fürsorge ausgleichen könnte. Das funktioniert aber meist nicht über einen Stellvertreter, sondern über das eigene Aufarbeiten, Trauern und Vergeben. Andernfalls würde nicht nur sie weiter »leiden«, auch Jonas würde unter dem Korsett des Wunschvaters leiden. Und Marie würde schlimmstenfalls weiter auf dem beharren, was sie damals als Kind gebraucht hätte, und den Blick für das verlieren, was Milan heute braucht.

… Bedürfnisse klar zu formulieren und zu kommunizieren

In meinen Beratungen wissen meine Klient*innen meist sehr gut, was sie nicht wollen. Die Frage, was stattdessen sein soll, ist weit schwieriger zu beantworten, aber viel wichtiger – weil Vermeidungswünsche uns selten ans Ziel bringen. Zu viele Optionen bleiben dabei übrig. »Ich will kein Käsebrot.« Einverstanden. Aber willst du generell kein Brot? Oder nur keines mit Gouda? Wie wäre es mit Camembert? Oder einem Marmeladenbrot mit Honig? Einem Sandwich? Nudeln? Pizza? Hast du überhaupt Hunger? Wir müssen also wissen, was wir wollen, nicht nur, was wir nicht wollen – und wir müssen es angemessen und respektvoll mitteilen. Was ich sage und was ich meine, das sind oft zwei verschiedene Paar Schuhe. Darauf kommen wir im nächsten Kapitel detaillierter zu sprechen.

… nicht alle Bedürfnisse, die geäußert wurden, erfüllen zu müssen

Es ist normal, dass Menschen, die sich nahe sind, sich auch mal in die Quere kommen. Weder kann ich erwarten, dass all meinen Wünschen entsprochen wird, noch muss ich allen Wünschen entsprechen. Wo also jemand meint, er könne dem Partner sagen, was er zu tun oder zu lassen habe, oder jemand denkt, er müsse stets jeder Anforderung des anderen gerecht werden, dort ist etwas in Schieflage geraten. Hier kann oder will einer nicht Nein sagen, weil er entweder Angst vor den Folgen hat oder weil er womöglich einen Nutzen davon hat. Zum Beispiel, weil er den anderen damit in eine Abhängigkeit bringt. Der fordernde Part wiederum nährt entweder seinen Selbstwert durch die Dominanz über den anderen, oder es handelt sich um das drängende Bedürfnis, alle und alles kontrollieren zu wollen. Solche Versuche, sich selbst Bedeutung und Sicherheit zu verschaffen, münden meist in großer Unzufriedenheit auf beiden Seiten.

… Bedürfnis-Deals und Währungen transparent zu machen

Ich gebe dir etwas und erwarte dafür eine Gegenleistung, die ich selbst definiere und nicht kommuniziere. Das geht meist schief. Ania ist für Toralf aus der Großstadt aufs Land gezogen. Sie ist dort unglücklich, möchte zurück in die Stadt und denkt: »Ich bin für ihn hierhergekommen, obwohl ich echt viel aufgeben musste. Und ich war mit den Kindern zu Hause! Ich finde, jetzt bin ich mal wieder dran. Das wäre nur fair.« Hier hat Ania, vermutlich ohne sich dessen bewusst zu sein, seit ihrem Umzug eine Rechnung aufgemacht, von der Toralf gar nichts wusste, die er aber jetzt begleichen soll. Er wiederum dürfte den Umzug und die Elternzeit als freiwillig und »kostenlos« betrachtet haben – oder er hat eine ganze andere Vorstellung eines möglichen Ausgleichs zugrunde gelegt. So hat er sich womöglich ebenfalls aus seinem Freundeskreis zurückgezogen und auf Alleingänge verzichtet, damit Ania nicht einsam ist, und für das Einkommen der Familie gesorgt. Für Ania ist das aber keine gültige oder ausreichend starke Währung. Partner sollten sich daher unbedingt über die Erwartungen, die mit ihren Entscheidungen verbunden sind, verständigen.

… die eigenen Erwartungen kritisch zu hinterfragen

»Du kannst einen Arsch noch so schminken, es wird kein Gesicht draus«, hat meine Uroma immer gesagt. Und wer einen Surfer heiratet, der muss damit leben, dass sein Familienleben sich nach den Gezeiten richtet. Das heißt, ich muss mich immer fragen: Sind meine Erwartungen fair und gerechtfertigt? Sind meine Vorstellungen denen des anderen bezüglich Moral und Relevanz tatsächlich überlegen? Und wer entscheidet das überhaupt? Ich persönlich halte es für wenig erstrebenswert, keinerlei Erwartungen mehr an den Partner zu haben. Allerdings dürfen wir uns bewusst machen, dass der Grund für unsere Enttäuschung nicht der Partner selbst ist, sondern die Kluft zwischen unseren Vorstellungen und der Realität. »Ich bin unglücklich. Du bist schuld.« Damit machen wir es uns sehr einfach. Denn für unsere Erwartungen kann niemand etwas. Die Enttäuschung existiert letztlich nur als ein Konstrukt in unserem Kopf. Und je mehr Erwartungen ich habe, umso mehr Kontrolle gebe ich ab. Das muss uns bewusst sein.

… sich mit dem inneren Kind zu beschäftigen

Die erwachsene Liebe soll die Defizite der eigenen Kindheit endlich ausgleichen. Der Partner soll unser inneres Kind heilen, indem er seine Bedürfnisse erfüllt. Das sagen wir so natürlich nicht, vielleicht wissen wir es nicht einmal, aber diesen stillen Auftrag bringen die meisten von uns mit in die Beziehung, weshalb unsere Partner nicht selten sogar unseren Eltern ähneln oder wir zumindest ähnliche Konflikte mit ihnen durchleben. Diese leise Hoffnung auf Wiedergutmachung ist nicht zu unterschätzen, insbesondere wenn sie im Verborgenen die Partnerschaft durchzieht. Doch mit dem eigenen Leben (und Leiden) muss sich jeder selbst auseinandersetzen und versöhnen. Diese Aufgabe dürfen wir nicht unserem Partner übertragen, obgleich seine Liebe uns durchaus für den vergangenen Schmerz entschädigen kann.

… alternative Strategien zu akzeptieren

Machen wir uns nichts vor: Familien sind emotional überfordert. Wir sollen einander alles geben, was wir brauchen: unseren Kindern, uns selbst, unserem Partner. Was für eine Aufgabe! Auch hier steht uns die romantische Vorstellung im Weg, dass wir einander alles geben müssen. Und dass unsere Kinder stets die Letzten sein sollen, die auch mal verzichten. Es geht hierbei um die Umverteilung von Zumutungen. Ich persönlich halte es für eine falsche Ideologie und Familienkultur, wenn Eltern stets zuletzt an sich, aneinander und an ihre Liebe denken. Allen Bedürfnissen gerecht werden zu können, das funktioniert nur, wenn wir die Bedürfnislast verteilen. Und zwar auf mehr als zwei erwachsene Köpfe. Das Dorf, das nötig ist, um ein Kind großzuziehen, ist nicht nur für Kinder da, sondern auch für die Eltern! Dazu gleich mehr.

… den eigenen »Bedürfnis-Gefühl-Verhalten«-Eisberg zu erforschen

Es ist wichtig, sich bewusst zu werden, welchen Mustern wir selbst unterliegen, zu welchen unsere Partner neigen und welche Dynamiken wir dadurch miteinander entwickelt haben.

Viele Paare, die eine Beratung oder Therapie aufsuchen, haben das Problem, dass einer von beiden darüber klagt, vom anderen ständig kritisiert zu werden (Jonas), während der Kritisierende es nicht mehr aushält, dass seine Wünsche ins Leere laufen (Marie). Deckt man die Gefühle des nörgelnden Parts auf, so treten oft Traurigkeit und Einsamkeit ans Licht. Paradoxerweise ist diese Dynamik selbstverstärkend, denn das Kritisieren führt zu Rückzug. Der Rückzug führt zu noch mehr Einsamkeit und Trauer, das wiederum führt zu noch mehr Nörgelei. Und noch mehr Distanz. Dabei liegt dem Rückzug des Partners gar keine Gleichgültigkeit oder Ignoranz zugrunde, sondern neben dem Wunsch nach Selbstbestimmung oft auch eine quälende Angst, den anderen zu enttäuschen oder zu verlieren, weil man als »falsche Wahl« entlarvt werden könnte. Auch hier ist es also wichtig, die reaktive Emotion hinter einem Verhalten von der Kernemotion hinter dem eigentlichen Bedürfnis zu unterscheiden. Schon allein deswegen, weil wir für die Kernemotionen meist viel offener sind. Von Maries Traurigkeit fühlt sich Jonas weit weniger bedroht als von ihrer Wut, während Marie Jonas' Angst weit mitfühlender begegnen könnte als seinem Widerwillen.

Impuls: Der Beziehungstanz[10]

Manchmal sind unsere Paardynamiken wie eine wunderschöne Choreografie. Und manchmal gleichen sie eher einem Affentanz – bestehend aus Verhaltensweisen, reaktiven Emotionen, Kernemotionen, Bindungsabsichten und anderen Bedürfnissen, die sich ständig wiederholen und gegenseitig anstoßen

Nutzt die folgende Übung dazu, um die Triggerschleife zu entlarven, die ihr als Paar immer wieder dreht und die zu nichts führt, außer zu Desorientierung und Übelkeit. Du kannst sie bei wiederkehrenden, aber auch bei einmaligen Konflikten benutzen, um zum Kern des Problems durchzudringen. Dabei kann es helfen, dir folgende Fragen zu stellen.

Was tue ich?
Was denke ich im Stillen dabei über mich?
Was über den anderen?
Mit welchen reaktiven Emotionen reagiere ich darauf?
Was fühle ich dabei innerlich wirklich?
Welches Bedürfnis ruft?

Um dir diese Übung leichter zu machen, ist hier eine beispielhafte Triggerschleife von Marie und Jonas abgebildet.

MARIE	WAS ICH TUE:	JONAS
mache Vorwürfe, kritisiere, bohre nach, dränge auf Reaktion		argumentiere, verteidige mich, gehe auf Distanz
	WAS ICH IM STILLEN ÜBER MICH DENKE:	
Wieso schaffe ich es nicht, dass er mich ernst nimmt?		Kann ich überhaupt etwas richtig machen?
	WAS ICH IM STILLEN ÜBER IHN/SIE DENKE:	
Er versucht sich zu drücken. Es ist ihm egal.		Ihr Dickkopf nervt mich.
	ICH REAGIERE MIT …	
reaktiver Wut, Ohnmacht, Frust, Verzweiflung		defensiver Wut, Überforderungsgefühlen, Angst, Distanzierung

	WIE ICH MICH INNERLICH WIRKLICH FÜHLE:	
traurig und allein, voller Angst, die Verbindung zu Jonas zu verlieren, verletzt und abgelehnt		Angst vor dem Konflikt und davor, Maries Erwartungen nicht zu erfüllen, traurig, versagend
	WAS ICH MÖCHTE UND BRAUCHE …	
Verbundenheit herstellen, gesehen werden, Verletzung und Überforderung vermeiden, Kontrolle		Harmonie, in Verbindung bleiben, Schmerz und Schuld vermeiden, Wertschätzung statt Ablehnung, Autonomie

Triggerschleife Marie und Jonas

Bedürfnisräume

Fassen wir zusammen. Der Leitgedanke darf sein:

Ich bin verantwortlich für meine Bedürfnisse, du für deine.

Das heißt: Ich muss meine Bedürfnisse äußern und die Verantwortung dafür übernehmen, dass sie in der Beziehung einen angemessenen Raum bekommen. Und ich muss echtes Interesse an den Bedürfnissen meines Partners haben und die Bereitschaft mitbringen, seinen Bedürfnissen einen ebenso angemessenen Raum zu geben.

Aber was ist ein angemessener Raum? Diese Räume muss jedes Paar gemeinsam für sich abgrenzen und definieren. Aber ein paar Grundgedanken möchte ich hier teilen.

Jesper Juul würde sicher sagen, dass es in diesem Raum darauf ankommt, Bedürfnissen auf eine würdige Weise zu begegnen. Eine würdige Begegnung ist allerdings nicht gleichzusetzen mit Befriedigung. Es ist eine Haltung, keine Handlung. Diese Haltung urteilt nicht. Sie akzeptiert. Und sie löst sich von der narzisstischen Vorstellung, dass wir einander in allen Belangen genug sein müssen. Das heißt: Wo ich nicht kann oder will, dort gebe ich dir den Freiraum, für dich selbst zu sorgen. Wir unterstützen einander, selbst dort, wo wir nicht involviert sein können oder sein wollen.

Die Verantwortung für unsere Bedürfnisse zu übernehmen bedeutet nämlich nicht, völlig unabhängig zu sein, was deren Erfüllung angeht. Sich selbst zu genügen, das ist eine seltsame und wenig artgerechte Vorstellung vom Leben und von der Liebe. Das Bindungsbedürfnis beispielsweise ist allein einfach nicht zu erfüllen. Aber das bedeutet nicht, dass ich von meinem Partner abhängig bin. Ich bin lediglich von mir selbst abhängig – und von den Strategien, die ich wähle. Ein paar einfache Beispiele zum Verständnis:

1. Ich möchte nicht allein joggen gehen, weil ich mich fürchte oder es mir einfach keine Freude macht. Mein Partner möchte aber nicht joggen. Für ihn ist es eine Qual. Ist nun mein Partner schuld, dass meine Kondition immer mieser und mein Frust immer größer wird, weil ich nicht joggen gehe? Nein. Denn es liegt nicht in seiner Verantwortung, sondern in meiner. Ich kann mir einen anderen Laufpartner suchen, mich Laufgruppen anschließen, in einen Verein eintreten oder ins Fitnessstudio aufs Laufband gehen. Oder wir finden eine Sportart, die uns beiden Spaß macht.

Soll heißen: Wenn Frank nicht mit Wilma ins Konzert gehen will, dann muss Wilma eben mit Peter oder Pia gehen. Oder sie geht mit Frank ins Kino, wenn es weniger ums Konzert als um Frank geht.

2. Ich sitze seit ein paar Tagen zu Hause und langweile mich. Vielleicht bin ich arbeitslos. Vielleicht bin ich krank. Vielleicht bin ich in Elternzeit. Vielleicht fühlt sich das heute sogar alles gleich an. Mein Partner arbeitet, und so fiebere ich dem Moment entgegen, wo er oder sie endlich auf einem weißen Pferd nach Hause geritten kommt und meine Einsamkeit besiegt. Als er dann tatsächlich endlich nach Hause kommt, bin ich sauer, weil der Kaffee mit dem ich gewartet habe, längst kalt ist – und zu allem Überfluss hat mein Partner jetzt gar keine Zeit. Er muss noch mal zum Baumarkt, kann aber gern das Baby mitnehmen, wenn ich will. Jetzt bin ich noch frustrierter, denn ich hatte mich schon so auf ein Gespräch und etwas Abwechslung gefreut. Natürlich hatte ich heimlich gehofft, dass mein Partner heute früher nach Hause kommt und danach Zeit für mich hat oder wir noch etwas Schönes unternehmen. Schöner als Baumarkt.

Ich kann jetzt weiter traurig und sauer auf meinen Partner sein, der ja hätte wissen müssen, was ich brauche – oder ich frage mich, wieso ich die Verantwortung für meine Bedürfnisse nicht selbst übernommen habe:

Wieso sitze ich seit Tagen allein zu Hause?

Wieso habe ich nicht meine Freunde oder meine Eltern angerufen, als ich mich einsam zu fühlen begann?

Wieso bin ich nicht rausgegangen und habe selbst nach der Abwechslung gesucht, die ich mir wünsche?

Wieso habe ich meinen Kaffee nicht warm getrunken, als ich es konnte, sondern gebe jetzt meinem Partner die Schuld für den kalten Kaffee?

Wieso sage ich nicht klipp und klar, wie wichtig mir ein gemeinsamer Nachmittag wäre?

Wieso fahre ich nicht einfach mit in den Baumarkt und versuche, dieser Möglichkeit etwas Schönes abzugewinnen?

3. Heute habe ich einen wichtigen Termin. Als ich meine Lieblingsbluse anziehen möchte, stelle ich empört fest, dass sie noch ungebügelt im Wäschekorb liegt. Ich bin sauer, weil mein Partner sie nicht gebügelt hat, und könnte schimpfend zum Telefon greifen, um das auch kundzutun. Oder ich stelle mir folgende Fragen:

Wieso ist mir meine Außenwirkung so wichtig?

Wieso habe ich meinem Partner nicht erzählt, wie wichtig der Termin und frisch gebügelte Wäsche für mich sind?

Wieso habe ich gestern nicht herauszufinden versucht, wer von uns die Kapazität gehabt hätte, die Bluse zu bügeln, statt vorauszusetzen, dass er es macht?

Wieso habe ich meine Blusen nicht gleich selbst gebügelt?

Wieso kaufe ich überhaupt Blusen, die man bügeln muss?

Und *wieso* wollte ich jetzt zum Telefon greifen, statt zum Bügeleisen?

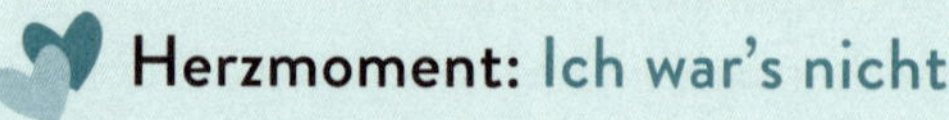

Herzmoment: Ich war's nicht!

Erinnere dich an eine vergangene Situation, in der du verärgert oder frustriert warst, und schau, ob du Momente findest, in denen du die Verantwortung für deine Bedürfnisse versucht hast, an deinen Partner abzugeben. Wie hat dein Partner die Situation wahrgenommen? Wie hätte eine eigenverantwortliche Strategie aussehen können?

Niemand zwingt uns heute mehr in ein Beziehungskorsett. Unser Partner muss nicht all unsere Bedürfnisse befriedigen, und wir müssen auch nicht mehr auf das verzichten, was wir nicht voneinander bekommen können. Nicht einmal in emotionaler und sexueller Hinsicht, wenn wir uns gemeinsam einen anderen, beispielsweise polyamoren oder polygamen Weg vorstellen können und erarbeiten wollen. Vielleicht sind es diese schier unendlich anmutenden Möglichkeiten des Bedürfnis- und Beziehungsmanagements, die den Menschen die Freiheit fürchten lassen, wie George Bernard Shaw oben sagte.

Weiterführende Gedanken zum Thema Verantwortung, Care-Arbeit und Gleichberechtigung

Wie die meisten Ideen, so hat auch das Prinzip der Eigenverantwortung in der Praxis seine Grenzen. Vielleicht ist es aber auch viel mehr ein Missverstehen als ein An-Grenzen-stoßen. Denn zu postulieren, dass jeder (gesunde und erwachsene) Mensch die Verantwortung für sein Bedürfnismanagement trägt, bedeutet natürlich nicht, dass wir in einer Beziehung keinen gemeinsamen Verantwortungsbereich haben oder keinerlei Zuständigkeit und Moralität füreinander übernehmen. Denn so eigenverantwortlich und unabhängig wir auch sein mögen: Wenn wir uns nicht mit einer gewissen Verbindlichkeit aufeinander beziehen und einander umsorgen würden, würde die Beziehung zu unserem Partner sich kaum von unseren anderen Beziehungen oder dem früheren Singlestatus unterscheiden.

Laut der Dreieckstheorie der Liebe, die der Psychologe Robert Sternberg entwickelt hat, werden die Paare miteinander glücklich, deren Beziehung drei entscheidende Elemente beinhaltet: Intimität, Leidenschaft und Verbindlichkeit. Andere Wissenschaftler kamen zu ähnlichen Ergebnissen und fanden den Schlüssel für die Liebe in Bindung, Sexualität und Fürsorglichkeit.[11]

Es gibt also Bedürfnisse, für die wir ganz allein verantwortlich sind, aber es gibt auch sogenannte Beziehungsbedürfnisse, aus denen wir uns nicht einfach herausziehen können, indem wir uns hinter einer hippen »Jeder ist allein für sich, seine Gefühle und seine Bedürfnisse verantwortlich«-Attitüde verstecken. Ich bin zwar nicht verantwortlich für meinen Partner, sehr wohl aber für unsere gemeinsamen Lebensbereiche, unsere Beziehung und unsere Beziehungsbedürfnisse. Hier geht es um gemeinsame Verantwortung.

Morten und Jette

Morten ist ein guter Mann. Morten wickelt das Baby. Morten steht nachts auf. Morten hört zu. Er spricht seine Gefühle aus. Und er räumt die Küche auf. Klar, er macht weniger Hausarbeit als Jette, aber er arbeitet auch mehr außer Haus. Alles könnte auf den ersten Blick gut sein. Wären da nicht immer wieder Situationen wie diese:

Sie: »Du hast vergessen, Mülltüten zu kaufen.«

Er: »Na, das wusste ich ja nicht. Das hättest du mir sagen sollen!«

Sie: »Siehst du das nicht von alleine?«

Er: »Auf was soll ich denn noch alles achten? Ich nehme dir doch schon so viel ab, wie ich kann.«

Jette stockt. »Wie bitte?« Atmet. Zählt innerlich bis zehn. »Genau das ist der Punkt, Morten! DU nimmst MIR was ab. Als wäre völlig klar, dass es per se MEINE Aufgaben sind. Denn abnehmen kann man jemanden ja nur, was er auch trägt.«

Er: »Was willst du denn noch? Nie ist es genug! Nie bin ich genug.«

Sie: »Du verstehst nichts, fühlst dich immer nur gegängelt. Und ich soll mich am besten noch für alles bedanken!«

Er: »Ja, etwas Wertschätzung statt der ewigen Nörgelei wäre nicht schlecht ...«

Sie: »Du bist doch kein dressiertes Äffchen, Morten. Und auch kein kleiner Junge mehr. Du sollst mitdenken und dich nicht immer auf mich verlassen. Das will ich!«

Wer recht hat? Darum soll es hier eigentlich nicht gehen, obgleich uns allen klar sein muss, dass die Zeiten, in denen Frauen ganz selbstverständlich für alle Haushaltsdinge verantwortlich waren, vorbei sind. Und das ist gut so. Das möchte ich trotz meiner therapeutischen Allparteilichkeit und Neutralität nicht leugnen. Genauso wenig möchte ich leugnen, dass es den Anschein haben kann, dass der berechtigte kollektive feminine Frust der letzten Jahrzehnte Frauen hat harsch und hart werden lassen. Und selbst wenn dem so wäre, würde ich sagen: hart, aber fair. Denn wie die International Labour Organization 2019 in einer Studie herausfand, verbringen deutsche Frauen täglich viereinhalb Stunden mit der Haus- und Care-Arbeit, Männer jedoch nur zweidreiviertel Stunden. Der aktuelle Gleichstellungsbericht der Bundesregierung berechnete sogar ein »Gender Care Gap« von 52 Prozent, was bedeutete, dass Frauen anderthalbmal so viel Sorgearbeit leisteten wie Männer. Natürlich unbezahlt.

Schon klar, dass Männer während dieser Zeit nicht nur die Fliesen in der Bürotoilette zählen, sondern eben »das Geld verdienen«. Doch genau das ist der Punkt: Er wird für seine Arbeitszeit entlohnt. Sie nicht.

Am größten ist das Ungleichgewicht bei der Verteilung der unbezahlten Arbeit bei Heteropaaren mit Kindern: Hier liegt er bei 83 Prozent. Und selbst dort, wo beide Eltern in Vollzeit arbeiten, leisten Frauen 41 Prozent mehr unbezahlte Arbeit. Vielleicht weil Mütter selbst an Sonntagen rund vier Stunden mehr Zeit mit der Care- und Hausarbeit verbringen.

Mal angenommen, all diese Arbeit im »Homeoffice« würde nun doch bezahlt werden – sagen wir ganz bescheiden mit Mindestlohn –, wer hätte wohl am Ende mehr Einkommen? Und wie viele Paardebatten um Gleichberechtigung würden dann nicht mehr von finanziellen Argumenten dominiert werden?

Unsere ganze Gesellschaft funktioniert nur, weil ständig jemand kocht, putzt, wäscht und Kinder großzieht. All diese Tätigkeiten haben weder ihr Aschenputtel-Image verdient noch die undankbare (und unbezahlte) Selbstverständlichkeit, mit der man ihnen begegnet. Uns sollte klar sein, dass wir nicht über die Diskriminierung und Erschöpfung von Müttern sprechen können, ohne die Verantwortung der Väter zu thematisieren.

Was wir aus der Szene zwischen Morten und Jette, die sich so oder so ähnlich gewiss schon bei vielen Paaren abgespielt hat, also lernen können?

Es reicht nicht, die Arbeit zu teilen. Wir müssen auch die Verantwortung teilen.

Dass heute jeder alles tun kann und soll, ist Fluch und Segen zugleich, weil einfach nichts mehr selbstverständlich ist. Auch nicht, wer Elternzeit nimmt, die Reifen wechselt, die Wäsche wäscht, die Finanzen verwaltet, mit den Kindern zur Kinderärztin geht, das Holz hackt, die Handwerker bestellt oder sie mit Kaffee und Mettbrötchen versorgt.

Für einige Menschen ist es stimmig, die unbezahlte häusliche Arbeit für zwei zu erledigen, während der Partner der bezahlten außerhäuslichen Arbeit nachkommt und damit das Einkommen für beide verdient. Für andere Menschen ist so eine »Geld gegen Dienstleistung«-Vereinbarung das Ende von Freiheit und Liebe.

Spätestens wenn beide (wieder) arbeiten, braucht es einen offenen Diskurs darüber, wer wie viel (bezahlt) arbeiten kann und will und welche Rolle Arbeitszeit und Einkommen als Gradmesser bei der Verteilung der anfallenden Care- und Hausarbeit spielen.

Ein komplexes Thema mit vielen offenen Fragen, die sich ganz pragmatisch mit finanzieller Autonomie, Wochenarbeitszeit und Urlaubsanspruch beschäftigen, aber auch mit Moral und Würde. Deshalb kommen moderne Paare an der privaten Debatte über den Wert unbezahlter Arbeit und der Frage nach gelebter Gleichberechtigung auch nur selten vorbei, obgleich das natürlich auch ein gesellschaftspolitisches Thema ist.

Und manchmal, so scheint es, ist mit diesem Thema auch ein gewisser »Druck« verbunden, sich emanzipieren zu müssen, obwohl frau eigentlich zufrieden ist mit sich und ihrem Mann. Zumindest beobachte ich gelegentlich, dass Frauen in einem Streit über Haushalt und Care-Arbeit keine individuellen Verhandlungen mit dem Partner mehr sehen, sondern sogleich das große Comeback des Patriarchats wittern. Ja, ich übertreibe ein wenig. Im Grunde möchte ich nur sagen, dass nicht alle Beziehungsdebatten einer männlich-chauvinistischen Überzeugung entspringen, sondern Paare manchmal zum Spielball der Historie oder der Umstände werden – und stellvertretend Kämpfe miteinander austragen, die weit über die eigentliche Mülltüten-Affäre hinausgehen.

Es ist okay, das klassisch-traditionelle Rollenbild leben zu wollen. Es ist okay, das klassisch-traditionelle Bild nicht leben zu wollen. Nur sollte beides aus einer inneren Überzeugung und nicht aus äußerem Zwang entschieden werden. Wir müssen stets von uns selbst ausgehen. Und das bedeutet, genau hinzuschauen, was mir passiert, was ich tue, wo ich bin und was ich will. Es geht um meine Bedürfnisse und um mein Begehren – nicht um das der anderen Frauen. Die bekannte Feministin und Autorin Luisa Muraro sprach 2001 bei einem Vortrag auf der Leipziger Buchmesse von der Lust, in der ersten Person zu handeln, sich nicht repräsentieren zu lassen, und auch nicht, andere Frauen zu repräsentieren. Die Unterschiede zwischen Frauen, so sagt sie, sind so wichtig, dass ich keine andere repräsentieren kann.[12]

Der absolut berechtigte »Fuck-the-system«-Frust darf natürlich sein, er sollte sich nur nicht völlig undifferenziert und unreflektiert gegen den Partner richten. Ebenso wenig sollten Männer das gesellschaftliche Ungleichgewicht leugnen oder sich dahinter verstecken. Klar könnt ihr nicht die ganze Gesellschaft verändern, aber eure Perspektive. Und das ist ein Anfang.

Studien zeigen, dass die Wahrscheinlichkeit für eine Scheidung bei 81 Prozent liegt, wenn Männer sich weigern, Gleichberechtigung zu leben. Solange Männer nicht bereit sind, mehr Zeit mit der Hausarbeit und der Kinderbetreuung zu verbringen, als es uns die Statistiken zeigen, ist die private und berufliche Gleichstellung der Frau nicht erreichbar. Die Aufgabe des politischen und gesellschaftlichen Systems wiederum besteht darin, Perspektiven und Strukturen bereitzustellen, die diese Gleichberechtigung für Elternpaare attraktiv und möglich machen.

Denn meine Erfahrung ist: Heutige Paare wollen einen Unterschied machen. In der Praxis zeigt sich aber oft, dass es gar nicht so leicht ist, alle Variablen in die Gleichung der Gleichberechtigung mit einzubeziehen, weil sie abseits von Gesetzen und Statistiken einfach ein sehr komplexes und subjektives Konstrukt ist. Zu individuell sind Lebensumstände, Fähigkeiten, Erfahrungen, Vorstellungen, Bedürfnisse und Prägungen. Die alten Rollenvorstellungen sitzen tief, und oft merken wir nicht einmal, wie wir sie weiter bedienen.

Gleichberechtigung ist übrigens nicht dasselbe wie Gleichmachung. Halb und halb wie beim Metzger, das funktioniert nicht. Zumindest nicht, wenn halb und halb nicht unseren Interessen, Fähigkeiten und Ressourcen entspricht.

Einige Aufgaben sind zudem viel subtiler und weniger greifbar als andere. Das Kinderbuch *Frederick* von Leo Lionni erzählt diesbezüglich eine schöne Geschichte. Darin geht es um eine kleine Mäusefamilie, die sich auf den Winter vorbereitet. Alle packen mit an und sammeln Vorräte. Nur Frederick nicht. Zum Unmut der anderen. »Frederick, warum sammelst du nicht mit?«, fragen sie. Doch Frederick antwortet: »Aber ich sammle doch.« Er sammelt Sonnenstrahlen, die vom Himmel fallen. Er sammelt Lieder, die die Vögel singen. Er sammelt Geschichten, die der Wind erzählt. Er sammelt die Farben und Worte des Sommers. »Nichts davon wird unsere Bäuche füllen!«, mahnen die anderen Mäuse. Erst als zum Ende des Winters der Vorrat knapp und die Stimmung schlechter wird, begreift die Mäusefamilie den Wert von Fredericks Sammlung. Denn er erleuchtet und erwärmt die Dunkelheit im Mauseloch mit seinen Geschichten, seiner Poesie und seinen lebhaften Erinnerungen an einen Sommer, den alle anderen längst vergessen hatten … und nährt so die Mäusefamilie mit Hoffnung.

Impuls: Gleich oder nicht gleich?

Malt euch drei Skalen von 1 (gar nicht) bis 10 (superduper). Wo stehst du aktuell bezüglich folgender Fragen?

1. Wir leben eine gleichberechtigte Beziehung.
2. Wir teilen die Arbeit gleichberechtigt.
3. Wir teilen die Verantwortung gleichberechtigt.

Was denkst du, wo sich dein Partner positioniert hat? Was denkst du, wie dein Partner sich auf seinen Positionen fühlt?

Wie fühlst du dich mit deinen? Woran erkennst du, dass ihr (nicht) gleichberechtigt lebt?

Anschließend könnt ihr euch zum Austausch gegenseitig fragen: »Wieso, glaubst du, habe ich mich dort und dich dort einsortiert?« Findet heraus, wo ihr unterschiedliche Wahrnehmungen und Vorstellungen habt, ohne euch diese abzusprechen.

Um dich optimal auf dieses Gespräch vorzubereiten, kannst du dir vorab Notizen zu folgenden Fragen machen: Wofür fühlst du dich verantwortlich? Wie geht es dir mit dieser Verantwortung? Was wünschst du dir?

Das Familien- und das Liebesleben eines Paares laufen umso friedlicher, je besser es ihm gelungen ist, die gemeinsamen und eigenständigen Verantwortlichkeiten unmissverständlich zu klären.

Anscheinend sind Jette und Morten in unserem Beispiel wie selbstverständlich davon ausgegangen, dass es der andere macht – wobei *sie* das Missverständnis auf seine patriarchalen Rollenbilder schiebt und *er* das Problem in Jettes chronischer Unzufriedenheit sieht. Beides ist ein klitzekleines bisschen typisch, aber wenig zielführend, weil die zwei längst nicht mehr über Mülltüten streiten. Sondern über unerfüllte Erwartungen und Bedürfnisse.

Sobald wir zu zweit sind, muss geklärt sein, wer die Verantwortung trägt, wann, wie lange und zu welchen Teilen. Für den Haushalt, für die Kinder, für die Finanzen, die Ernährung, die sozialen Kontakte, die Urlaubsplanung und für all die anderen Dinge, die zum Managen einer Familie dazugehören. Mit der Zeit spielen sich diese Verantwortlichkeiten bei einigen Paaren von allein ein. Anderen Paaren hilft es, die Aufgaben ganz klar zu verteilen und sich regelmäßig darüber zu verständigen, ob es für beide noch so passt.

Jette und Morten

In Mortens und Jettes Fall gäbe es viele praktische Lösungen:

Wer die letzte Tüte verbraucht, setzt Tüten auf die gemeinsame Einkaufsliste. Es gibt einen Mülltütenwächter. Es gibt zwei Mülltütenwächter. Mülltüten werden abgeschafft. Küchenausstattung gleich Morten. Drogerieartikel gleich Jette. Alles mit M gleich Morten. Oder heute du, morgen ich.

Der gemeinsame Weg ist oft viel wichtiger als das finale Ergebnis, denn Unzufriedenheit entsteht vor allem dadurch, dass man sich mit der Verantwortung allein gelassen fühlt wie Jette. Bleiben Verantwortlichkeiten unklar oder unberücksichtigt, führt das zwangsläufig zu Konflikten in der Beziehung. Die Kunst besteht aber nicht nur darin, Verantwortlichkeiten zu verteilen, sondern auch darin, sie einander zu lassen. Heißt: Jeder Partner nimmt die Verantwortung für den Bereich, für den er (aktuell) zuständig ist, auch wirklich ernst und wahr. Jeder Partner gibt die Hoheit und Kontrolle für den Bereich, für den er (aktuell) nicht zuständig ist, auch wirklich ab.[13] Es gibt keine traditionell festgelegten Territorien mehr, deshalb müssen wir sie gezielt vergeben und lernen, ihre Grenzen zu wahren.

Bei den Verhandlungen, Vereinbarungen und der Umsetzung sollten wir allerdings eines nicht vergessen: unsere Menschlichkeit. Damit wir den Blick füreinander und fürs große Ganze nicht verlieren. Sich gegenseitig zu unterstützen, Aufgaben abzunehmen oder ab und an zu tauschen, wenn der andere gestresst oder angeödet ist, selbst wenn es nicht in meiner vereinbarten Zuständigkeit liegt, das macht uns nicht nur zu Partnern, sondern zu Liebenden.

Impuls: Rollenvorstellungen

Beantworte die folgenden Fragen zunächst nur für dich und beziehe mit ein, welche Aufgaben und Verantwortungsbereiche du mit den Rollen verbindest. Tauscht euch anschließend tolerant darüber aus.
Wie verstehe ich meine Wunschrolle in der Familie?
Welche Rolle scheint mir tatsächlich zuzukommen?
Wie würde mein Partner seine Vorstellung von meiner Rolle beschreiben?
Wie würde ich meine Vorstellung von seiner Rolle beschreiben?
Wer oder was steht meiner Meinung nach zwischen dem, was ist, und dem, was ich mir wünsche?

Bedürfnisse verhandeln

»Aus einem leeren Brunnen kann man nicht schöpfen«, heißt ein Sprichwort. Was nichts anderes bedeutet, als dass wir unseren eigenen Energietank auffüllen müssen, bevor wir andere mit unserer Energie versorgen können. Unserer Familie kann es nur gut gehen, wenn es uns als Paar gut geht. Und uns als Paar kann es nur gut gehen, wenn es mir als Mensch gut geht.

Damit meine ich nicht, dass meine Paarbeziehung nicht auch zur Kraftquelle werden kann, wenn ich mal auftanken muss. Das Gegenteil ist sogar der Fall. Die Paarbeziehung kann und soll mein Kraftort sein, genau wie die Paarbeziehung auch viel Energie aus schönen Familienmomenten ziehen kann. Zweifelsohne handelt es sich bei der beschriebenen triangulären Kausalität von Mensch, Paar und Familie um ein wechselseitiges Phänomen. Aber uns muss klar sein, wo der Ursprung ist. Der Ursprung sind wir.

Es ist kein Geheimnis, dass wir besser in Beziehung mit anderen sein können, wenn wir mit uns selbst im Reinen sind. Die Sache mit der inneren Balance ist aber kein Selbstläufer. Damit der andere nicht zur Projektionsfläche unserer eigenen Mängel oder zum Sündenbock für unsere unerfüllten Bedürfnisse wird, müssen wir immer wieder abchecken, wie es uns (und all unseren inneren Anteilen) in den verschiedenen Lebensbereichen aktuell geht. Diese Lebensbereiche können unter anderem Folgendes umfassen: Familie, Gesundheit und Körpergefühl, Berufliches, Sicherheit & Finanzen, Freundschaften, Me-Time & Selbstfürsorge, Interessen und Hobbys, Kultur und Lebensfreude, Persönlichkeitsentwicklung sowie Liebe und Partnerschaft. Solltest du feststellen, dass deine Unzufriedenheit Letzteres tangiert, versuche zu differenzieren, auf welcher der drei Ebenen das Problem liegen könnte: Stolpern wir als Alltagsbuddys, Eltern oder Liebende?

Wer Unzufriedenheit, Gereiztheit oder Erschöpfung spürt, sollte sich auf die Suche nach den Gründen machen.

Wer nicht sofort weiß (völlig normal!), welche seiner Bedürfnisse gerade unterversorgt sind, der kann sich die Detektivarbeit erleichtern, indem er sein Leben *bereichsweise* nach Unstimmigkeiten durchleuchtet. Überlege dir zunächst, in welche der oben aufgeführten oder dort fehlenden Bereiche du dein Leben einteilen würdest und was genau die jeweiligen Bereiche beinhalten. Dann beantworte folgende Fragen: Wie zufrieden bist du gerade in welchem Bereich? Woran merkst du, dass du (un)zufrieden bist? Wann warst du weniger unzufrieden? Und was war da anders?

Haben wir die Wurzel des Übels gefunden, können wir in einem zweiten Schritt schauen, ob wir allein Veränderungen bewirken und somit Abhilfe schaffen können, oder ob wir die Unterstützung unseres Partners und/oder anderer Menschen brauchen.

Hier beginnt das, was ich »Bedürfnisverhandlungen« nenne, obgleich wir natürlich nicht die Daseinsberechtigung des Bedürfnisses an sich verhandeln, sondern »nur« die Strategie und den Zeitpunkt der Erfüllung.

Wie gut uns das gelingt, entscheidet maßgeblich über das Beziehungs-, aber auch über das Familienklima. Dabei sollten wir nie vergessen:

Wir verhandeln nicht als Gegner. Sondern als Team. Und wir tun es auf Augenhöhe. Verliert einer, verlieren alle. Auch unsere Kinder.

Denn im Bereich Bedürfnismanagement kommt uns nicht nur eine hohe Selbst- und Beziehungsverantwortung zu, sondern auch eine wichtige Vorbildfunktion.

Unsere Kinder lernen von uns. Und zwar nicht nur dann, wenn wir es gerade beabsichtigen – dann am allerwenigsten –, sondern die ganze Zeit. Bedürfnisorientierte Erziehung sollte einschließen, Kindern einen konstruktiven und sozialen Umgang mit Bedürfnissen zu vermitteln. Diese Kompetenz brauchen sie nicht erst, wenn sie eines Tages das Nest verlassen, sondern bereits im täglichen familiären Miteinander. Dass wir es vielleicht selbst gerade erst lernen, ist nicht schlimm. Lernen wir es doch einfach gemeinsam mit unseren Kindern! Sie zeigen uns, wie man seine Gefühle und Bedürfnisse intuitiv wahrnimmt, und wir zeigen ihnen, wie man sie kommuniziert und für sie sorgt.

Viele von uns haben diese Einladung, über Gefühle, Wünsche und Bedürfnisse zu sprechen, als Kinder nicht erhalten. Damals sollten die Krümel einfach den Mund halten, wenn der Kuchen spricht.

Und selbst heute funktioniert unsere Welt noch so. Du wirst nach deiner gesellschaftlichen Stellung gefragt, nach deinem Abschluss, deinem Titel, deinem Dienstgrad, deinem Rang, deinem Status. Aber nicht danach, wie es dir damit geht. Wir machen noch immer große Unterschiede zwischen Menschen: Klassimus. Rassismus. Sexismus. Adultismus. Unsere Welt ist voll von diskriminierenden Ismen, die suggerieren, dass Menschen und ihre Bedürfnisse unterschiedlich viel wert seien.

Davon löst sich AP, egal ob es nun für Attachment Parenting oder Attachment Partnering steht. AP könnte ebenso gut für A wie Augenhöhe und P wie Pietät stehen, wobei Pietät hier ausschließlich Taktgefühl, Empathie und Respekt vor den Gefühlen, Bedürfnissen und Werten anderer meint.

Für ein zielführendes und wertschätzungsorientiertes Verhandeln von Bedürfnissen halte ich drei Punkte für essenziell:

1. die innere Haltung
2. den Gesprächsrahmen
3. die Kommunikation

Die innere Haltung

So, wie wir gezielt eine körperliche Haltung einnehmen können, können wir auch eine innere Haltung einnehmen. Eine mit Kopf und Herz. Wer im Erwachsenenalter schon einmal versucht hat, an seinem eigenen Ellenbogen zu lecken, oder im Stehen mit durchgestreckten Beinen seine Zehen berühren wollte, der weiß allerdings auch, dass Haltungsversuche nicht immer schmerzfrei sind. Insbesondere dann nicht, wenn sie neu und ungewohnt sind. Denn wir Menschen sind Gewohnheitstiere und merken oft gar nicht, dass wir in unsere Schonhaltung zurückverfallen, bevor wir dem Gewöhnungseffekt oder unserer Dehnbarkeit eine Chance gegeben haben. Eine innere Haltung bewusst einzunehmen kann tatsächlich als emotionales Yoga bezeichnet werden. Yoga kann anstrengend sein, aber es verhilft uns auch zu Mobilität und Vitalität.

Versteh mich nicht falsch: Niemand sollte sich im zwischenmenschlichen Miteinander bis zur Unkenntlichkeit verbiegen müssen. Ein wenig Überwindung, Übung und Schweiß darf es aber durchaus kosten, eine neue Haltung einzunehmen. Die eigene

Komfortzone kontrolliert zu verlassen vergrößert den Bewegungsradius – und letztlich die Bewegungsfreiheit.

Viele Haltungsfragen hast du längst zwischen den Zeilen dieses Buches gefunden, ein paar davon möchte ich an dieser Stelle noch einmal konkret zur Sprache bringen. Denn es handelt sich hierbei um Schlüsselfaktoren für ein bedürfnisorientiertes Miteinander.

Gleichwertigkeit

Gleichwertigkeit, Augenhöhe und Ebenbürtigkeit. Wörter mit denen wir nahezu inflationär um uns werfen, deren Bedeutung wir aber viel zu selten wirklich beherzigen. Ob im Beruf, in unseren Freundschaften, in Diskussionen mit der Familie oder in der Partnerschaft: Unser Selbstgefühl wünscht sich, dass wir von unserem Gegenüber ernst genommen werden und dass unsere Meinungen und unsere Gefühle wertschätzend respektiert werden. Wir möchten uns gleich- und nicht minderwertig fühlen. Gleichwürdig. Auf Augenhöhe eben. Aber was bedeutet das überhaupt?

Augenhöhe bedeutet, dass ich mir meines Wertes und meiner Position bewusst bin und zugleich die Bereitschaft und Fähigkeit entwickle, den Wert und die Position des anderen als genauso gerechtfertigt anzuerkennen wie meine eigene. Ich stelle zwei Meinungen, Ansichten oder Personen gleichwertig und gleichberechtigt nebeneinander, ohne meine eigene Position aufzugeben, und bin aufrichtig daran interessiert, die Ursachen für die Meinung meines Gegenübers und seine Bedürfnisse zu erkennen und zu würdigen. Falls du dich in deiner Partnerschaft unter- oder überlegen fühlst, ist das ein Warnzeichen dafür, dass eure Beziehung ein Leck in der Gleichwertigkeit hat.

Fehlende Augenhöhe ist nicht immer offensichtlich. Aber es gibt wenig Vergleichbares, was Beziehungen so schnell aus dem Gleichgewicht bringen kann. Für eine bedürfnisorientierte Partnerschaft ist diese Ebenbürtigkeit allerdings essenziell, da sonst per se schon eine Position stärker ist als die andere und somit auch die Bedürfnisse dahinter mehr Gewicht bekommen könnten. Natürlich gibt es immer Lebensbereiche, in denen der eine kompetenter, dominanter oder führender ist als sein Partner. Im Sinne der Ausgewogenheit sollte es aber ebenso Bereiche oder Zeiten geben, in denen der andere es ist, sodass ein Gleichgewicht entstehen kann. Eine Balance, die es stets neu zu finden gilt und die von unserer Haltung und Achtsamkeit abhängig ist.

Folgen und Führen. Nehmen und Geben. Lehren und Lernen. Nähe und Distanz. Das sind die Pole, zwischen denen Beziehungen sich immer wieder einpendeln müssen. Wird die Augenhöhe uns gegenüber nicht gewahrt, sagt das meist mehr über den anderen aus als über uns und unseren Wert. Einen anderen Menschen zu dominieren ist oft nicht mehr als der Versuch, Kontrolle zu erlangen oder das Bedürfnis nach Sicherheit und Selbstwerterhöhung zu speisen. Keine gute Strategie, aber vielleicht die Einzige, die jemand zum eigenen Schutz erlernt hat. Wenn wir das berücksichtigen, tut die fehlende Augenhöhe schon viel weniger weh.

Es ist eine sehr menschliche Reaktion, auf Verletztheit mit Verletzungen zu reagieren, um das Gleichgewicht wiederherzustellen – nur besonders zielführend ist es nicht. Auch wenn es natürlich viel leichter ist, zurückzufeuern, statt den Schmerz zu fühlen.

Wir alle – mit Ausnahme von Mutter Teresa und Buddha vielleicht – haben den Pfad der Augenhöhe schon aus den unterschiedlichsten Gründen verlassen. Manchmal, ohne es zu merken. Denn Augenhöhe ist komplex:

Intellektuelle Augenhöhe zeigt sich daran, dass wir unserem Partner nicht ständig unter die Nase reiben, dass wir mehr über das Leben, Erziehung, Promenadologie, Önologie, internationale Politik oder die Fortpflanzung von Fangschreckenkrebsen wissen als er. Es geht dabei nicht darum, zu leugnen, dass Partner unterschiedliche Wissensstände in unterschiedlichen Bereichen haben, sondern darum, einander trotzdem Achtung, Gehör und Interesse zu schenken. Wir können immer etwas voneinander lernen. Immer!

Emotionale Augenhöhe ist unfassbar wichtig, wenn es darum geht, sich einander zu öffnen. Es ist nicht für jeden Menschen gleich leicht, seine Gefühle zu managen. Einige Menschen fühlen extrem viel, andere extrem wenig. Einige Menschen haben gelernt, sich gut zu regulieren und zu artikulieren, andere nicht. Das sollten wir zunächst respektieren, solange dadurch niemand zu Schaden kommt. Insbesondere, wenn es für Menschen neu ist, über Gefühle zu sprechen, ist jeder Versuch ein Erfolg, der auch als solcher gewürdigt werden sollte – so wie wir es bei unseren Kindern ja auch ermutigend tun. Emotionale Augenhöhe bedeutet zudem, die Gefühle und Bedürfnisse des anderen als ebenso gültig und wichtig zu betrachten wie die eigenen. Nicht mehr. Aber auch nicht weniger.

Soziale Augenhöhe hat nichts mit gleichem Status im Sinne von Geschlecht, Herkunft, Bildungsstand, Einkommen, Titel oder Einfluss zu tun, sondern mit gleichem Respekt. Rein faktisch, von außen betrachtet, wird es beispielsweise in nahezu jeder Beziehung Unterschiede im Einkommen geben, viel wichtiger ist aber, wie innerhalb der Beziehung damit umgegangen wird. Welche Bedeutung schreibe ich dem Job und den Interessen meines Partners zu? Sehe und respektiere ich die Mühen und die Leidenschaft, die er in seinen Job oder/und in die Familie steckt, oder messe ich den Wert einer Tätigkeit ausschließlich am Outcome?

Humane Augenhöhe meint im Grunde, dass Aufgaben und Verantwortlichkeiten gleichberechtigt aufgeteilt und erledigt werden – ohne den Partner zu entmündigen, ihn stets zu korrigieren oder zum Mädchen für alles zu degradieren. Partnerschaftliche oder auch persönliche Augenhöhe umschließt auch, Nein sagen zu können und das Nein des anderen zu respektieren. Ebenso geht es darum, Unterschiede zu akzeptieren, ohne subtil zu suggerieren, dass sie uns zu besseren oder schlechteren Menschen machen.

Kommunikative Augenhöhe bedeutet, dass wir achtsam miteinander sprechen und unsere Worte weise wählen, denn sie haben Macht. Wer auf Augenhöhe kommuniziert, verzichtet auf verbale Gewalt, Kritiklawinen, Manipulationsversuche, Drohungen, Beschimpfungen, Beschuldigungen, Ignoranz, Pauschalisierungen, emotionale Erpressungen und Wortklauberei. Hinter diesen Grenzüberschreitungen steckt in der Regel eine Menge Ohnmacht, Not und Verzweiflung – dennoch zeigen sie, dass der andere in seinem Selbstbestimmungsrecht nicht geachtet wird und seine Interessen weniger Gewicht haben.

Augenhöhe bedeutet also, weder sich selbst noch das Gegenüber als wichtiger anzusehen. Augenhöhe bedeutet außerdem, Achtung vor einem Menschen zu haben. Davor, warum er ist, wie er ist. Davor, dass er gute Gründe hat, so zu sein. Davor, dass ich mich in genau diesen Menschen verliebt habe. Davor, dass wir eine gemeinsame Familie haben, die keinem von uns mehr gehört als dem anderen. Und schließlich davor, dass dieser Mensch nicht die Verantwortung für meine Vorstellungen trägt.

Verantwortungsbereitschaft

Über Verantwortung haben wir bereits viel gesprochen. Hier soll daher nur noch einmal daran erinnert werden, dass die Übernahme von Eigenverantwortung und kollektiver Verantwortung essenziell für unser Bedürfnismanagement ist. In einer Beziehung darf und sollte jeder eigenverantwortlich dafür sorgen, dass es ihm gut geht und die eigenen Wünsche und Bedürfnisse beachtet werden.

Wir können aber nur dafür Verantwortung übernehmen, worüber wir auch Kontrolle haben. Was bedeutet, dass wir zu jeder Zeit vollumfänglich dafür verantwortlich sind, wie wir mit unseren Gefühlen und unseren Bedürfnissen umgehen. Wir sind verantwortlich für unser Handeln und für die Strategien, die wir zur Bedürfniserfüllung wählen. Damit sind wir aber nicht komplett raus, was die Gefühls- und Bedürfniswelt unseres Partners angeht: Denn wir sind ebenso verantwortlich für unsere gemeinsame Beziehung und unsere Absichten. Das heißt, mein Partner kann erwarten, dass ich grundsätzlich bereit bin, seine Wünsche zu hören – er kann aber nicht erwarten, dass ich jederzeit zur Verfügung stehe.

Mir muss bewusst sein, dass eine Beziehung, in der ich mich bezüglich der Bedürfnisse meines Partners völlig aus der Verantwortung stehle, wenig Anreiz bietet, in ihr zu bleiben. Meine Verantwortung liegt darin, aufrichtiges Interesse und Verständnis für meinen Partner zu entwickeln. Und das ist nichts, womit man irgendwann fertig ist. Es ist eine Daueraufgabe, der ich proaktiv begegnen sollte. Und proaktiv sollten wir auch vorgehen, wenn wir gegenüber unserem Partner ein Mitteilungsbedürfnis haben. Viele Menschen schmollen gern und warten darauf, dass der Partner endlich fragt: »Was hast du denn?«, um dann ein Feuerwerk zu zünden. Das ist infantil. Besser wäre es, klar zu signalisieren, dass man Redebedarf hat. Zur Übernahme von Verantwortung gehört folglich auch, die eigene Opferrolle zu verlassen. Jammern und Klagen sind natürlich nicht grundsätzlich schlecht oder verboten. Vorwürfe sind Wünsche in Spiegelschrift. Allerdings obliegt es uns, aus den Vorwürfen konkrete Wünsche, Bitten und Handlungsoptionen abzuleiten und diese unmissverständlich zu formulieren. Ob unser Partner dann darauf eingeht oder nicht, das wiederum entzieht sich unserer Kontrolle und Verantwortung.

Integrität und Freiwilligkeit

Ich habe keinen Anspruch darauf, dass mein Partner mir für meine Bedürfnisse zur Verfügung steht, aber ich darf optimistisch davon ausgehen, dass er daran interessiert ist, mir meine Wünsche zu erfüllen, sofern er die Kapazität hat und es nicht zu viel seiner Energie, Zeit oder Integrität kostet. Es geht hierbei um die Unverletzbarkeit unserer körperlichen und seelischen Existenz und um Verhaltensweisen, die Grenzen verletzen oder den Selbstwert schädigen. Eine dieser Grenzen ist die Würde und die Persönlichkeit eines Menschen. Die meisten von uns haben sich schon mehrfach laut oder leise gewünscht, der Partner möge sich ändern, damit das Leben und Lieben für uns leichter werden. Andere versuchen es ganz offensichtlich: »Seit 20 Jahren versuche ich, meinen Mann zu ändern. Es klappt einfach nicht.« Da fragt man sich doch mit einem Schmunzeln auf den Lippen: »Wow, wie lange will er es denn noch versuchen, wo es doch scheinbar kein Grund war, die letzten 20 Jahren nicht mit diesem Menschen zu verbringen?«

In die Persönlichkeit eines Menschen einzugreifen ist, entschuldige die Härte meiner Worte, übergriffig und anmaßend, selbst dann, wenn wir der festen Überzeugung sind, dass es das Leben aller erleichtern würde. Recht zu haben ist kein ausreichend guter Grund, Grenzen zu verletzen. Wir müssen natürlich auch nicht so tun, als würden wir alles feiern, was der andere tut, es geht um eine akzeptierende Haltung à la: »Ich mag nicht alles, was du tust. Aber ich mag dich. Und kann das darum aushalten. Ohne dich ändern zu wollen.«

Wir können Menschen zu Veränderungen einladen und sie vorleben, aber wir können sie ihnen nicht aufzuzwingen. Im Umkehrschluss fänden wir es doch auch unmöglich und egoistisch, wenn uns jemand zu einem anderen Menschen erziehen wollte.

Einander zu lassen, wie man ist – das ist vermutlich eine der größten Herausforderungen der Liebe, wo wir doch alle ein heimliches Ideal in uns tragen. Zu diesem Ideal gehört in der Regel auch, dass der Partner bezüglich unserer Wünsche Folgendes tut: Er liest sie uns von den Augen ab. Und er erfüllt sie liebend gern.

Insbesondere bei Müttern beobachte ich dieses Phänomen: Wenn sie nicht das Gefühl haben, dass ihr Partner es wirklich gern macht, dann machen sie es lieber selbst. Ich persönlich glaube nicht, dass wir stets und ständig alles gern machen müssen. Niemand sagt doch: »Juhuuuu, ich steh gern nachts auf und mache Milch«, oder: »Wohoooo, endlich mal wieder eine überquellende Kacki-Windel wechseln«, oder: »Klar übernehme ich das! Ich freu mich total auf die zwei Wochen Quarantäne mit den drei Kindern in der Neubauwohnung!« Für die Gefühle meines Partners bin ich aber nicht verantwortlich. Ebenso wenig ist er dafür verantwortlich, dass ich seine Unlust persönlich nehme oder mich von ihr ausbremsen lasse. Seine Gefühle. Meine Gefühle.

Wenn ich signalisiere, dass ein Nein eine akzeptable Option ist, die nicht sanktioniert wird, und mein Partner meiner Bitte dennoch nachkommen möchte, dann darf ich ihn für mündig und kompetent genug halten, sich trotz der Unlust dafür zu entscheiden. Freiwilligkeit wird nicht immer von einem Lustgefühl begleitet. Und manchmal gilt der Widerwille ja nur der Art und Weise, wie wir unseren Wunsch geäußert haben, oder der Kollision mit eigenen Bedürfnissen und gar nicht dem Wunsch selbst. Und das führt mich zum Punkt Empathie.

Empathie

Empathie ist ein universelles Lösungsmittel, sagt der berühmte Psychologe Simon Baron-Cohen. Jedes Problem, das in Empathie getaucht wird, ist seiner Meinung nach lösbar. Die Leitfrage kann hier sein: *Was würde der innere Empathiker tun?*

Denn wer empathisch nach den eigenen Bedürfnissen und nach denen des Partners sucht, statt nach Recht, Schuld oder Fehlern, nimmt eine umsichtige Perspektive ein und schafft die Basis für ein friedvolles und fruchtbares Miteinander. Wir wissen längst, dass wir uns mitfühlend in unseren Partner hineinversetzen sollten, dass seine Gefühle ebenso gültig sind wie unsere und dass Bedürfnisse nie falsch sind, allerhöchstens Strategien. Empathie ist aber kein Selbstläufer, sondern braucht die Bereitschaft, einander wirklich zuzuhören und sich einander wirklich zu öffnen.

In dem Moment, in dem wir gemeinsam Bedürfnisse verhandeln, müssen wir mitfühlend verstehen können, was jeder braucht. Und wir müssen entscheiden, mit welcher Dringlichkeit. Nun habe ich ja gerade gesagt, dass unser Partner allein entscheiden dürfen muss, ob er einer Bitte nachkommt oder nicht. Das schließt aber nicht aus, dass wir achtsam und rücksichtsvoll mit unseren Wünschen umgehen.

Wo zwei Bedürfnisse kollidieren, macht es Sinn, dass jeder noch einmal innehält oder sich zurückzieht, um zu überprüfen, wie berechtigt, wie angemessen (bezüglich Energie, Zeit und Integrität beider) und dringlich der Wunsch beziehungsweise das eigene Bedürfnis gerade ist. Empathie meint nämlich auch die Bereitschaft, zwischen verschiedenen Interessen abzuwägen und Entscheidungen zu treffen, die danach auch selbst verantwortet werden.

Jörn und Pia

Jörn sitzt gerade verzweifelt an seinem Laptop und versucht, seinen Onlineshop wieder zum Laufen zu bringen, als Pia ihn fragt, ob er den Tisch im Restaurant schon reserviert habe. Er antwortet kurz und knapp mit Nein. Er ist gestresst. Ihr gefällt sein Ton nicht, und sie beginnt eine Grundsatzdebatte über Respekt in der Beziehung. Der Streit eskaliert.

Natürlich wünschen wir uns Höflichkeit, und natürlich hätte sie sich gewünscht, dass der Tisch für die romantische Auszeit längst reserviert ist. Denn Jörn weiß doch, wie wichtig Pia das ist.

Doch bei genauerem Hinsehen ist die moralische Überlegenheit hier fehlplatziert, denn es ist ganz offensichtlich der absolut falsche Moment, um a) an die Reservierung eines Tisches in einem Restaurant zu erinnern, und b) eine Beziehungsdebatte über Respekt zu beginnen. Er steckte ordentlich in der Klemme, und sie hat sicherlich unabsichtlich noch einen draufgesetzt. Er wird nun immer weiter versuchen, sie zu ignorieren, um ungestört weitermachen zu können. Sie wird den Druck auf eine (angemessene) Reaktion seinerseits erhöhen. Deeskalierend wäre vielleicht gewesen: »Oh, du bist anscheinend voll im Stress. Pass auf, ich reserviere den Tisch, und falls du das Problem bis dahin nicht gelöst hast, bestell ich uns eine Pizza, und wir essen im Bett.« Küsschen aufs Nüsschen. »Das klingt gut. Danke.«

Bevor wir den anderen malträtieren, dürfen wir uns folgende Frage stellen: Mal angenommen, es gäbe etwas, womit ich es meinem Partner leichter machen könnte, auf mein Bedürfnis einzugehen, was wäre das dann? Ja, es braucht zweifelsohne eine ganz hohe Moral und ganz viel Mut, sich einem nicht oder »falsch« reagierenden Partner gegenüber weniger kritisierend zu verhalten. Und es erfordert ebenso viel Moral und Mut, sich einem Partner zuzuwenden, der ständig auf den Macken des anderen herumreitet. Doch beide Veränderungen sind notwendig, um den Teufelskreis zu durchbrechen und in Verbindung zu bleiben.

Verbundenheit

Jeder kennt dieses trennende, unverbundene Gefühl, das ein Streit auslösen kann: Wir liegen zwar nebeneinander im Bett, doch es fühlt sich an, als würde der Grand Canyon uns trennen. Diese Schlucht wird überwindbarer, wenn wir uns unser Wohlwollen und unsere Liebe zusichern, selbst wenn wir verärgert sind. *»Ich liebe dich. Und ich bin gerade wütend/sauer/enttäuscht/traurig. Aber ich kümmere mich selbst darum. Was ich von dir dafür brauche, ist Folgen-*

des. Kannst du dir vorstellen, das für mich zu tun? Und was brauchst du wiederum dazu von mir? Was kann ich beitragen?«

Statt uns als Gegner zu betrachten, verhandeln und agieren wir so als Team und bewahren unsere Verbundenheit zueinander. Das klingt so schön einfach, ist aber eine hohe Kunst: Jungs gegen Mädchen. Gut gegen Böse. David gegen Goliath. Recht gegen Unrecht. Katze gegen Hund. Selbst der Großteil der Brettspiele funktioniert so: ich gegen die anderen. Überall wird uns suggeriert, dass es nur einen Gewinner geben kann: Wenn wir für uns sind, dann sind wir gegen den anderen. Das ist ein gedanklich tief verwurzeltes Konstrukt, das es vielen Menschen unglaublich schwer macht, für sich selbst einzustehen. Die Spieleindustrie bringt seit einiger Zeit ganz bewusst »kooperative Spiele« auf den Markt, die nur gewonnen werden können, wenn die Spieler zusammenarbeiten. Als ein solches kooperatives Spiel dürfen wir auch unsere Partnerschaft verstehen.

Das braucht Klarheit, über das, was wir wollen oder auch nicht wollen, und es erfordert die Bereitschaft, das Bild, das wir uns vom Partner oder von unserer Partnerin gemacht haben, auch wieder zu verändern. Das eigene Bild vom Partner immer wieder updaten? Ja! Den Partner immer wieder über das eigene Leben auf dem Laufenden halten? Ja! Darauf drängen, dass der Partner selbst sich updatet beziehungsweise upgradet? Nein!

Menschen ein Gefühl von »Du bist okay, so wie du bist!« zu geben, schließt nicht aus, dass sie sich verändern und weiterentwickeln können und wollen. Im Gegenteil. Erst die tiefe Verbundenheit kann den Mut hervorlocken, den Veränderung braucht. Es ist eine Tatsache, dass Menschen sich nur verändern können, wenn sie fühlen, dass man sie grundsätzlich so liebt und akzeptiert, wie sie sind. Wer sich kritisiert, ungeliebt und unerwünscht fühlt, der kann sich nicht verändern – weil er buchstäblich mit Selbst-Erhaltung beschäftigt ist. Wer sich unter Druck gesetzt fühlt, konzentriert sich darauf, sich selbst zu verteidigen.

Unabhängigkeit

An dieser Stelle möchte ich noch einmal an zwei Grundannahmen erinnern:

Mein Partner möchte grundsätzlich von Wert für mich sein.

Mein Partner handelt für sich, nicht gegen mich.

Zumindest in der Theorie. In der Praxis fällt es vielen Menschen schwer, für sich zu handeln. Die Aufrechterhaltung der Verbindung zum Partner auch im Streit ist wichtig, aber sie sollte nicht auf Kosten der Verbindung zu uns selbst, unserer Integrität oder unserer Authentizität gehen.

Es gibt Menschen, die stets die Grenzen anderer überschreiten. Und es gibt Menschen, die andere stets ihre Grenzen überschreiten lassen, weil ihnen entweder gar nicht klar ist, wo diese Grenzen verlaufen, oder weil sie sich nicht trauen, diese zu verteidigen. Zu groß ist die Angst vor Ablehnung und ausbleibender Anerkennung. Einige Menschen entwickeln daraus eine emotionale Abhängigkeit: Es kann ihnen nur gut gehen, wenn es anderen gut geht. Sie werden devot und unselbstständig. Bis zur Selbstaufgabe. Bis zum großen Knall. Daher gehört die Fähigkeit, Nein zu sagen, in den Werkzeugkoffer eines jeden Bedürfnismanagers. Neun von zehn Menschen fällt es schwer, Nein zu sagen. Vielen davon wurde in der Kindheit mit Ignoranz, Entmündigung oder Liebesentzug begegnet, wenn ihr Verhalten nicht den Vorstellungen der Eltern entsprach. Unkompliziertheit und Anpassung hingegen wurden belohnt. So haben sie gelernt, nachzugeben und im Sinne anderer zu handeln, »nur« um geliebt zu werden. Meistens versteckt sich hinter einem Jasager also ein Mensch, der große Trennungs- und Verlustängste hat. Diese Erfahrung kann Menschen auch im Erwachsenenalter noch davon abhalten, zu sich zu stehen und sich anderen zuzumuten. Es fällt ihnen schwer, Konflikte auszuhalten oder anderen ihre Wünsche abzuschlagen. Der einzige Weg da hinaus führt mitten hindurch!

Sich mit den Gründen für dieses stetige Einlenken und Anpassen zu beschäftigen ist wichtig, um die dahinterliegenden Bedürfnisse freizulegen und die Eigenständigkeit zu trainieren – statt nur dem Partner die Schuld an der eigenen Überforderung und Erschöpfung zu geben.

Auch Menschen, die besonders offen, beeindruckbar oder sehr empathisch sind, laufen Gefahr, sich anderen zu sehr anzupassen und ihre eigenen Belange und Sichtweisen aus den Augen zu verlieren, sagt Rolf Sellin, Autor des Buches *Bis hierhin und nicht weiter*. Empathie und Offenheit sind gut. Aber es braucht auch Abgrenzung und Unabhängigkeit. Dazu ist es hilfreich, sich auf die eigenen Werte zu besinnen und darauf, was einen ausmacht. So weiß man, wofür es sich zu verhandeln lohnt.

Lösungsorientierung und Kompromissfähigkeit

Lösungsorientierung ist ein wichtiger Resilienzfaktor und meint die Fähigkeit, sich nicht voller Selbstmitleid in einem Problem zu suhlen, sondern eine Lösung zu erarbeiten. Die Hardliner der systemischen Therapie, wie Steve de Shazer, sagen sogar: Der Lösung ist das Problem völlig egal. Lösungsorientiert agiert ihr, wenn ihr nicht nur jammert und klagt, sondern selbstbewusst die eigenen Interessen vertretet und dennoch offen für alternative Ideen und konstruktive Ergebnisse bleibt.

Wovon wir uns wohl aber verabschieden müssen, ist die Vorstellung, dass die Wünsche und Bedürfnisse aller zu jeder Zeit vollends erfüllbar sind. Das wäre ein Anspruch, an dem wir nur scheitern können. Bedürfnisaufschub und Umverteilung von Zumutung: Ohne das geht es nicht.

Matthias und Grete

Matthias hat die Nase voll vom pflichtbewussten Leben. Früher war er ein reiselustiger Abenteurer, heute ist sein aufregendstes Ereignis das wöchentliche Bürostuhlrennen mit seiner Kollegin Angelika (63), die immer gewinnt, weil sie ihrem Ruhestand entgegenrollt. Nachdem er neulich seinen Kumpel Andi im Supermarkt getroffen hat, wurde ihm bewusst, was für ein tristes Leben er aktuell führt. Sein Chef hat ihm klargemacht, dass man sich zwischen Familie und Karriere entscheiden muss. Matthias hat sich entschieden. Das weiß auch sein Chef. Und Matthias, weiß, dass er es weiß, seit er mit Angelika in einem Büro sitzt.

Wenn schon, denn schon, denkt Matthias und sagt seiner Frau Grete, dass er kündigen möchte. »Kündigen?« »Ja!« »Und dann was?« »Ich will leben, Grete!« »Und wovon, Braveheart? Deine drei Kinder wollen nämlich auch leben. Ich dachte, wir waren uns einig, dass ich, wenn das Baby ein halbes Jahr alt ist, noch einmal studieren kann. Wie soll das gehen ohne dein Gehalt? Und ohne mein Gehalt?« »Ich will ja nicht für immer arbeitslos bleiben. Aber die letzten sechs Jahre habe ich mich im Spagat zwischen Job und Familie fast selbst zerrissen. Und jetzt möchte ich einfach mal ein Jahr um die Welt reisen. Von einem Tag in den anderen leben und herausfinden, was ich eigentlich vom Leben will, auch wenn das bedeutet, den Großen aus der Schule nehmen zu müssen.« »Das verstehe ich. Und dass wir den Großen für eine Weile aus der Schule nehmen müssten, finde ich gar nicht so schlimm. Er würde auf dieser Reise vielleicht mehr lernen als dort. Aber der Zeitpunkt ist ein Problem! Ich habe mich ebenso sechs Jahre aufgeopfert. Nicht gearbeitet und mein Studium immer und immer wieder verschoben, um für die Kinder da zu sein.«

So geht es jetzt noch eine Weile hin und her. Sie will studieren. Er will reisen. Sie hat Angst. Er die Nase voll. Die zwei werden ein paar

Leitfragen brauchen, an denen sie sich durch dieses Dilemma hangeln können, doch am Ende wird es viele Lösungen geben: Sie verreisen gemeinsam, und sie nimmt einen Kredit für ein Fernstudium auf. Er verreist für drei Monate allein. Sie verreisen gemeinsam, aber nur ein halbes Jahr, damit die Ersparnisse noch für das Präsenzstudium reichen. Sie beginnt sofort zu studieren, er arbeitet und spart noch ein Weilchen weiter, und dann verreisen sie sogar zwei Jahre – bis dahin geht er wöchentlich bouldern. Niemand studiert, niemand verreist, weil sie gemeinsam einen alten Bauernhof kaufen und restaurieren. Sie verreist. Er studiert. Zusammen mit Angelika.

Die Umverteilung der Bedürfnislast kann jedoch nur fair erfolgen, wenn jede Position gleichermaßen berücksichtigt wird. Die von Matthias. Die von Grete. Und die der Kinder. In diese Berücksichtigung sollte einfließen: der Entwicklungsstand und die emotionale Verfassung aller Beteiligten, ebenso der Füllstand ihrer Belastungsfässer sowie ihr Sinn für die Realität, die Zumutbarkeit für alle anderen sowie Fairness und Kompromissbereitschaft. »Was würde ich mir wünschen, wenn ich in der Haut des anderen stecken würde?« kann eine gute Leitfrage sein, besser noch ist die Frage: »Was wünscht sich der, der wirklich in seiner Haut steckt?«

Gut zu wissen: Unden

Entweder. Oder. So sind wir in der westlichen Welt gepolt, während es im asiatischen Raum auch ein Beides oder Nichts, ein Sowohl-als-auch gibt.

Obwohl viele Menschen Kompromisse ablehnen, weil dabei angeblich niemand bekommt, was er will, finde ich sie notwendig. Das Zusammenleben erfordert nun einmal Kompromisse im Sinne von Bedürfnisaufschub, Entgegenkommen, Rücksichtnahme, Strategieanpassung und Umverteilung von Zumutung. Attachment Partnering steht nicht für faule Kompromisse, bei denen am Ende niemand bekommt, was er will, und alle Bedürfnisse unbefriedigt bleiben. AP steht für unden. Ein Wort, das »und« zu einem Verb macht.

Ein einfaches Beispiel dazu:

Hellen möchte heute Abend mit Pepe tanzen gehen, weil sie endlich mal eine kinderfreie Nacht haben. Pepe möchte die Zeit lieber nutzen, um gemeinsam auf der Couch zu entspannen und mit Hellen zu reden. Hellen könnte tun, was Pepe will. Pepe könnte tun, was Hellen will. Ein offensichtlicher Kompromiss könnte auch ein gemeinsamer Kinobesuch sein – aber wäre das faul oder geundet? Das hängt nun von den Bedürfnissen ab, die hinter den gewünschten Strategien standen: Hellen wollte tanzen gehen, weil sie sich nach Bewegung, Autonomie und Abwechslung sehnte, während Pepe sich nach Ruhe und Erholung sehnte, in Verbindung gehen und emotionale Nähe herstellen wollte. Ein Kinobesuch erfüllt diese Bedürfnisse nur mäßig, weil weder Bewegung im Spiel wäre noch ein Austausch stattfinden könnte. Hellen und Pepe tauchten bis auf die Bedürfnisebene ab und beschlossen, sich spontan ins Auto zu setzen (Hellen fährt, Pepe chillt) und ans Meer zu fahren, wo sie einen langen Spaziergang machten, sich ausgiebig unterhielten, schwammen und ineinandergekuschelt den Sonnenuntergang genossen. Das war sogar besser als Tanzen. Und Couchen. Unden eben.

Es ist eine Illusion, dass jeder zu jeder Zeit bekommen kann, was er will. Aber schauen wir auch auf die Bedürfnisse hinter einer Meinung oder einer Strategie, dann lassen sich Lösungen erkennen, die vorher nicht sichtbar waren. Insofern kann Unden ein wundervoller Kompromiss sein.

Reflexionsfragen zur Bedürfnisverhandlung

- Ist es der richtige Zeitpunkt für dieses Gespräch/Thema?
- Wer hat welches Anliegen?
- Welche Wünsche stecken dahinter?
- Welche Bedürfnisse liegen zugrunde?
- Wie dringlich ist welches Bedürfnis?
- Wie groß ist der Leidensdruck dahinter?
- Wie voll sind die einzelnen Belastungsfässer?
- Wer hat sein Bedürfnis in der Vergangenheit schon häufiger zurückstellen müssen?
- Woran werden wir messen, dass unsere Bedürfnisse erfüllt sind?
- Wo stehen Bedürfnisse wirklich im Widerspruch, wo geht es nur darum, die Schlacht zu gewinnen?
- Was ist ein guter Ausgleich für denjenigen, der gegebenenfalls verzichtet?
- Welche alternativen Strategien zur Bedürfniserfüllung gäbe es?
- Welche (bisher nicht mitgedachte) Strategie könnte alle Bedürfnisse unden?

Ich möchte euch von Herzen einladen, kreativ und verrückt zu sein, wenn ihr vor solch einem Dilemma steht. Es ist gut, von einer klagenden Position in eine gewisse Bedürfnis- und Lösungsorientierung zu kommen. Ihr könnt solche Gespräche beispielsweise in drei Phasen teilen: Träumen. Realisieren. Kritisieren. Oft bremsen wir uns viel zu früh selbst aus, deshalb hat Walt Disney seine Projekte angeblich in drei separaten Räumen entwickelt: Einer war nur zum Träumen da. Im nächsten wurden konkrete kausale Schritte für diese Visionen besprochen, und erst im dritten Raum war Platz für Kritik und des Menschen Lieblingswort »aber«.

Für einige Probleme braucht es mehr als ein klärendes Gespräch, dann gönnt euch Denk- und Kreativpausen und vertagt das Gespräch, wenn ihr spürt, dass die Emotionalität eure Konstruktivität blockiert. Und hier sind wir bereits mitten im nächsten Thema: Rahmung und Kommunikation. Denn ja, wann, wo und wie wir verhandeln, macht einen großen Unterschied.

Herzmoment: Na Logo, Baby

Heute möchte ich euch einladen, euch zusammenzusetzen und ein Logo oder Wappen für eure Beziehung zu entwickeln. Nehmt euch ein großes Blatt Papier und ein paar Buntstifte zur Hand und legt mithilfe folgender Fragen gemeinsam los:

Welche Symbole verbinden wir mit unserer Beziehung?

Welche Farben und Formen passen zu unserer Liebe?

Was verbindet uns? Was tun wir gern gemeinsam?

Wer oder was gehört fest zu uns?

Der Gesprächsrahmen

Wer liebt, der streitet auch. Konflikte sind absolut normal. Das heißt aber nicht, dass wir keinen Einfluss darauf haben, wie groß der Ärger wird.

Gedankenexperiment: Mal angenommen, du würdest wollen, dass ein Streit eskaliert oder der Ärger deines Partners von Bruce Banner zu Hulk wird, was könntest du aktiv dazu beitragen? Und was wiederum könnte dein Partner machen, um dich dazu zu bringen, das tatsächlich zu tun?

Was auch immer euch eingefallen ist, solltet ihr also vermeiden beziehungsweise umkehren. Denn was wir bewusst herbeiführen oder verschlimmern können, können wir auch bewusst unterlassen oder verbessern. Ich möchte eure Erkenntnisse im Folgenden um ein paar Gedanken und Impulse ergänzen, denn ein gutes und fruchtbares Gespräch braucht einen guten Rahmen:

1. Passender Zeitpunkt

Wenn du möchtest, dass dein Gespräch möglichst schnell eskaliert oder erfolglos bleibt, dann überfalle deinen Partner damit zu einem möglichst schlechten Zeitpunkt. Zum Beispiel auf der Toilette, kurz vor der Einschlafbegleitung, nach einem stressigen Tag, in Anwesenheit der Kinder, während des Yogas oder nach 21 Uhr. Je stimmiger, ruhiger und friedvoller der Augenblick, der für das Gespräch gewählt wird, desto besser stehen die Chancen für eine gute Lösung. Insbesondere abends, wenn beide müde und erschöpft sind, sollte die gemeinsame Zeit besser zum Auftanken und Sammeln positiver Gefühle und schöner Erinnerungen statt für Kriseninterventionen genutzt werden. Regelmäßige Elternmeetings können einen tollen Rahmen bieten, um Anliegen in neutraler Atmosphäre zu besprechen, statt jedes Mal loszupoltern, wenn wieder eine umtriebige Socke neben dem Wäschekorb gelandet ist.

Gut zu wissen: Elternmeeting

In meinem Buch Krisenfest – das Resilienzbuch für Familien schlage ich Familien vor, regelmäßige Familienversammlungen einzuberufen, wo familiäre Themen besprochen werden können. Der Familientisch soll der Tür-und-Angel-Motzerei und dem Kinderzimmer-Überfallkommando ein Ende setzen und eine vertrauensvolle Atmosphäre schaffen, in der Probleme gemeinsam gelöst werden können. Ein ähnliches, bestenfalls wöchentliches und ungestörtes Ritual empfehle ich auch Eltern. Hier haben ganz banale Orga-Themen, aber auch Ärgernisse und Wünsche einen hyggeligen Platz. Netter Nebeneffekt: Der eine oder andere (nichtige) Ärger ist bis dahin oft wieder verpufft, wenn wir bis zum Meeting warten, statt zwischendurch zu feuern.

2. Ja-Setting

Wie gut der Augenblick für ein Gespräch ist, entscheidest du aber natürlich nicht alleine. Bevor du die Bombe platzen lässt, macht es Sinn, den Partner respektvoll und achtsam nach seinem Einverständnis zu fragen. »Ich habe etwas auf dem Herzen. Es geht um folgendes Thema, und ich würde dich bitten, mir etwa fünf bis zehn Minuten zuzuhören. Passt es dir gerade?« So stellst du sicher, dass der andere überhaupt in der Stimmung oder in der Lage für ein (unangenehmes) Beziehungsgespräch ist. Im Falle von Jörn und Pia hätte es verhindert, dass die Lage eskaliert. »Ja, aber wenn der andere nun immer Nein sagt? Dann werde ich mein Anliegen ja niemals los?!«, denkst du jetzt vielleicht. Da hast du recht. Bei einem Nein ist es völlig legitim, die verbindliche Verabredung für einen besseren Zeitpunkt einzufordern.

3. Sanfter Auftakt

Eine sichere Möglichkeit, das Gespräch ergebnislos verpuffen oder eskalieren zu lassen, ist persönliche Kritik. Am besten holst du gleich zu Beginn die ganz große Du-Pistole raus und feuerst lautstark alle Vorwürfe ab, die dir einfallen: Du hast. Du bist. Du sollst. Du musst. Feuer frei.

Entweder dein Liebling feuert direkt zurück, oder er streift sich fix seine kugelsichere Weste über, sodass du mit nichts mehr zu ihm durchdringst. Das kann nur gut werden! Okay, Ironie wieder aus. Bereits in den 1960er-Jahren hat der Psychologe Haim Ginott herausgefunden, dass Ich-Botschaften den Zuhörer weniger in die Defensive drängen und so eher zum gewünschten Ergebnis führen. Aber Obacht: Nicht jeder Satz, der mit ICH beginnt, ist automatisch angemessen: »Ich finde, du bist ein rücksichtloser Halunke« ist nur unwesentlich besser als »Du rücksichtsloser Halunke«. Es geht eher darum, in der eigenen Erlebnis- und Gefühlswelt zu bleiben und diese für den anderen erfahrbar zu machen. Wie fühle ich mich? Was brauche ich? Was wünsche ich mir?

4. Begrenzung

Wer endlos redet, sich wiederholt und immer dieselbe Schleife dreht, läuft Gefahr, dass das Gesagte an Ausdruck verliert und verpufft. Es ist also sinnvoll, das Gespräch von vornherein zeitlich auf beispielsweise 20 Minuten zu begrenzen, dann Bilanz zu ziehen und gegebenenfalls später weiterzureden, wenn das Gesagte wirken konnte. Wer kurz vor einem Durchbruch steht und gerade mitten in einem guten Austausch ist, sollte sich von der Zeit wiederum nicht drängen lassen.

Eine zeitliche Begrenzung kann sinnvoll sein, eine inhaltliche ganz sicher ebenfalls. Wer in einem Gespräch die alten Kamellen aus dem Tiefkühlschrank holt und kurz in der Mikrowelle aufwärmt, der wird nur schwer zu einer konstruktiven Lösung für das aktuelle

Anliegen kommen, denn hier wird es persönlich und machthungrig. Manchmal kann es schön sein, sich auf den Austausch von Gefühlen zu begrenzen. Aber manchmal ist es auch wichtig, im Anschluss auf eine Handlungsebene zu kommen: Wer »nur« jammert oder abwehrt, ohne Ideen für Verbesserungen einzubringen, darf zärtlich gefragt werden: Und was willst du deswegen jetzt tun? Welche Veränderung soll erzielt werden? Woran wirst du merken, dass diese erreicht ist?

5. Beruhigungsstrategien

Der richtige Zeitpunkt sollte auch deinen Erregungsgrad sowie die psychische und physische Verfassung berücksichtigen. Wir kennen das alle von unseren Kindern: Hunger? Müde? Kalt? Pipi? Dann können wir uns auf den Kopf stellen und mit Engelzungen auf sie einreden: Nichts ist richtig. Denn du bist nicht du, wenn du hungrig bist – oder deine banalsten Bedürfnisse nicht befriedigt sind. Wer trotz guter Vorbereitung spürt, dass er die Contenance nicht länger bewahren kann, weil ihn das Thema oder die Reaktion des Partners emotional zu sehr stresst, der darf sich zurückziehen. »Ich spüre, wie ich gerade wütend werde, und würde mich gern beruhigen, bevor wir weiterreden« oder einfach »Ich brauche eine Pause«. Diese sollte mindestens 20 Minuten lang sein, denn so lange braucht der Körper, um seinen Stresspegel merklich zu senken. Und das ist wichtig, da wir ab einer bestimmten Herzfrequenz einfach nicht mehr vernunftgesteuert agieren können.

Rückzug ist besser als Zerstörung. Denn im Eifer des Gefechts sagen wir Dinge, die wir nicht zurücknehmen können. John Gottman fand heraus, dass diese Art der Deeskalation, durch Selbstberuhigung oder gegenseitige Beruhigung, eines der Geheimnisse einer glücklichen Beziehung ist. Solche Interventionen müssen aber nicht immer aus Rückzug bestehen – es geht um die grundsätzliche Fähigkeit, »Rettungsversuche« zur Deeskalation einzuleiten.

Einigen Paaren hilft es, ein subtiles Codewort zu vereinbaren, das der andere sagen darf, wenn einer den vereinbarten Pfad verlässt: Schweinsgalopp, Bim Bam, Kokolores, Pottwahlpoloch, Hawaii, Lebensabend. Ihr habt freie Wahl. Es muss kein Quatschwort sein, obgleich Humor eigentlich immer sehr entwaffnend wirkt. Ihr könnt ebenso ein Wort benutzen, welches für euch beide eine positive Bedeutung hat und euch hilft, euch aus der Situation herauszuzoomen. Auch euer Lieblingssong oder eine freundliche Geste, wie ein Glas Wasser oder eine Tasse Tee für den anderen, können einen sehr versöhnlichen Effekt haben.

6. Offenheit

Ein optimaler Gesprächsrahmen braucht beidseitige Präsenz. Wer ein Gespräch beginnt oder einem zustimmt, aber gar nicht bereit ist, dem anderen zuzuhören, der sollte es besser gleich lassen. Andernfalls ist das so, als wäre zwar das Licht an, aber niemand zu Hause. Das heißt, auch wenn ich ein Anliegen habe, sollte ich offen sein für die Perspektive meines Partners und seine Perspektive ehrlich in Betracht ziehen – so wie wir es bei unseren Kindern ja auch tun. Es braucht diese positive Grundhaltung dem anderen gegenüber, um Zugeständnisse zu machen und einander die Hände zu reichen. Diese Offenheit und Ehrlichkeit sind für den Politiker Roy Romer die Quelle von Vertrauen und Treue. Wobei Treue für ihn Zuverlässigkeit und Loyalität bedeutete, nicht unbedingt Exklusivität. Auf einer Pressekonferenz, die er 1998 anlässlich des Bekanntwerdens seiner langjährigen Affäre einberufen hatte, fragte er die Journalisten: »Was ist Treue?«, und antwortete selbst: »Wir haben in der Familie ausgiebig darüber diskutiert und uns darüber verständigt, welche Gefühle und Bedürfnisse wir haben, und auf Basis dieser Art von Treue gehen wir die Dinge an.«[14]

Hilfreiche Impulse für die Verhandlungspause

Atmen. Wasser oder Tee trinken. Etwas essen.
Bodyscan: Gefühle wahrnehmen und reflektieren.
Stell dir folgende Frage zur Festigung deiner Position:
Was willst du haben?
Wofür stehst du nicht mehr zur Verfügung?
Was magst und machst du gern? Was nicht?

Stell dir folgende Fragen zur Betrachtung anderer Positionen: Wie würde eine Kamera die Situation beschreiben? Wenn eine andere Person mir von dieser Situation berichten würde, wie würde ich die Lage von außen bewerten? Was würde ich raten? Worin würde ich von außen einen Kompromiss sehen? Wie fühlt sich mein Partner vermutlich dabei?

Gut zu wissen: Wer spricht's an? Unterschiede zwischen Mann und Frau

John Gottman fand heraus, dass in mehr als 80 Prozent aller Fälle die Frau diejenige ist, die heikle Themen in der Beziehung zur Sprache bringt – sowohl bei glücklichen als auch bei unglücklichen Paaren. Dieses Ungleichgewicht scheint also nicht grundsätzlich ein Problem oder Risikofaktor für Beziehungen zu sein. Denn wir haben zwei Möglichkeiten, mit diesem Fakt umzugehen. Wir können es als männliches Manko deklarieren und uns über dieses Ungleichgewicht aufregen, oder wir interpretieren es als weibliche Kommunikations- und Beziehungsstärke. Männer verfügen zwar nicht über weniger emotionale Intelligenz, allerdings wird es Mädchen durch ihre Erziehung leichter gemacht, ihre emotionale Intelligenz anzunehmen und ihr später als Frau zu folgen. Männer und Frauen starten schlichtweg nicht am selben Punkt.

Die Neurowissenschaft konnte nachweisen, dass es neuronale geschlechtsspezifische Unterschiede gibt. So nutzen Männer für die Wort- und Sprachentschlüsselung bevorzugt Teile der linken Hirnhemisphäre, Frauen Areale beider Gehirnseiten. Auch bei der Verarbeitung von Emotionen weichen die aktiven Gehirnareale voneinander ab, ebenso bei der Bearbeitung mathematischer Aufgaben. Dennoch nimmt die Differenz zwischen den durchschnittlichen mathematischen Leistungen von Mädchen und Jungen in den letzten Jahren immer mehr ab. In diesen neuronalen Unterschieden die alleinige Ursache für vermeintliche Defizite erkennen oder Verhaltensvorhersagen treffen zu wollen ist also purer Neurosexismus. Entscheidend ist nicht die Anatomie, sondern die Sozialisierung. Es wird angenommen, dass die Art und Weise, wie Mädchen und Jungen erzogen werden, die genetischen Unterschiede vergrößern oder verkleinern können. Dennoch konnten Studien nachweisen, dass Frauen ein größeres Volumen an grauen Zellen in den Gehirnstrukturen aufweisen, die mit den Spiegelneuronen korrelieren. Spiegelneuronen sind die Zellen in unserem Gehirn, die es uns ermöglichen, mit anderen Menschen mitzufühlen. Ohne sie wären wir nicht zu Empathie fähig. Darüber ob diese Unterschiede angeboren oder anerzogen sind, herrscht wissenschaftlich Unklarheit, sie könnten aber dafür verantwortlich sein, dass es Frauen leichter fällt, emotionale und heikle Themen in der Beziehung anzusprechen.

Frauen haben eine niedrigere Wahrnehmungsschwelle, sie sind sich ihrer Gefühle bewusster, und sie können sich besser in andere hineinversetzen. All das sind Stärken und Ressourcen, die wir gezielt für unsere Beziehung nutzbar machen können, obgleich wir uns natürlich trotzdem wünschen dürfen, dass aus den 80 Prozent irgendwann einmal 60 oder sogar 50 werden. Wie realistisch das ist, hängt aber nicht nur vom Geschlecht ab, sondern eben auch vom Charakter des Partners und der Partnerin. Es gibt in Beziehungen vermutlich immer jemanden, dem Empathie leichter fällt oder der weniger Angst davor hat, heikle Themen anzusprechen, der auch den Kindern ein geduldigerer Zuhörer ist, der spürt, wann es verbindende Elemente für das Paar oder die Familie braucht, und stets die richtigen Worte findet. Aber auch das bedeutet nicht, dass der Beitrag des anderen Partners überflüssig ist, so wie ja auch das zweite Gehalt einer Familie nicht unbedeutend ist, nur weil einer von beiden vielleicht mehr verdient. Egal ob 50/50, 60/40 oder 80/20: Es braucht beide, um auf 100 Prozent zu kommen. Schwächen sind Stärken in Spiegelschrift. Was bedeutet, dass auf der Kehrseite eines Defizits meist eine Ressource zu finden ist. Die Frage »Wer hat welche Stärken, und wie können wir sie für uns nutzen?« halte ich für eine wertvolle Reflexionsfrage und Schlüsselressource glücklicher Partnerschaften. Nur so wird wahre Gleichberechtigung lebbar.

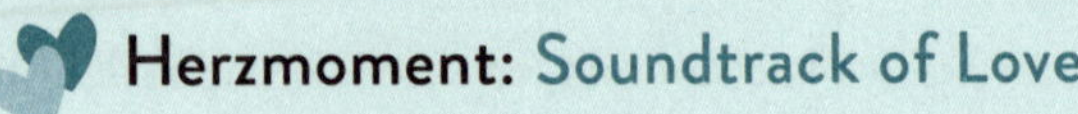

Herzmoment: Soundtrack of Love

Erstellt euch heute gegenseitig eine Playlist mit Songs, die ihr mit eurer Liebe verbindet und/oder von denen ihr wisst, dass sie dem anderen etwas bedeuten.

Die Kommunikation

Abschließend möchte ich noch einige Gedanken zum Thema Kommunikation teilen. Solltest du die Sätze verwenden, die ich dir an einigen Stellen dieses Buches vorschlage, wird sich das anfangs vielleicht etwas hölzern und künstlich anfühlen. Doch wer lernt, auf eine bestimmte Art und Weise zu sprechen, wird mit der Zeit auch lernen, auf diese Weise zu denken.

Wir alle haben uns schon im Ton vergriffen. Mehr als einmal. Insbesondere gegenüber dem eigenen Partner ist die Hemmschwelle für verbale Fehltritte erstaunlich bis erschreckend gering. Das liegt unter anderem daran, dass Berührungspunkte, Nähe und Verletzlichkeit besonders intensiv sind. Und je höher Ohnmacht und Leidensdruck, umso härter die Bandagen, mit denen gekämpft wird. Bedürfnisse um der Harmonie willen zu unterdrücken oder zu leugnen geht aber auch nicht lange gut. Es brodelt. Es bebt. Und irgendwann bricht der Vulkan aus uns heraus. Und hinterlässt nichts als verbrannte Erde. Insofern sind wir gut damit beraten, den Leidensdruck gar nicht erst so groß werden zu lassen und früh zu intervenieren, wenn uns etwas stört.

Allerdings auf respektvolle Art und Weise und erst nachdem wir sorgsam überprüft haben, ob wirklich das Verhalten des Partners problematisch ist oder ob es sich um einen Triggerpunkt bei uns handelt. Dabei kann als Kompass die Frage dienen: Wie fände ich es, wenn mein Partner so mit unseren Kindern spricht, wie ich gerade mit ihm? Würde ich das rechtfertigen? Und wäre es okay, wenn jemand so mit mir spricht?

Viele unserer zwischenmenschlichen Konflikte haben ihre Ursache darin, dass wir in Dialogen unsere Bedürfnisse falsch kommunizieren: Das Problem ist unsere wertende, verurteilende und oft uneindeutige Sprache (inklusive Mimik, Gestik und Tonfall). Ein paar hilfreiche Leitsätze zur Kommunikation können deshalb sein:

Gewaltfrei

Ich lege mein Anliegen dar, ohne den anderen anzuklagen, zu beleidigen oder zu deklassieren. Das gelingt mir, indem ich meine Wahrnehmung der Situation möglichst neutral und wertungsfrei schildere und anschließend die Gefühle mitteile, die diese Situation oder dieses Verhalten in mir auslöst. Falls ich bereits bis zu dieser Schicht durchgedrungen bin, benenne ich auch das zugrunde liegende Bedürfnis. Abschließend äußere ich eine konkrete Bitte, keinen Befehl.

Konkret

Ich verzichte auf Umschreibungen, Verklausulierungen und subtile Anspielungen und kommuniziere meine Wünsche offen, ehrlich und präzise. Am wirkungsvollsten ist meine Kommunikation, wenn sie kurz, klar, verständlich und konsistent ist. Aber auch freundlich und zugewandt. Konkret meint außerdem ergebnisorientiert: »Vor dem Hintergrund, dass wir zu einer Lösung kommen müssen, welche Ideen hast du? Was könntest du beitragen?«

Positiv

Ich sage nicht, was ich nicht will, sondern was ich will. Die Positivität eines Gesprächs kann ich steigern, indem ich mich auf Zeiten und Facetten beziehe, wo ich die gewünschte Veränderung bereits erlebe. »Ich sehe, mit wie viel Zugewandtheit und Liebe du unserem Sohn zuhörst, und ich weiß genau, wie gut er sich dabei fühlt, weil ich das neulich bei unserem Abendessen zu zweit auch so erleben durfte. Ich wünsche mir mehr davon« ist besser als »Ich bin dir völlig egal geworden«.

Akzeptierend

Habe ich das Anliegen meines Partner angehört, ohne ihm ins Wort zu fallen, gebe ich dem Gehörten die Chance, zu sacken, bevor ich reagiere.

Martin Koschorke empfiehlt, mindestens zehn Minuten zwischen Anliegen und Antwort vergehen zu lassen, um dem Rechtfertigungsversuch- und Argumentationsrodeo zu entkommen. Ich lasse mich nicht von meinem inneren »Aber« verleiten, meinem Partner seine Wahrnehmung abzusprechen, denn zwei Meinungen können nebeneinanderstehen. Um diese Akzeptanz zu unterstreichen und sicherzustellen, dass du das Gesagte richtig verstanden hast, kannst du dich jederzeit rückversichern. »Du fühlst dich von mir allein gelassen, wenn ich … Habe ich das richtig verstanden?« »Für mich hört es sich so an, als ginge es dir schlecht, weil … oder … als wünschtest du dir, dass … Trifft das zu?«

No-gos

John Gottman hat im Rahmen seiner Forschungen ein paar echte Liebesabrissbirnen und Trennungsbooster entdeckt. Er nennt sie die vier apokalyptischen Reiter: Kritik, Verachtung, Rechtfertigung, Ignoranz.

Damit meint er nicht, dass wir uns nicht mehr beschweren dürfen. Doch eine Beschwerde ist, wie er sagt, konkret und beschreibend, sie bezieht sich auf die eigenen Gefühle und Bedürfnisse – während Kritik verallgemeinernd (immer, nie, alles, nichts, aber) ist und sich gegen den Charakter oder die Persönlichkeit des Partners richtet. Und das führt eher zur Trennung als zur Lösung.

Verachtung ist laut Gottman der fatalste Reiter. Sie äußert sich in Zynismus, Sarkasmus, abfälligen Kommentaren und Gesten sowie in Respektlosigkeit. Es ist schwer, das wieder aufzubauen, was Verachtung zerstört.

Rechtfertigungen sind eine typische Reaktion auf Kritik und Verachtung. Dummerweise lösen sie meist eine Spirale aus Angriff, Verteidigung und gegenseitiger Abwertung aus. Ebenso ungünstig ist es, auf eine Beschwerde mit einer Gegenbeschwerde zu antworten. »Du hast vergessen, die Wäsche aufzuhängen.« »Und du hast neulich sogar vergessen, das Schulessen zu bestellen.« Das Spiel lässt sich ewig weiterspielen, führt aber selten zur Lösung. Lieber ein Problem nach dem anderen!

Es ist fruchtbarer, auf die Beschwerde des Partners einzugehen (selbst wenn er sie nicht besonders elegant vorgetragen hat), die dahinterliegenden Bedürfnisse und Gefühle herauszufinden und gemeinsam zu überlegen, wie das Problem in Zukunft angegangen werden könnte, damit beide Partner zufrieden sein können.

Auch wer mauert oder seinen Partner und die Probleme ignoriert, braucht nicht auf Besserung hoffen. Das Problem verschwindet in der Regel trotz Ignorierens nicht. Die Liebe schon.

Eine hilfreiche Faustregel für ein gutes Gespräch ist die LOVE-Regel aus der emotionsfokussierten Paartherapie:[15]

Listen with an
Open hearth and mind.
Validate and acknowledge each other.
Express our thoughts and feelings softly, simply and slowly.

Must-have

Zuhören. Zuhören. Zuhören. Ausreden lassen. Und reden. Genau. Aber nicht nur.

Es ist ja nicht so, dass Paare nicht miteinander reden. Sie reden. Über die Kinder. Über die nächste Mahlzeit. Über die Urlaubsplanung. Über die Kinder. Über die Schwiegermutter. Übers Geld. Über Corona. Über die Kinder. Über die Nachbarn. Über Netflix. Über das Wetter. Über die Kinder. Aber selten darüber, wie es ihnen in der Beziehung wirklich geht.

Gelungene und respektvolle Kommunikation ist wichtig, sehr wichtig sogar. Ein paar brave Worthülsen anstelle von Beschimpfungen zu setzen wird aber nicht reichen, wenn sich die Kommunikation trotzdem weiterhin nur auf Krisengespräche und oberflächlichen Alltagskram beschränkt. Ein freundliches Gespräch über Was-auch-immer macht noch keine Liebe. Ich bin auch zu unserem Postboten nett. Manchmal reden wir sogar übers Wetter oder die Kinder.

Das Problem vieler Beziehung ist nicht unbedingt, dass es gelegentlich mal so richtig knallt. Nicht mal, dass es dabei hässlich werden kann. Das Problem ist, dass es mehr negative und neutrale Interaktionen gibt als positive und verbindende. Der Ausgleich fehlt. Einige Paare streiten miteinander, nur um überhaupt in Kontakt zu sein und sich gegenseitige Aufmerksamkeit zu verschaffen. Unbewusst natürlich. Da funktionieren wir ein bisschen wie Welpen und Kinder: Negative Zuwendung ist besser als gar keine. Streit ist eben eine exklusive Zeit, in der wir den anderen spüren und emotional berühren, wenn auch nicht immer positiv. In Langzeitstudien konnte belegt werden, dass Paare, die sich gut kennen, viel voneinander wissen und viel miteinander sprechen – sich also auch immer wieder neu kennenlernen –, eine bessere Prognose haben als Paare, die sich wenig für die Lebenswelt des anderen interessieren und sich nur wenig austauschen. Je besser die Landkarte, die wir vom Partner haben, umso glücklicher die Beziehung.[16]

Es gibt viele Möglichkeiten, um in den Besitz einer solch umfänglichen und detaillierten Landkarte vom Partner zu kommen. Der Markt ist heute voller kleiner Gimmicks für Paare. Fragenspiele hier, Paarübungen dort. Dazwischen noch ein paar Onlinekurse.

Dabei ist gar nicht so entscheidend, was man tut. Hauptsache, man tut irgendetwas. Kommt in Bewegung. Und in Berührung.

Eine sehr schöne und wirklich sehr einfache Methode dafür ist das sogenannte »Zwiegespräch«. Ein Selbsthilfekonzept, welches der Psychotherapeut und Hochschullehrer Michael Lukas Moeller gemeinsam mit seiner Frau Célia Fatia entwickelt hat.

Das Zwiegespräch

Bei diesem Gespräch geht es ausnahmsweise mal nicht darum, Lösungen für Probleme zu finden, sondern den Partner zu besuchen. In seiner Welt. Die Idee dahinter: Zwei Menschen führen in vertrauter Atmosphäre regelmäßig aufeinander bezogene Gespräche. Erst spreche ich, und du hörst nur zu. Dann sprichst du, und ich höre zu. Jeder berichtet, wie er sich selbst, sein Leben, seinen Partner und die gemeinsame Beziehung gerade erlebt. Es gibt keinen Fahrplan, erlaubte oder verbotene Themen, aber der Fokus sollte auf euch und eurer Beziehung liegen. Die Beziehung wird durch diese Gespräche mit der Zeit vertieft. Ein Prozess, der mehr unbewusst als bewusst passiert, aber Vertrautheit schafft. Und Vertrautheit schafft Verbundenheit.

Wie lange die einzelnen Redezeiten sein sollen, könnt ihr ganz allein entscheiden. Für den Anfang mit jeweils fünf Minuten zu beginnen ist gut, später können aber auch zehn Minuten oder mehr daraus werden. Wichtig ist, den anderen nicht zu unterbrechen und in der anschließenden Redezeit bei sich zu bleiben, statt alles neu aufzurollen oder zu kommentieren, was der Partner gerade gesagt hat. Paare, die regelmäßig ein Zwiegespräch führen, werden mit der Zeit immer besser darin, zuzuhören und sich mitzuteilen. Sie lernen, sich geduldig ineinander einzufühlen, sich anzuerkennen, sich zu vertrauen und Ängste auszusprechen. Es entsteht ein lebendiges und tiefes Miteinander, was vielen Missverständnissen und Konflikten vorbeugen kann.

Wichtig sind dabei drei Dinge:

1. Jeder redet nur über sich und seine Welt. Nicht über das Wetter.
2. Es gibt keine Lösungsversuche, Ratschläge oder Nachgespräche.
3. Das Gesagte wird *niemals* gegeneinander verwendet.

Herzmoment: Zwiegespräch

Verabredet euch gleich heute zu eurem ersten Zwiegespräch, und nehmt euch bewusst vor, dafür etwas länger aufzubleiben. Klärt vorab folgende Fragen: Wo? Wann? Wann, falls der erste Termin platzt? Wie lange? Wie oft?

Die Landkarte des Partners. Sie ist voller Wege, die wir sehr gut kennen. Doch es gibt auch etliche Trampelpfade, die wir bisher gar nicht oder schon sehr lange nicht mehr erkundet haben. Es ist völlig normal, zu glauben, dass wir längst alles wissen und vorhersehen können. Das ist aber eine Illusion: Es gibt immer etwas zu entdecken. Vergangenes und Kommendes gleichermaßen.

Impuls: Zwischen tiefsinnig und albern

40 Fragen, die du deinem Partner vielleicht noch nie gestellt hast …

Wenn du eine verstorbene Person zurückholen könntest, wer wäre es?

Wenn du für einen Monat dein Leben mit jemandem tauschen müsstest, wen würdest du wählen?

Wenn man dich unschuldig verhaften würde, was würden Freunde und Familie glauben, was du getan hast?

Welche Superkraft hättest du gern, und würdest du sie geheim halten?
Wenn Geld keine Rolle spielen würde, dann …?
Wann in deinem Leben hast du dich am einsamsten gefühlt?
Was sind die ungeschriebenen Gesetze an deinem Arbeitsplatz?
Was wäre die Welt für ein Ort, wenn es lauter Kopien von dir gäbe?
Welcher Kinderfilm hat dich am meisten geprägt?
Wenn du für zwölf Monate ein dreifaches Monatseinkommen zur Verfügung hättest, ohne dafür arbeiten zu müssen, was würdest du im nächsten Jahr tun?
Was für ein Mensch möchtest du eines Tages für deine Enkelkinder sein?
Was würdest du dir wünschen, das die Menschen an deinem Grab über dich sagen?
Was hätten deine Eltern deiner Meinung nach anders machen sollen?
Wenn du einen Tag lang ich wärst, was würdest du tun?
Worüber würdest du dir wünschen, mehr zu wissen?
Wenn du den Rest deines Lebens mit einer Comicfigur auf einer einsamen Insel verbringen müsstest, wen würdest du wählen?
Wenn du in die Zukunft oder die Vergangenheit reisen könntest, was würdest du wählen?
Was würdest du deinem fünfjährigen Ich gern mit auf den Weg geben?
Was kann man deiner Meinung nach keinesfalls nackt machen?
Welche deiner Eigenschaften soll dein Kind besser nicht erben?
Was ist dein wöchentlicher Höhepunkt?
Wenn es das Land, in dem wir leben, nicht gäbe, in welchem würdest du dann wohnen?

Was ist die wertvollste Weisheit, die du aus deinem Leben bisher mitgenommen hast?

Wessen Gedanken würdest du gern lesen können?

Welches ist deine schönste Kindheitserinnerung?

Wen magst du von allen Menschen, die wir kennen, am wenigsten?

Wovor hast du am meisten Angst?

Worauf bist du besonders stolz?

Wenn du das Gefühl der Geborgenheit mit allen Sinnen beschreiben würdest, wie sieht sie aus, wie klingt sie, wie fühlt sie sich an, wie riecht sie?

Was war die wichtigste Entscheidung deines Lebens?

Was sind die schönsten Erinnerungen, die du an unsere Beziehung hast?

Wenn du in deine Zukunft gucken könntest, würdest du es tun?

Welche Abenteuer möchtest du noch erleben?

Was hast du dich bisher sexuell nicht getraut zu sagen oder zu tun, obwohl du es gern würdest?

Welche Zeit deines Lebens würdest du gern noch einmal erleben?

Was war das Beste, das du dir mal für unter 100 Euro gekauft hast?

Was ist deiner Meinung nach die größte Schwäche der Menschheit?

Magst du deinen linken oder deinen rechten Fuß lieber?

Wenn du ein Tier/Möbelstück/Gemüse wärst, welches wärst du?

Was willst du auf deinem Sterbebett auf keinen Fall bereuen müssen?

Das Herz der Familie

Wenn Eltern in meinen Workshops oder Sitzungen hören, dass ihr Beziehungsglück unmittelbaren Einfluss auf das Familienglück hat und ihre Partnerschaft die Schlüsselbeziehung der Familie ist, dann sehe ich manchmal Angst in ihren Augen aufblitzen. Angst davor, diesem Anspruch nicht gerecht werden zu können. Schließlich sind sie ja auch so schon oft am Limit, und nun sollen sie noch mehr Zeit und Energie in ihr Familienleben investieren. Was, wenn es in der Paarbeziehung dann mal kriselt? Schadet das auch den Kindern? Und fühlen sich die Kinder nicht vernachlässigt, wenn wir uns wieder mehr auf uns und den Partner konzentrieren?

Das sind alles sehr nachvollziehbare Fragen, die natürlich Angst und Druck auslösen können, deshalb möchte ich zum Abschluss dieses Buches noch einmal darauf eingehen.

Zum Punkt Streit kann ich sagen: Wenn es Paaren gelingt, heftige Auseinandersetzungen durch ein hohes Maß an liebevoller Zuwendung und Wärme auszugleichen, macht das die negativen Folgen nicht nur für die Partner wett, sondern auch für deren Kinder.[1] Die Gottman-Formel, die besagt, dass fünf positive Interaktionen eine negative wettmachen können, greift auch hier. Und was das Verteilungsproblem der Liebe angeht: Es geht gar nicht um ein NOCH MEHR. Es geht um ein ANDERS. Es geht darum, die vorhandenen Ressourcen fruchtbarer zu verteilen, nicht unbedingt darum, zusätzliche Ressourcen zu mobilisieren.

Entlastet ein Partner den anderen beispielsweise mehr bei der Haus- und Care-Arbeit, fließen die gewonnene Energie und Dankbarkeit meist direkt zu ihm zurück. Und wenn das passiert, zieht er/sie aus dieser Zuwendung die Energie, um sich noch mehr einzubringen. Die Liebe, die in der Familie fließt, wird dadurch nicht weniger. Sie zirkuliert nur anders. Unsere Kinder haben dadurch nicht weniger als sie brauchen. Aber wir haben mehr als vorher.

Man sollte nur nicht ewig darauf warten, dass der andere diesen Kreislauf durchbricht, sondern selbst den Anfang machen – auch wenn man denkt, der andere sei jetzt auch mal dran. Denn vielleicht denkt er/sie das auch. Und es wäre doch schade, wenn der mögliche positive Effekt am eigenen Stolz scheitert.

Dass dieser positive Effekt allen Familienmitgliedern zugute kommt, bestätigen Studien, die sich mit dem direkten und indirekten Einfluss der Paarbeziehung auf die kindliche Entwicklung befasst haben. Demnach beeinflussen wir unsere Kinder auch jenseits konkreter Beziehungspraktiken allein durch unser Sein. Wir sind Vorbild. Wie liebevoll wir miteinander umgehen und wie konstruktiv wir Konflikte bewältigen, ist maßgeblich dafür, was Kinder über gegenseitige Unterstützung, Hilfsbereitschaft, Kooperation und Konfliktlösung lernen.

Gleichzeitig konnte in Studien belegt werden, dass die Qualität der Paarbeziehung die Erziehung auch direkt beeinflusst: Es kommt zu Spill-over- und Kompensationseffekten. Beim negativen Spillover kann der partnerschaftliche Stress dazu beitragen, dass der berühmte Geduldsfaden auch beim Erziehungsverhalten auf äußerster Spannung ist und die selbst erfahrene Lieblosigkeit an das Kind weitergereicht wird.

Oder es passiert genau das Gegenteil: Das eigene unerfüllte Nähebedürfnis führt zu einer überfürsorglichen Haltung gegenüber dem Kind. Diese meist unbewussten eigennützigen Kompensationsversuche verhindern wiederum, dass Eltern die eigentlichen Bedürfnisse des Kindes wahrnehmen und erfüllen können.

Der positive Spill-over-Effekt hingegen besteht darin, dass Mütter und Väter aus einer glücklichen Partnerschaft Kraft für die Herausforderungen der Elternschaft ziehen und dadurch kompetenter mit ihren Kindern umgehen können. Entlastend kommt hinzu,

Das Familienhaus

dass viele Erziehungswerte und -aufgaben sich von ganz allein erledigen, einfach dadurch, wie wir lieben und leben! Wir müssen nur die Beziehung führen, die wir unseren Kindern wünschen. So kann aus Beziehungsglück Familienglück werden.

Wir als Paar sind die Architekten der Familie. Wir konstruieren das Familienhaus.[2] Es reicht nicht, den Dachboden in Ordnung zu halten. Wir müssen dieses Haus auf einem tragfähigen Fundament erbauen. Etage für Etage. Stein auf Stein. Wie das kleine Schweinchen Willi. Und wie die Abbildung uns zeigt: Die Basis sind wir.

Ganz schön viel Arbeit? Das stimmt. Aber das große Glück fällt den wenigsten Menschen einfach in den Schoß. Es würde ja auch niemand erwarten, einen wunderschönen Garten zu haben, ohne etwas dafür tun zu müssen. Nur wer seine Beziehung pflegt, kann seinen Ansprüchen an sie gerecht werden.

Apropos Ansprüche …

Elternschaft: Mehr als Mindfuck und Shitstorm

Unter einem herrlich ehrlichen Instagram-Post über das Elternsein las ich kürzlich einen Kommentar. Geschrieben von einer jungen Frau, die selbst noch keine Mutter ist und sich verunsichert zeigte, ob sie es überhaupt werden wolle. Denn die zunehmend vielen »Jammerposts« würden sie abschrecken. Es scheint ja ganz schön krass zu sein, das #familylife.

Krass ist es. Krass anstrengend manchmal. Aber alles in allem auch krass schön. Denn Kinder bereichern unser Leben und unsere Partnerschaft – auch wenn sie beides komplexer machen. Die Kinder an sich sind ja auch gar nicht das Problem. Es sind die festgefahrenen und oft glorifizierten Ideen von Familie und wer welche Rolle darin zu spielen hat. Es sind die familienunfreundlichen gesellschaftspolitischen Strukturen. Es sind die temporären Umstände, die unrealistischen Erwartungen und knappen Ressourcen. Es sind die eingeschliffenen Verhaltens- und Denkmuster, die wir aus unseren Herkunftsfamilien mitgebracht haben. Und es sind natürlich unsere verwahrlosten Bedürfnisse. All das zieht oft eine anfängliche oder auch anhaltende Kaskade an Beziehungsproblemen mit sich, die meist damit beginnen, dass beide Partner sich erheblich in ihrer Autonomie eingeschränkt fühlen, was zur Folge hat, dass die positiven Gefühle füreinander nachlassen – und schlussendlich wird die Beziehung dadurch in kognitiver, emotionaler und sexueller Hinsicht als unbefriedigend erlebt.[3]

Nun könnten wir sagen: Kein Wunder, dass heute rund ein Drittel aller Ehen in den ersten 15 Jahren geschieden wird und die Scheidungsrate bei Paaren mit kleinen Kindern noch viel höher ist. Wir könnten kapitulieren und darüber klagen, wie perspektivlos das alles ist. Wir könnten sicherheitshalber damit rechnen, dass wir beim nächsten Abzählreim rausfliegen. Wir könnten den Sand in den Kopf und unser Erspartes in den Scheidungsanwalt stecken.

Oder wir wechseln die Perspektive und machen uns bewusst, wie beeindruckend und hoffnungsvoll es ist, dass weit, weit, weit über die Hälfte aller Paare diese wilde Zeit tatsächlich rockt und nach 15 Jahren noch immer verheiratet ist. Die Chance zu bestehen ist so viel größer als die zu scheitern. Es ist die berühmte Frage, ob das Glas halb leer oder halb voll ist. Mathe war nie mein Fach. Aber ich möchte behaupten, in diesem Fall ist das Glas rein statistisch sogar nur ein Drittel leer. Und zwei Drittel voll.

Die Elternschaft hat schließlich auch viele Geschenke im Gepäck. Das, was uns verbindet, wenn wir gemeinsam ein Kind bekommen und/oder großziehen, ist unvergleichbar. Und zweifelsohne sind die Anforderungen der Elternschaft zu zweit besser zu bewältigen als allein. Jesper Juul beschreibt es so: Die emotional enge Beziehung zu einem anderen Erwachsenen in einem Familiengeflecht ist eine ganz besondere, doppelt wirksame Quelle des psychosozialen Wachstums.[4]

Wir wachsen an der Partnerschaft. Unsere Partnerschaft wächst an uns. Und unsere Familie wächst an der Partnerschaft. Das, was dadurch entstehen kann, ist unbezahlbar. Unvergleichbar. Unverzichtbar. Für Eltern. Und Kinder.

Wenn also auf Instagram irgendwer behauptet, dass Elternschaft eine einzige Löwengrube ist, dann ist das vermutlich eine Momentaufnahme, die ebenso unvollständig ist wie die Vorstellung, dass Elternschaft das reinste Paradies auf Erden sei. Die Wahrheit liegt vermutlich irgendwo in der Mitte. Elternschaft ist weder nur Mindfuck und Shitstorm noch eine Aneinanderreihung von Glory Days.

Herzmoment: Gemeinsam glücklich

Setzt euch zusammen und erzählt euch gegenseitig von all den schönen Dingen, die die Elternschaft in euer Leben und in eure Liebe gebracht hat. Was macht euch glücklich? Worauf seid ihr stolz? Was ist für euch unbezahlbar?

Gehen oder bleiben?

Die Idee einer lebenslangen Beziehung, die keine Zweckgemeinschaft ist, ist – gemessen an der Menschheitsgeschichte – noch recht neu. Und unsere Ansprüche sind hoch. Wir träumen davon, eines von diesen symbiotisch verbundenen Paaren zu werden, die alles fifty-fifty leben, die gemeinsam Tantra praktizieren, trotz Familienbett multiple Orgasmen erleben und sich gegenseitig die Wünsche von den Lippen ablesen. Aber ist das realistisch? Oder ist das vielmehr die erwachsene Fortsetzung der disneygemachten Illusionen aus unseren Kindertagen?

Letztes Jahr traf ich den Berliner Maler Vincent auf einer Party. Wir redeten über die Idee dieses Buches, und er fragte mich, ob ich darin endlich mit den ganzen überhöhten Ideologien aufräumen würde: »Man muss den Leuten doch mal sagen, wie es wirklich ist. Wie das Leben wirklich ist. Keiner sagt den Leuten mehr, sei zufrieden mit dem, was du hast. Höher. Schneller. Weiter. Das ist zu einer Volkskrankheit geworden, die auch die Liebe befallen hat. Wenn wir von 100 Dingen, die unser Traumpartner unserer Meinung nach haben sollte, 41 bekommen, dann ist das gut. Super sogar. Doch überall wird uns glauben gemacht, dass wir uns nicht mit weniger als hundertundeins zufriedengeben sollen. So ist die Wirklichkeit aber nicht.«

Wie sagte es Marie so schön: Die Realität trägt Bauch-weg-Schlüpfer. Keine Dessous. Eine treffende Metapher für so vieles, wo gesellschaftliche, aber auch individuelle Ansprüche und Ideale vom wahren Leben abweichen.

»Wir alle sind mit der falschen Person verheiratet. Die Neurose unseres Zeitalters ist doch das Streben nach Perfektion«, behauptet auch Alain de Botton. Und er hat recht. Wir könnten wirklich zufriedener damit sein, was und wen wir haben. Und gleichzeitig dürfen wir natürlich Wege finden, etwas zu verändern, wenn wir unzufrieden sind. Gemeinsam oder getrennt. Aber bitte in dieser Reihenfolge.

Let's think outside the box. Um bei unserer Metapher zu bleiben: Es gibt auch Bauch-weg-Schlüpfer mit Spitze. Und Menschen, die gar keine Unterwäsche tragen – aber ihren Bauch mit Stolz.

Das Versprechen, dass nach einer Trennung alles besser wird, ist verlockend. Doch eines ist leider sicher: Die Probleme auf der Elternebene lösen wir damit nicht. Und die Scheidungsrate von Zweitehen ist sogar noch höher als die von Erstehen. Manchmal finden wir bei einem anderen Menschen die große Erfüllung. Manchmal aber auch nur die Erkenntnis, dass wir uns überallhin mitnehmen.

Ein gewisser Verzicht und die Macken des Partners sind wohl einfach der Preis, den wir für den grandiosen Rest zahlen müssen. Martin Koschorke nennt das die Vergnügungssteuer – denn ein paar grundlegende Differenzen gibt es immer. Die steuerbefreite eierlegende Wollmilchsau wird nicht nur auf dem Arbeitsmarkt vergeblich gesucht, auch an der Partnerbörse ist sie nicht viel mehr als ein unerreichbares Ideal. Ein Mythos.

Wir müssen das große Ganze sehen, das Gesamtpaket, nicht nur die kleinen Mängel und Ticks. Mann mit Sixpack gewünscht? Vielleicht hat er stattdessen Humor und bringt zum nächsten Sofadate einen Sechsertray Bier mit. Sollte jedoch selbst das große Ganze zu wenig sein und auch das Bier nicht helfen, dann ist es nicht genug. Bei manchen Deals ist der Preis einfach zu hoch. Nämlich dann, wenn es uns den Seelenfrieden, den Selbstwert, die Lebensvision oder die Würde kostet.

Dann helfen alle Bemühungen nichts. Wenn einer keinen Platz zu vergeben hat oder der andere ihn nicht einfordert, ist es Zeit, einander gehen zu lassen, um das Glück dort zu finden, wo man es bisher nicht gesucht hat.

Oft werde ich gefragt: Was soll ich machen, wenn mein Partner nicht mitzieht? Ich denke, hier muss man unterscheiden, ob derjenige sich nur der Veränderung verweigert, die man selbst gern hätte, oder ob er/sie sich tatsächlich jeglicher Veränderung verweigert. Und ich kann sagen, dass ich Letzteres bisher kaum erlebt habe. Im Zweifel müssen wir selbst versuchen, die Veränderung zu sein. Manchmal reicht es ja schon, wenn einer sein Verhalten verändert, damit sich die Beziehungsdynamik verbessert. Manchmal reicht es aber auch nicht. Wie heißt es so treffend? Zum Frieden braucht es zwei. Zum Krieg reicht einer. Und das krampfhafte Zusammenbleiben und Verharren in kriegsähnlichen Zuständen ist für Kinder ein wesentlich höherer Risikofaktor als eine friedvolle Trennung der Eltern. Um der Kinder willen in einer schlechten Ehe zu bleiben, lohnt sich für niemanden. Natürlich sollten wir auch die Folgen einer Trennung nicht unterschätzen oder schönreden, doch einige Paare sind tatsächlich bessere Eltern, wenn sie kein Liebespaar sind. Marie und Jonas gehören nicht dazu.

Marie und Jonas: Zwei die sich lieben ...

... und endlich wieder nah sind. Nach acht gemeinsamen Sitzungen sitzen wir ein vorerst letztes Mal gemeinsam in dem Raum, in dem für Marie und Jonas ein ganz neues L(i)eben begann, wie sie heute sagen. Eine ihrer wichtigsten Erkenntnisse war die, dass wir als Paar wohl nie fertig sind mit der Beziehungsgestaltung – mit dem Verzweifeln, Verzichten, Verhandeln, Verbinden und Verlieben. Der Weg scheint wirklich das Ziel zu sein, sagt Marie.

Ich frage die beiden, was diesen neuen Weg im Detail ausmacht: »Was macht den Unterschied? Was klappt besser? Welche Veränderungen wollt ihr euch bewahren? Und woran wollt ihr weiterarbeiten?« Dieses Mal ist die Stille, die auf meine Frage folgt, nicht halb so lang. Und nur halb so laut.

Jonas und Marie

Jonas: »Ich glaube, wir versuchen seit einiger Zeit, die Herausforderungen ernst zu nehmen, ohne sie überzubewerten. Vielleicht ist das das Geheimnis. Irgendwie ist diese Schwere raus.«
Marie: »Du hast mal zu uns gesagt: ›Findet das, was gut funktioniert, und baut genau darauf auf, statt euch auf eure Defizite zu konzentrieren.‹ Das hat auf jeden Fall geholfen. Wir haben uns lange darüber unterhalten, in welchen Bereichen wir schon richtig gut funktionieren

und was genau so bleiben soll, wie es ist. Wir haben viele lebens- und liebenswerte Kleinigkeiten gefunden. Und das war sehr schön. Zeitweise hatten wir nämlich wirklich das Gefühl, das wir gerade nichts und niemandem gerecht werden. Jetzt überlegen wir immer sehr genau: Statt alles infrage zu stellen, fragen wir uns jetzt: Was sind die einzelnen Punkte unseres Problems?

Ich habe zum Beispiel gemerkt, dass ich mir in der Rolle des hilflosen Mädchens, das von einem Prinzen gerettet werden will, gar nicht gefalle. Die Aversion, die da manchmal gegenüber Jonas in mir hochkam, ist zwar nicht von heute auf morgen verschwunden. Aber ich habe gelernt, sie zu fragen, was sie mir über mich und meine unerfüllten Bedürfnisse mitteilen möchte. Seitdem fällt es mir leichter, für meine Bedürfnisse einzustehen. Ich kommuniziere sie auch klarer, glaube ich.«

Jonas: »Ja, das stimmt. Du bist klarer geworden, aber trotzdem irgendwie freundlicher. Im wahrsten Sinne. Ich würde sagen, wir haben zu einer tiefen Freundschaft zurückgefunden, die zur Basis unserer Liebe geworden ist. Irgendwo habe ich mal gelesen: Liebe ist ein alter Mann und eine alte kleine Frau, die sich mögen, obwohl sie sich schon ewig kennen. Und darin erkenne ich uns wieder.«

Marie: »Genau. In irgendeiner der Sitzungen hast du mich mal gefragt, ob das, was ich kritisiere, für mich ein Trennungsgrund ist. Also die Frage war ja im Grunde: Wenn du es nicht schaffst, Jonas diesbezüglich so zu verändern, wie du es dir wünschst, wirst du dich dann trennen? Und ich habe nach kurzer Überlegung gesagt: Nein, wahrscheinlich nicht. Und du sagtest: Okay, und wie lange möchtest du es dann noch versuchen? (Lacht) Da habe ich verstanden, dass wir ja beide dadurch unglücklich sind. Heute versuche ich, das zu trennen und zu signalisieren: Ich mag nicht alles, was du tust. Aber ich mag dich. So leben wir es ja auch mit Milan. Einiges an Jonas macht mich zwar noch immer kirre, aber anderes kann ich mittlerweile gut mit Humor nehmen.«

Jonas: »Natürlich weiß niemand, was in fünf oder zehn Jahren ist. Oder in 20. Aber jetzt gerade fühlt es sich gut an. Noch nicht perfekt.

Aber gut. Ich habe gemerkt, dass ich es mir manchmal wirklich etwas zu leicht gemacht habe. Ich habe mehr antiquierte Rollenbilder in die Elternschaft eingebracht, als ich mir eingestehen wollte. Ich habe auf jeden Fall meinen Teil dazu beigetragen, dass Marie so zur Mutti, also auch mir gegenüber, geworden ist. Wir haben mittlerweile offen darüber gesprochen, wie wir Gleichberechtigung verstehen und leben wollen – und daran arbeiten wir jetzt. Es fällt mir allerdings immer noch schwer, mich von Maries Bedürfnissen nicht bedroht oder unter Druck gesetzt zu fühlen.«

Marie: »Ja, das kann ich gut verstehen. Aber ich glaube, es kann nur klappen, was auch schiefgehen darf. Und Jonas und ich finden gerade eine Basis, die mich hoffnungsvoll stimmt, dass wir immer einen Weg finden werden. Wenigstens als Elternpaar. Aber aktuell wollen wir den Weg unbedingt auch als Liebespaar zusammen gehen. Denn ich verliebe mich gerade wieder ein bisschen neu. In meinen eigenen Mann. Weil wir uns wieder besser kennenlernen. Wenn Freunde uns hier am Meer besuchen, dann fragen sie oft: Wisst ihr eigentlich, wie schön ihr es hier habt? Und im ersten Moment denke ich dann immer: Ja, klar wissen wir das. Aber dann merke ich schon, wie selten ich mir das, was wir hier haben, bewusst anschaue. Und es genieße. Im Alltag zieht das alles so an mir vorbei und wird selbstverständlich. So war das vielleicht auch mit Jonas. Ich versuche gerade, den Blick wieder zu schärfen. So als würde ich das Meer zum ersten Mal sehen.«

Jonas: »Das merk ich auch. Marie ist mir gegenüber viel zugewandter und gluckt – darf ich das so sagen? –, ja doch, du gluckst weniger. (Lacht) Ich merke zwar, dass es ihr immer noch schwerfällt, loszulassen, aber sie versucht es. Sie fragt mich sogar, ob ich ihn haben will, bevor sie mir einen Erziehungsrat gibt. Milan verbringt mehr Zeit mit mir, und Marie hat wieder angefangen, sich Auszeiten zu nehmen. Und ich finde, wir Jungs kriegen das ganz gut hin. Ich selbst sage auch viel klarer, wenn ich mal Zeit für mich oder mehr Aufmerksamkeit brauche, statt mich nur emotional zurückzuziehen.

Jeden zweiten Freitag passt meine Mutter jetzt nachmittags auf Milan auf. Marie und ich erledigen dann zusammen den Wochenendeinkauf und trinken hinterher noch einen Kaffee oder essen ein Eis. Oder beides. Dadurch reden wir wieder mehr miteinander. Mehr und anders. Ach, und unseren gemeinsamen Morgenkaffee gibt's jetzt auch wieder.«

Noch vor einigen Wochen haben ihre Konflikte Marie und Jonas beinahe erstarren lassen. Doch in Wirklichkeit sind sie durch genau diese Konflikte in Bewegung bekommen. Und das ist, was zählt. Nur wer hinschaut, wo es in der Partnerschaft oder Familie kriselt, und erkennt, an welcher Stelle das Glück von der Fassade bröckelt – und dann darüber nachdenkt, was jeder Einzelne und die Familie als Ganzes braucht –, hat eine reelle Chance auf Verbesserung. Und sei es in noch so kleinen Schritten. Denn wichtiger als das Tempo ist die Richtung. Und die stimmt, sobald beide Partner es schaffen, sich wieder auf ihre tiefe Verbindung zueinander zu konzentrieren, statt nur darauf zu gucken, dass es den Kindern gut geht, die Fenster geputzt sind und der Chef happy ist. Denn das hilft nicht nur dem Paar, sondern allen.

Nach dieser vorerst letzten Sitzung mit Marie und Jonas schau ich auf meine Uhr, und mir fällt auf, dass ihr betretenes Ticken heute nicht zu hören war. Es ist Freitag. Kurz nach halb drei. Wenn ich mich mit den E-Mails beeile, kann ich noch eine Tasse Hafermilchkaffee in meinem kleinen Lieblingscafé genießen, bevor ich die Kinder abhole.

Fünfzehn Minuten später läutet das kleine Glöckchen über der Tür des Cafés meinen Feierabend ein. Zwei Tische neben mir sitzt ein junges Paar. Es sieht glücklich aus: Redet. Lacht. Knutscht. Schweigt. Nichts scheint in diesem Moment zwischen diesen beiden zu stehen. Außer zwei Tassen Kaffee. Und einem Eisbecher. Als ich

30 Minuten später meinen Kaffee ausgetrunken, mein Buch wieder eingepackt und meine Jacke angezogen habe, drehe ich mich noch einmal zu dem Paar am Nebentisch um.

»Schönes Wochenende!«, sagt Marie und lächelt. Ich lächle zurück. Denn was ich sehe, berührt mich. Es ist das Herz der Familie. Und es schlägt wieder.

Anmerkungen

Einleitung

1. Alle Geschichten in diesem Buch wurden unter Zustimmung der Paare veröffentlicht. Ihre Namen wurden zu ihrem Schutz geändert.
2. In Anlehnung an Winter, Romy, *Krisenfest. Das Resilienzbuch für Familien*, München: Kösel 2021, S. 191–194
3. Graf, Johanna, *Familienhandbuch. Partner werden Eltern: Wechselwirkung zwischen Paaren und Kindern*, www.Familienhandbuch.de/Familie-leben/familienformen/muetter-vaeter/partnerwerdeneltern.php, Zugriff: Februar 2022

Bedürfnisorientiert begleiten – was wir unseren Kindern wünschen

1. Kant, Immanuel, *Über Pädagogik*. Königsberg, 1803, S. 11. In: Deutsches Textarchiv, www.deutschestextarchiv.de/kant_paedagogik_1803/11, abgerufen am 21.03.2022
2. https://editionf.com/interview-nora-imlau-attachment-parenting/ Zugriff: 21.03.2022

Attachment Partnering – Bedürfnisorientierte Partnerschaft

1. Grawe, Klaus, *Psychologische Therapie*, Göttingen: Hogrefe 2000
2. Johnson, Sue, *Bindungstheorie in der Praxis: Emotionsfokussierte Therapie mit Einzelnen, Paaren und Familien*, Paderborn: Junfermann 2020
3. Schmid, Wilhelm, *Die Liebe atmen lassen: Von der Lebenskunst im Umgang mit anderen*, Berlin: Suhrkamp 2013
4. Schneewind, K. A.; Vaskovics, L. A., et al., *Optionen der Lebensgestaltung junger Ehen und Kinderwunsch*. Schriftenreihe des Bundesministeriums für Familie und Senioren, Bd. 9. Stuttgart: Kohlhammer 1992
5. »Bindung – Was Paare trennt und zusammenhält«, *Spektrum Psychologie*, 03/21, S. 27
6. Juul, Jesper, *Das Kind in mir ist immer da*, Weinheim, Basel: Beltz 2018

7. Gottman, John, *Die sieben Geheimnisse der glücklichen Ehe*, München: Ullstein 2020, S. 311
8. Frohmader, Sarah; Kamm, Julia, *Eine traumapädagogische Übungskartei*, Norderstedt: BoD 2021, S. 63
9. Gottman, John, *Die sieben Geheimnisse der glücklichen Ehe*, München: Ullstein 2020, S. 14
10. Erskine, Richard G., *Relational Needs*, EATA Newsletter Nr. 73, 2002 (deutsch: Beziehungsbedürfnisse, ZTA 2008, Heft 4, S. 287–297)
11. Sneed, R.S., und Cohen, S., »Negative social interactions and incident hypertension among older adults«. *Health Psychology*, 33(6), 554–565. PMID: 24884909 Copyright 2014 American Psychological Association (2014)

Bedürfnis-Crash – Wenn Baby und unsere Bedürfnisse kollidieren

1. https://www.aok.de/pk/magazin/familie/eltern/tipps-gegen-stress-im-familienalltag, Zugriff: Dezember 2021
2. Les Bummms Boys, »Zeitmaschine«
3. Stammbaum des künstlerischen Schaffens, www.sueddeutsche.de/kultur/schriftsteller-rainald-goetz-simultandolmetscher-des-jetzt-1.42886-2, Zugriff: 21.03.2022
4. Gottman, John, *Die sieben Geheimnisse der glücklichen Ehe*, München: Ullstein 2020, S. 250
5. Karig, Friedemann, *Wir wir lieben. Das Ende der Monogamie*, atb, Berlin 2017, S. 110
6. Stangl, W., »Multitasking eine Illusion«, *Pädagogik-News*, https://paedagogik-news.stangl.eu/multitasking-eine-illusion, Zugriff: 21.03.22
7. Markus Deggerich, Heike Kovert, Marc Röhlig, Julia Stanek, »Papa von Mamas Gnaden – worunter moderne Väter leiden«, *Spiegel* 33/2021
8. www.spiegel.de/familie/familie-heute-worunter-moderne-vaeter-leiden-a-e9875cbb-4c83-4ae1-9003-a6445ad70835, Zugriff: 21.03.2022
9. In Anlehnung an »Das Fassmodel«, Meisenzahl, Eva-Maria; Stegmüller, Veronika; Gerbig, Nicole; *Psychische Belastungen in Schwangerschaft und Stillzeit*, Stuttgart: Schattauer 2021, S. 30ff.
10. https://spielen-und-lernen.online/aktuelles/largo/, Zugriff: 21.03.2022
11. Karig, Friedemann, *Wir wir lieben. Das Ende der Monogamie*, Berlin: atb 2017, S. 215

12. »Väteraufbruch für Kinder«, https://www.vaeter-zeit.de/verein-fuer-vaeterrechte/vaeteraufbruch-wird-25.php, Zugriff 21.03.2022
13. »Sie will reden, er will Sex – Schuld ist das Gehirn«, https://www.welt.de/gesundheit/psychologie/article7601971/Sie-will-reden-er-will-Sex-Schuld-ist-das-Gehirn.html, Zugriff: 21.03.2022

Bedürfnismanagement

1. Welding, Carlotta, *Fühlen lernen*, Stuttgart: Klett-Cotta 2021, S. 15
2. https://www.stern.de/gesundheit/verhalten-die-macht-der-gefuehle-3507300.html, Zugriff: Januar 2022
3. Welding, Carlotta, *Fühlen lernen*. Stuttgart: Klett-Cotta 2021, S. 27
4. Ebd., S. 21
5. Ebd., S. 38
6. In Anlehnung an Carlotta Welding, *Fühlen lernen*, S. 237
7. »Liebe im Zeitalter der Apps«, https://psychologie-kulturkritik.de/liebe-im-zeitalter-der-apps/, Zugriff 22.03.2022
8. Koschorke, Martin, *Wie Sie mit Ihrem Partner glücklich werden, ohne ihn zu ändern! Führerschein für Paare*. Freiburg: Herder 2013, S. 64
9. »Liebe im Zeitalter der Apps«, https://psychologie-kulturkritik.de/liebe-im-zeitalter-der-apps/, Zugriff 22.03.2022
10. In Anlehnung an: Kallos-Lilly; Veronica; Fitzgerald, Jenny, *Wir beide. Das Arbeitsbuch zur emotionsfokussierten Paartherapie*, Paderborn: Junfermann 2016, S. 126
11. Kallos-Lilly, Veronica; Fitzgerald, Jenny, *Wir beide. Das Arbeitsbuch zur emotionsfokussierten Paartherapie*, Paderborn: Junfermann 2016, S. 78
12. »Worte und Körper im Kreislauf«, https://www.christel-goettert-verlag.de/texte-autorinnen/luisa-muraro/worte-und-koerper-im-kreislauf/, Zugriff 22.03.2022
13. Koschorke, Martin, *Keine Angst vor Paaren*, Stuttgart: Klett-Cotta 2013, S. 44
14. Karig, Friedemann, *Wir wir lieben. Das Ende der Monogamie*, Berlin: atb 2017, S. 236
15. Kallos-Lilly, Veronica; Fitzgerald, Jenny, *Wir beide. Das Arbeitsbuch zur emotionsfokussierten Paartherapie*, Paderborn: Junfermann 2016, S. 18
16. Gottman, John, *Die sieben Geheimnisse der glücklichen Ehe*, München: Ullstein, 2020, S. 66

Das Herz der Familie

1. Graf, Johanna, *Familienhandbuch. Partner werden Eltern: Wechselwirkung zwischen Paaren und Kindern*, https://www.familienhandbuch.de/familie-leben/familienformen/muetter-vaeter/partnerwerdeneltern.php, Zugriff: Februar 2022
2. In Anlehnung an Engel und Klotmann 2012, *Systemisches Elterncoaching nach Engel & Klotmann: Informationsschreiben Nr. 224*. Neustadt: Deutsche Arbeitsgemeinschaft für Jugend- und Eheberatung e. V. (DAJEB)
3. Graf, Johanna, *Familienhandbuch. Partner werden Eltern: Wechselwirkung zwischen Paaren und Kindern*, www.Familienhandbuch.de/Familie-leben/familienformen/muetter-vaeter/partnerwerdeneltern.php, Zugriff: Februar 2022
4. Juul, Jesper, *Liebende bleiben. Familie braucht Eltern die mehr an sich denken*, Weinheim, Basel: Beltz 2017, S. 235

Literatur

Gottman, John: *Die sieben Geheimnisse der glücklichen Ehe.* Ullstein, München 2020

Grawe, Klaus: *Psychologische Therapie.* Hofgrefe, Göttingen 2000

Johnson, Sue: *Bindungstherorie in der Praxis: Emotionsfokussierte Therapie mit Einzelnen, Paaren und Familien.* Junfermann, Paderborn 2020

Juul, Jesper: *Das Kind in mir ist immer da.* Beltz, Weinheim, Basel 2018

Juul, Jesper: *Liebende bleiben. Familie braucht Eltern, die mehr an sich denken.* Beltz, Weinheim, Basel 2017

Kallos-Lilly, Veronica; Fitzgerald, Jenny: *Wir beide. Das Arbeitsbuch zur emotionsfokussierten Paartherapie*, Junfermann, Paderborn 2016

Karig, Friedemann: *Wir wir lieben. Das Ende der Monogamie*, atb, Berlin 2017

Koschorke, Martin: *Wie Sie mit Ihrem Partner glücklich werden, ohne ihn zu ändern! Führerschein für Paare.* Herder, Freiburg 2013

Meisenzahl, Eva-Maria; Stegmüller, Veronika, Gerbig, Nicole: *Psychische Belastungen in Schwangerschaft und Stillzeit.* Schattauer, Stuttgart, 2021

Schmidt, Wilhelm: *Die Liebe atmen lassen. Von der Lebenskunst im Umgang mit anderen.* Suhrkamp Verlag, Berlin 2013

Welding, Carlotta: *Fühlen lernen.* Klett-Cotta, Stuttgart 2021

Winter, Romy: *Krisenfest. Das Resilienzbuch für Familien.* Kösel, München 2021